Sabine Ball

All you need is love

www.fontis-verlag.com

Ich widme dieses Buch meinen Söhnen, Cliff und Fred.
Bitte vergebt mir mein ruheloses Herz und all die Risiken,
die ich in meinem Leben eingegangen bin und euch auferlegt
habe. Ich bin dankbar, dass Gottes Hände auf euch lagen.
Ich bin stolz darauf, dass ihr zwei so wunderbare Männer
geworden seid, und auf eure reizenden Ehefrauen,
die meine vier Enkelkinder großziehen.

*«Eine Generation soll der anderen von deinen Taten
erzählen und schildern, wie machtvoll du eingegriffen hast.»
Psalm 145,4*

Sabine Ball

mit Janice Rogers

All you need is love

Die wilden Jahre der Mutter Teresa von Dresden

fontis

Bibliografische Information der Deutschen Nationalbibliothek
Die Deutsche Nationalbibliothek verzeichnet diese Publikation in der Deutschen Nationalbibliografie; detaillierte bibliografische Daten sind im Internet über www.dnb.de abrufbar.

Der Fontis-Verlag wird von 2021 bis 2024
vom Schweizer Bundesamt für Kultur unterstützt.

Dieses Buch erschien zuerst auf Englisch im Verlag
«Faith Cabin Publishing» unter dem Titel
«Love broke through»

Die Bibelstellen wurden in den meisten Fällen
folgender Übersetzung entnommen:

Hoffnung für alle®, Copyright © 1983, 1996, 2002, 2015 by Biblica, Inc.®.
Herausgeber: Fontis-Verlag.

Übersetzung: Debora Hübler
Umschlag: CaroGraphics, Carolin Horbank, Dresden
Fotos Umschlag und Bildteil: © by Familie Ball sowie Stoffwechsel e.V.
Foto Dresden: © by Keystone SDA, Bern: 401379131 / KEYSTONE /
akg-images / Sammlung Berliner V
Satz: InnoSet AG, Justin Messmer, Basel
Druck: Finidr
Gedruckt in der Tschechischen Republik

ISBN 978-3-03848-207-9

Inhalt

USA, 1953, die Hochzeit mit Clifford: Da schien für Sabine Ball alles perfekt. Der Gatte ein Gentleman und Millionär, ein Leben unter den Reichen und Schönen war verheißungsvoll vorgezeichnet. Und doch blieb da dieses Suchen und Sehnen nach einem Mehr, das noch keinen Namen hatte …

Vorwort

«Die beiden wichtigsten Tage deines Lebens sind der Tag, an dem du geboren wurdest, und der Tag, an dem du herausfindest, warum.» – Mark Twain zugeschrieben

Dies ist die Geschichte von Sabine Ball, die nach Jahren des fruchtlosen Suchens endlich herausfand, warum sie geboren wurde, und dann ihr Leben dafür eingesetzt hat, anderen zu helfen, das gleiche «Warum» bzw. «Darum!» zu entdecken.

In diesem Buch wird die Geschichte einer außergewöhnlichen Frau erzählt, die einige der bedeutendsten Ereignisse der jüngsten Geschichte miterlebte. Während ihrer Kindheit in Nazi-Deutschland war sie Teil der Mädchenvereinigung der Hitlerjugend. Sie wurde Zeugin davon, wie Dresden bombardiert wurde und schließlich unter sowjetische Kontrolle geriet. Nach dem Krieg reiste sie allein als Immigrantin der ersten Generation in die Vereinigten Staaten. Dort heiratete sie in großen Wohlstand ein und zog zwei großartige Söhne auf. Im Laufe ihres Lebens lernte sie sehr einflussreiche und bedeutende Menschen kennen. Außerdem war sie eine der ersten Anwenderinnen humanistischer Psychologie und gehörte der aufkommenden Hippie-Bewegung in den turbulenten sechziger Jahren an.

Aber Sabine zufolge war ihre größte Errungenschaft der Moment, in dem sie sich entschloss, ihr Leben Jesus zu geben, um anderen in seinem Namen zu dienen. Als Folge ihrer Entscheidung wurden Tausende von Leben verändert, einschließlich meines eigenen.

Ich begegnete Sabine Ball zum ersten Mal im Herbst 1975,

als ich durch eine Kleinstadt namens Boonville in Kalifornien trampte. Ich war ein achtzehnjähriger, langhaariger Hippie, der Gott an der falschen Stelle suchte. Meine Hippie-Mutter war ein paar Jahre zuvor mit uns von San Francisco zur Küste von Mendocino gezogen, um der Intensität der Stadt zu entfliehen. Wir lebten den perfekten New-Age-Hippie-Traum vom Leben auf dem Land. Etwa zu dieser Zeit hörte ich Gerüchte über eine deutsche Frau, die eine christliche Gemeinschaft von «Jesus Freaks» an der Navarro Ridge Road leitete, aber ich dachte nicht, dass ich sie jemals treffen würde.

Daher fühlte ich mich leicht unwohl, als ich in Boonville den Daumen für eine Fahrt ausstreckte und ein Auto mit Sabine auf dem Rücksitz anhielt. Sie stellte sich vor und erzählte mir, dass sie gerade von einem herausfordernden Einsatz in New York City nach Hause käme. Daraufhin fragte sie mich nach meinem geistlichen Leben und erzählte mir während der nächsten 42 Kilometer von Jesus. Ich diskutierte die ganze Zeit mit ihr über Religion. Als ich aus dem Auto stieg, fragte sie mich, ob ich Jesus mit einem Gebet mein Leben übergeben wolle. In dem Moment veränderte sich etwas in meinem Herzen, und ich hörte mich Ja sagen.

Dieses einfache Gebet mit Sabine Ball an der Navarro-Brücke war der Beginn einer Reise, die mein Leben für immer veränderte. Doch ich war nur einer von Tausenden Menschen, die direkt oder indirekt von ihr geprägt wurden.

Irgendwie bekam Sabine einen Einblick in Gottes Plan für mein Leben und beschleunigte damit mein eigenes geistliches Erwachen in hohem Maße. In den nächsten dreißig Jahren hatte ich das Vorrecht, Sabine mehrmals im Jahr zu besuchen, wenn sie in den USA war. Sie wurde eine geistliche Mutter, nicht nur für mich, sondern auch für meine Frau Diane. Außerdem war sie die geistliche Großmutter unserer sieben Kinder. Sie prägte mich als junger Gläubiger, als ich ein immer erfolgreicherer Leiter und schließlich leitender Pastor einer der führenden Gemeinden in San Francisco wurde. Nachdem ich den Pastorendienst verlassen hatte, arbeitete ich als Coach und Berater für Leiter und Pastoren überall auf der Welt, was ich auch Sabine Ball zuschreibe, die mir anfangs geholfen hat, das *Warum* meines Daseins zu entdecken.

2007 sah ich Sabine zum letzten Mal, als sie bei unserer Veranstaltung zum vierzigjährigen Jubiläum des *Summer of Love* und des Beginns der Jesus-People-Bewegung sprach. Ihre Weisheit und Erfahrung waren ein unschätzbarer Beitrag für alle Anwesenden.

Im Buch Hebräer führt der Autor außergewöhnliche Männer und Frauen an, welche die Geschichte geformt haben, indem sie dem Herrn hingebungsvoll dienten. Diese Heiligen fanden heraus, warum sie geboren wurden, und gaben alles auf, um das zu tun, wofür sie geschaffen waren. Dasselbe kann man von Sabine sagen. Von ihrer Bekehrung auf dem Land in Mendocino bis zu ihren letzten Tagen des Dienstes in Dresden widmete Sabine ihr Leben Jesus. Sie tat alles in ihrer Macht Stehende, um dem Herrn zu gehorchen und ihr Leben in den Dienst an anderen zu stellen. Man erzählte mir, dass sie noch vor der Nacht, in der sie starb, den Abend damit verbracht hatte, den Menschen auf den Straßen ihrer Stadt zu dienen.

Nun hat sich Sabine der «großen Wolke von Zeugen» angeschlossen, und ich denke, dass es ihr größter Wunsch ist, dass wir beim Lesen ihrer Geschichte unsere Aufmerksamkeit nicht auf Sabine Ball richten, sondern auf den Einen, der ihre ganze Aufmerksamkeit auf sich gezogen hat: Jesus. Letztlich ist dies *seine* Geschichte, dargestellt im Leben einer erstaunlichen Frau.

Ich bete, dass Sie dazu inspiriert werden, in Sabines Fußstapfen zu treten, Sabines «Warum» zu entdecken und es zu Ihrem «Warum» und dann auch zu Ihrem «Darum!» zu machen.

Dr. Michael Brodeur
Redding, Kalifornien
www.michaelbrodeur.com

Einleitung

Wie lässt sich mein ganzes Leben in einem Buch festhalten? Indem ich es erzähle, hoffe ich, dass sich Menschen mit meiner Geschichte identifizieren können – Menschen, die festgestellt haben, dass Schönheit und Charme zu einer Falle werden können. Wie schnell das geschieht, wenn diese Eigenschaften genutzt werden, um selbstgesteckte Ziele zu erreichen. Ich finde das so alarmierend!

Ich bin traurig und erstaunt darüber, wie blind und oberflächlich ich war. Aber ich war immer auf der Suche nach der Wahrheit. Und durch all dies fand ich Jesus, fast gegen meinen Willen. Nie hätte ich mir etwas so Wunderbares vorstellen können.

So viele Jahre lang war ich gegen das Christentum. Ich kannte den Einen nicht, um den es ging. Ich bin für immer dankbar, dass Tommy und die Bibel mir die Augen für ihn geöffnet haben. Es war Gott, der aus mir einen neuen Menschen gemacht hat. Als mir die Augen geöffnet wurden, wurde mir klar, dass ich keine andere Wahl hatte, als auf ihn zu vertrauen. Mein Herz erwachte. Ich hatte plötzlich eine tiefe Ehrfurcht vor dem allmächtigen Gott, dem Vater, der mich kennt und liebt.

Ich folge ihm, weil ich ihn liebe, nicht, weil er mich dazu zwingt. Wenn ich dem Weg folge, den er mir vorgibt, sehe ich auch heute noch unerklärliche Wunder. Ich bin nicht mehr die Person, die im Rampenlicht stehen und all den Ruhm und die Aufmerksamkeit auf sich ziehen will. Ich möchte Gott die ganze Ehre geben. Alles, was geschehen ist, seit ich mein Leben Christus gewidmet habe, jeder Erfolg ist ihm zu verdanken. Das macht mein Herz froh.

Gott kennt meine innersten Gedanken. Ich möchte transparent sein, sein Licht durch mich hindurch scheinen lassen. Er hat mir das Geschenk des neuen Lebens gemacht. Das bietet er allen an. Das ist die Botschaft, die ich mit jungen Menschen teilen möchte. Ich möchte, dass sie wissen, dass es einen Gott gibt, der sie liebt und sie so annimmt, wie sie sind. Er sieht jeden Menschen als wertvoll an.

Hier im *Stoffwechsel* setzen wir uns für Kinder und Jugendliche ein. Ob sie es wissen oder nicht, sie sind auf der Suche, so wie ich so lange gesucht habe. Deshalb erzähle ich meine Geschichte, offenbare all meine Schuld und mein Versagen. Sie belastet mich nicht mehr, denn Jesus hat die Strafe bezahlt und ist dafür am Kreuz gestorben. Er tat es, weil er mich liebte, so wie er alle liebt, die ihm vertrauen.

Die Wahrheit zu erkennen, ist schmerzhaft, aber es hat mich frei gemacht. Deshalb gebe ich dieses Buch in Gottes Hände. Ich vertraue darauf, dass er es benutzen wird, um das Leben anderer zu verändern.

Ihre Freundin
Sabine
Dresden, 2009

1.
Du bist mein Zufluchtsort

Ein kalter Tag ging zu Ende. Eisregen bedeckte die Stadt Dresden, als die Nacht des 13. Februar 1945 anbrach. In der Sicherheit des Hauses saß Sabine Koritke und stopfte Socken, bestrebt, möglichst bald fertig zu werden und ins Bett zu kommen. Die Schrecken des Krieges waren in diesem Moment weit weg. Im Nebenraum konnte sie ihren neunjährigen Bruder Hans, erschöpft von einem aufregenden Tag, leise schnarchen hören.

Es war Fasching. Sabine und Hans waren fröhlich durch die alten Gassen und Straßen von Dresden gerannt, und ihr Lachen hatte von den Kuppeln und Türmen der Gebäude aus dem achtzehnten Jahrhundert widergehallt.

Trotz der bedrückenden Atmosphäre hatten die zwei Geschwister ihren Spaß gehabt. Die Sowjetarmee war nur hundert Kilometer weit entfernt, aber jeder hoffte das Beste. Das exquisite Dresden hatte sich in nur wenigen Wochen verändert: Die Bevölkerung der Stadt hatte sich aufgrund der Flüchtlinge aus dem Osten auf gut eine Million verdoppelt. Dresden war nicht nur Lazarettstadt, sondern beherbergte auch 26.000 alliierte Kriegsgefangene. Dazu kam, dass es dort keine nennenswerten militärischen Ziele gab und die Stadt weltweit als Kulturschatz galt. Alle wähnten sich in Dresden in Sicherheit.

Niemand fühlte sich sicherer und hoffnungsvoller als die Jugend – wie die neunzehnjährige Sabine und ihr kleiner Bruder Hans.

Sabine bewegte die Nadel vor und zurück durch die schwarze Socke, während sie an Weihnachten zu Hause in

Ostpreußen dachte. Das lag nicht einmal acht Wochen zurück.

Sabines Eltern hatten beschlossen, die Trauer über ihr ältestes Kind, Marianne, beiseitezuschieben und wieder einmal richtig Weihnachten zu feiern.

Ihr Haus in Königsberg war von den Kerzen erleuchtet, die Mutter über das ganze Wohnzimmer verteilt hatte. Flackernde Flammen tanzten überall – auf dem antiken Mahagonitisch mit seinen kunstvoll geschnitzten Beinen, auf dem kleinen Schreibtisch und dem dunklen, auf Hochglanz polierten Flügel.

Wie Sabine diesen Flügel hasste, genauso wie ihr vor den erdrückenden Lektionen mit dem überkorrekten Fräulein Richau graute! Wie sie die endlosen Stunden verabscheute, in denen sie ihre Finger zwingen musste, die Noten in ihrem orangefarbenen Etüden-Heft zu spielen! Aber an Weihnachten mochte sie den Flügel, wie er so mit Mutters Kerzen erhellt war.

Sabine griff sich das nächste Paar von Hans' Socken und lächelte in sich hinein. Erst zu Weihnachten hatte er sie bekommen, und schon waren sie durchlöchert. Als die Socken neu gewesen waren, hatte niemand ahnen können, wie schnell der Krieg über ihre Familie kommen würde.

Nun gut, überlegte Sabine, *vielleicht hatte Vater es erwartet.* Er musste die Flucht seiner Familie vor der anrückenden Roten Armee geplant haben. Sabine fädelte einen neuen Faden in die Stopfnadel. Sie konnte die feste Stimme ihres Vaters an Heiligabend hören, als er die Geschichte von Jesu Geburt vorlas. Er glaubte nicht, was er aus der Bibel vorlas, aber es war Tradition. Nachdem er den letzten Vers vorgelesen hatte, sangen sie zusammen den Choral, den sie immer sangen: «Ehre sei Gott in der Höhe und Friede auf Erden …»

Unmittelbar nach Neujahr setzte Vater sie und Hans in einen überfüllten Flüchtlingszug und sandte sie in die vermeintliche Sicherheit Dresdens zu Familie Schlüter.

Ihre Eltern vertrauten den Schlüters. Sie besaßen eine große Brotfabrik, und ihre Produkte waren in ganz Deutschland bekannt. Schlüterbrot ernährte das Reich. Das Haus der Schlüters an der Franz-Liszt-Straße würde ein sicherer Hafen sein, bis Vater und Mutter nach ihnen schicken konnten.

Ein schriller Laut durchbrach die Stille und riss Sabine aus ihrer Träumerei. Sie stöhnte. Es war 21.30 Uhr, und wieder einmal wurde die Nacht durch einen Fliegeralarm gestört.

«Hans!», rief sie und erhob sich. Luftangriffe waren inzwischen schon fast Routine. Sabine griff nach ihrem braunen Lederkoffer, den sie für solche Zwecke gepackt hatte. Er enthielt ihren wichtigsten Besitz: Mutters Schmuck. Es war kein großes Vermögen, aber ihr einziger Notgroschen. Sie würden ihn brauchen, um zu überleben – was auch immer die Zukunft bereithielt.

«Hans!», rief sie noch einmal, diesmal schärfer. «Steh auf! In den Keller!»

Mit einer Hand hielt sie den Koffer fest, mit der anderen schnappte sie sich den immer noch schläfrigen Hans und eilte die Stufen hinunter. «Es wird alles gut», flüsterte sie.

Sie verspürte keine Panik, eher eine Dringlichkeit, sich in Sicherheit zu bringen. Dresden würde nicht zerstört werden. Nicht das Elbflorenz – bekannt für sein feines Porzellan, für Kunst und Musik und ein Stadtbild voller Kirchtürme und Turmspitzen, mit der mächtigen Kuppel der Frauenkirche im Zentrum. Sicher würden die Briten und Amerikaner diesen Kulturschatz verschonen. Ihre Flugzeuge würden wie immer weiter nach Berlin fliegen.

Als Sabine und Hans die Treppen hinunterrannten, trafen die ersten Bomben die Stadt. Ein heftiger Ruck ging durch das Haus. Sabine packte Hans fester und stolperte die Treppenstufen hinunter. Als ein furchtbares Getöse einsetzte, hätte sie ihn am liebsten beschützend umarmt – aber dafür war jetzt keine Zeit.

Schnell stürzten sie in den Keller und schlugen die Falltür hinter sich zu. Sie schaute sich in dem kleinen Raum um und zählte langsam all die stillen Gestalten, die im flackernden Kerzenlicht hockten. Sabine zog Hans an sich heran und spürte seine weiche Wange an ihrer. Das beruhigte sie ein wenig. Fest drückte sie seine Hand.

Die ganze Familie Schlüter hatte es in den zugigen Keller geschafft – alle bis auf Vater Schlüter. Er war in der Fabrik. War diese eines der Ziele?

Erneut bebte die Erde, als eine weitere Bombe in der Nähe explodierte. In der Sicherheit des Kellers konnte man nicht wissen, wie nah die Bomben fielen. Jede Detonation fühlte sich wie ein Erdbeben an. Die Schlüters hatten jedoch einen guten Luftschutzraum, dessen Decke und Wände stahlverstärkt waren.

Hans stupste sie an. «Sabine», flüsterte er, «hast du Angst?»

Sie drückte seine Hand noch fester und nickte zustimmend. Blanker Terror erfasste sie. Nicht so sehr die Angst vor dem Tod, sondern vor dem Prozess des Sterbens. Würden sie lebendig begraben werden? Oder in den Flammen verbrennen?

Im Lauf der endlosen Nacht wurde ihre Angst immer mehr von Wut verdrängt. Waren sie und Hans nach Dresden geflüchtet und hatten ihre Liebsten zurückgelassen, nur um jetzt in diesem elenden Keller zu sterben?

Sie erinnerte sich an die Strapazen, die sie hatten ertragen müssen, um nach Dresden zu gelangen. Als sie den bereits überfüllten Zug erreicht hatten, waren die Gänge so voll gewesen, dass sie nicht durch die Türen hineingekommen waren.

Bevor er sich darum kümmerte, fragte Vater Sabine: «Hast du die Liste an einem sicheren Ort?»

Sie nickte und zeigte auf ihre Hemdbluse. Er hatte ihr eine Liste von Freunden und Adressen in verschiedenen Städten gegeben. Wenn die Feinde einem Ort zu nahe kamen, konnten sie und Hans an einen anderen Ort fliehen. Irgendwann würden ihre Eltern ihnen folgen und sie finden. Es war typisch für Vater, an jede Eventualität zu denken.

Vater umarmte seine beiden Kinder. Dann, vor Anstrengung am ganzen Körper zitternd, hob er erst sie, dann Hans hoch und schob sie durch ein Fenster in den Zug hinein.

Stundenlang fuhren Sabine und Hans durch die winterliche Landschaft, eingepfercht wie Vieh. Der Geruch von so vielen zusammengedrängten Menschen wurde bald zu einem unbeschreiblichen Gestank. Als Sabine merkte, dass sie dringend zur Toilette musste, hielt sie es stundenlang zurück, während der Zug weiterfuhr. Schließlich wurde der Schmerz unerträglich. Sie zwängte sich zur Toilette durch, nur um festzustellen, dass der winzige Raum von vier Passagieren besetzt war! Sie hatte keine andere Wahl gehabt, als sich mit schamrotem Gesicht vor ihnen zu erleichtern.

✦ ✦ ✦

Eine weitere Erschütterung brachte ihre Gedanken zurück nach Dresden und zu ihrem gegenwärtigen Elend. Die Lehmmauern des Kellers bebten, als die Bomben weiter in die Stadt einschlugen. Balken und Stützen ächzten. Sabine konnte die Menschen in den Straßen über ihnen schreien hören.

Dann war alles still.

Die Bombardierung war vorbei.

Aus der Ferne ertönte das Entwarnungssignal.

Die kleine Gruppe wartete noch fünf Minuten, bevor sie sich die Treppe hinaufschlich. Sie atmeten erleichtert auf, als sie sahen, dass Schlüters Haus noch stand. Aber die Fenster waren alle herausgesprengt und die Türen aus den Angeln gerissen worden.

Irgendwie wusste Sabine, dass sie Dresden sofort verlassen mussten – und dies, obwohl es Winter und mitten in der Nacht war. Während Hans sich noch fest an ihre Hand klammerte, sagte sie zu Frau Schlüter: «Wir gehen.»

Die Augen der älteren Frau füllten sich mit Tränen. «Nein, meine Liebe. Es ist spät. Morgen werden wir alle klarer denken.»

Sabine willigte nur widerstrebend ein, bis zum Morgen zu warten.

«Außerdem», fügte Frau Schlüter hinzu, «liegt Dresden in Schutt und Asche. Der Feind wird nicht noch einmal kommen.»

Doch er kam wieder, und zwar nur drei Stunden später – mit einer Heftigkeit, die niemand erwartet hatte. Sabine und Hans liefen wieder in den Schlüter'schen Luftschutzraum. Sie sahen sich in der Dunkelheit um. Diesmal hatten sich auch Fremde in den Keller gedrängt. Viele waren verwundet und hatten Brandverletzungen.

Die Bomben wurden zu einer einzigen großen Explosion und schlugen in die Stadt über ihnen ein. Sabine fühlte, wie etwas in ihrem Inneren umschaltete, sodass sie funktionierte, ohne nachzudenken. Sie half, die Verletzten zu verbinden, dabei hörte sie überall geflüsterte Gebete. Aber sie gingen nicht weiter als bis zur Kellerdecke.

Was für ein Unsinn, dachte sie. Wenn sie zu dem Zeitpunkt noch keine Atheistin gewesen wäre, wäre sie jetzt eine geworden. *Wo ist Gott in einer Nacht wie dieser?*

Immer wieder kamen die Flugzeuge, und heiße Luft drang in den Keller. Dann schrie jemand: «Das Haus brennt!» Panik brach aus.

Alle rannten die Treppe hinauf und – trafen oben wie auf eine Wand. Eine sengende Druckwelle schlug Sabine ins Gesicht. Würgend und um Atem ringend stürzte sie auf die Straße.

Von irgendwoher kamen nasse Tücher, und Sabine wickelte sie Hans und sich um den Kopf.

Dann rief sie: «Der Koffer!» In ihrer Eile hatte sie ihn im Keller vergessen. Sie ließ Hans am Straßenrand stehen und stürzte zurück in das brennende Gebäude.

Sekunden später tauchte sie mit dem Koffer unter dem Arm auf. Hans weinte, als er Sabine wiedersah, große Tränen rollten über seine geschwärzten Wangen.

Sie rannten auf die Straße. In welche Richtung sollten sie laufen? Es war ein Inferno. Der Himmel war blutrot. Es fühlte sich an, als stünde die Luft selbst in Flammen. Jeder Baum, jeder Busch brannte. Heiße Winde zogen wie ein Feuertornado durch die Stadt, rissen Dächer ab und warfen Autos und Lastwagen wie Spielzeug umher.

Schieres Entsetzen befiel die Stadt. Am schrecklichsten war der Anblick der Menschen, die rannten und schrien, während sie von Flammen verzehrt wurden. Verzweifelt suchten Überlebende nach vermissten Angehörigen. Kinder weinten nach ihren Müttern, und Mütter wehklagten um verlorene Kinder.

Sabine und Hans fanden ein altes Fahrrad, welches verlassen an einem Laternenpfahl lehnte. Sie befestigten ihren Koffer auf dem Fahrrad und begannen, sich einen Weg aus der Stadt zu bahnen.

Wenn sie an brennenden Gebäuden vorbeikamen, versuchten sie, den beißenden Rauch nicht einzuatmen. Überall stank es nach Phosphor und brennendem Fleisch. Als sie einen kleinen Hügel erreichten, nicht mal allzu weit von dem, was das Haus der Schlüters gewesen war, brachen sie vor Erschöpfung zusammen. Hier waren sie einigermaßen sicher vor den Flammenwänden und peitschenden Feuerströmen, die asphaltierte Straßen in Brand setzten und Treppen hinauf und hinunter flossen.

Sabine sah sich um. Menschen, die nur mit dem bloßen Leben davongekommen waren, standen mit ihnen dort auf dem Hügel. Es war ein höllischer Alptraum. Würde sie jemals daraus erwachen?

Später erfuhren sie, dass Herr Schlüter in seiner Fabrik umgekommen war. Er war einer von vielen, vielen Opfern. Menschen waren buchstäblich in Luftschutzkellern dahingeschmolzen. Berichten zufolge lag die Zahl der Toten in Dresden zwischen fünfundzwanzig- und vierzigtausend. Aber andere meinten, es seien mehr als hunderttausend gestorben. Es war unmöglich, das genau zu wissen.

Sabine würde diese Nacht nie vergessen. Als sie und Hans über das Feuermeer blickten, traf sie eine Entscheidung. Sie musste nicht nur aus Dresden fliehen, sondern Deutschland verlassen.

2.
Alles ist vergänglich

Die Kälte der Nacht nahm zu, während Sabine und Hans die Straße entlangliefen. Sie waren zwei kleine Gestalten, die sich dem jämmerlichen Strom von Überlebenden, die Dresden verließen, anschlossen. Beim Laufen gingen Sabine immer wieder Bilder von Adolf Hitler durch den Kopf. Ihre ganzen Jugendjahre hindurch war er ihr groß und imposant, ja unzerstörbar vorgekommen. Bilder von ihm waren überall. Er war derjenige, der tausend Jahre Frieden für das Vaterland einleiten würde.

In ihrer Teenagerzeit nahm sie jede Woche am Treffen des *Bunds Deutscher Mädel,* dem weiblichen Zweig der Hitlerjugend, teil. Je öfter sie dorthin ging, desto mehr wurde sie von der Idee Hitlers ergriffen. Viele ihrer Freundinnen waren Hals über Kopf in ihn verliebt. Aber Sabines Gefühle waren anders. Etwas an seiner unerschütterlichen Autorität – etwas Bedrohliches und doch Anziehendes – faszinierte sie.

Sabine hatte eine Schwäche für starke Männer. Deshalb spürte sie einen Schauer der Erregung, wenn sie an Hitler dachte. Seine Tugenden wurden von allen gepriesen – im Radio, während der Jugendstunden und sogar von ihren Lehrern in der Schule. Sabine fühlte sich ihm innig verbunden. Hitler, der mythische Held, hatte Deutschland nach dem Ersten Weltkrieg aus der Asche der Niederlage geführt. Sabine hatte den Ruf vernommen. Sie wusste, dass sie folgen, gehorchen und völlig selbstverständlich dienen sollte.

Jetzt, als sie und Hans aus den verkohlten Ruinen Dresdens flohen, zerbrach ihr Bild von Hitler in Millionen Stücke. Es war, als hätte sie einen Teil ihrer selbst verloren. Hitler war nicht mehr allmächtig. Jetzt wusste sie, dass alles eine Illusion gewesen war. Sie fühlte sich betrogen. Sie hatte geglaubt, dass die Nazis den Lauf der Geschichte verändern würden. War das alles eine einzige monströse Lüge?

Sie erinnerte sich an einen Abend vor sechs Jahren, damals zu Hause in Königsberg. Es war 20 Uhr, und sie und Marianne, ihre zwei Jahre ältere Schwester, lagen schon im Bett. Sie waren gerade am Einschlafen, als ihr Vater sie überraschend rief: «Kommt ins Wohnzimmer, Mädchen!»

Verwundert eilten die beiden in die Wohnstube. Sie standen in ihren warmen Nachthemden vor Vater. Er sah betrübt aus.

«Hört euch das an, Kinder!» Er drehte das Radio lauter. Ein Sprecher des britischen Radiosenders BBC sprach mit scharfer Stimme: «Deutsche Truppen sind in die Tschechoslowakei einmarschiert …»

In Gedanken ersetzte Sabine das Wort «einmarschiert» automatisch mit dem Wort «befreit», wie sie es in der Schule gelernt hatte. Deutsche Truppen hatten die Tschechoslowakei *befreit.*

Zusammen mit Vater hörte sie, wie der BBC-Reporter Deutschlands Taten verurteilte. Sabine glaubte ihren Ohren nicht! Wie konnte ein ausländisches Radioprogramm solche Lügen verbreiten? Offensichtlich hatten die Engländer die wunderbare Mission Deutschlands nicht begriffen.

Vater machte das Radio aus und sah seine Töchter an. Was er dann sagte, erschütterte Sabine: «Ich glaube den englischen Nachrichten nicht. Aber ich glaube auch den deutschen Nachrichten nicht. Hitler ist ein Betrüger.»

Was? Hitler ein Betrüger? Es war, als hätte Vater erklärt, die Welt sei eine Scheibe. Wie konnte er nur so etwas Schreckliches sagen? Sie hatte ihren Vater immer vergöttert. Er war ein gebildeter und belesener, ein weiser Mann. Bis zu diesem Moment hatte sie seine Klugheit nie angezweifelt. Aber nun konnte sie die Augen nicht mehr vor der Tatsache verschließen: *Vater war ein Verräter!*

Dann sagte er den Mädchen: «Sprecht niemals über diese Dinge. Es ist wichtig, dass ihr die Wahrheit kennt. Aber genauso wichtig ist es, dass ihr niemandem erzählt, was ich gerade gesagt habe. Man kann nie vorsichtig genug sein.»

Wieder im Schlafzimmer, fielen sich die Schwestern in die Arme und weinten. Sabine hatte noch nie so heftig geschluchzt. Sie fühlte, wie ein tiefer Riss durch ihre Seele ging, und fühlte sich hin- und hergerissen zwischen Vater und ihrem geliebten Hitler.

✦ ✦ ✦

Das Verlassen der Stadt hinterließ einen bitteren Nachgeschmack. Ihr Vater hatte recht gehabt. Sabine erkannte es mit erschreckender Klarheit. Sie hatte sich in ihrem Idol getäuscht. Ihr Götzenbild hatte tönerne Füße …

Während sie das Fahrrad die Straße entlangschob, wurde ihr immer übler. *Ich habe mein Herz einem Betrüger anvertraut.* Sie war belogen, benutzt und missbraucht worden. Was würde nun aus ihr und dem kleinen Hans werden?

Sie schaute zu ihm hinüber und sah, dass er weinte. Dicke Tränen strömten über sein rußverschmiertes Gesicht. «Ich will nach Hause», wimmerte er immer wieder. «Ich will nach Hause.»

Sabine blieb stehen und legte ihm die Arme um die zitternden Schultern.

Plötzlich blickte Hans wie von einem schrecklichen Gedanken getroffen auf. «Wo sind Mutter und Vater?»

Das drang ihr durch Mark und Bein, denn sie wurde gezwungen, sich den bislang verdrängten Fragen zu stellen. Was war mit ihren Eltern geschehen? Was mit ihrem geliebten Dienstmädchen Ella? Waren sie in Königsberg sicher? Oder hatte es dort einen ähnlichen Angriff gegeben?

Sie konnte Hans nur über den blonden Haarschopf streicheln, der von der Asche Dresdens ganz dunkel geworden war. «Ich weiß es nicht, Hans.» Sie wischte ihm die Tränen von den Wangen. «Ich weiß es nicht …»

Sabine fasste Hans fest mit der einen Hand und schob mit der anderen langsam das Fahrrad. Sie war froh, dass Vaters Freundesliste sicher in ihrer Bluse steckte. Sie wusste aber nicht, wohin sie als Nächstes gehen würden. Auf jeden Fall weg aus Dresden.

Die beiden Geschwister schleppten sich bis zum Morgengrauen durch die bitterkalte Nacht. Als sie zu einem alten Bauernhof kamen, öffnete ihnen eine ungepflegte, alte Bauersfrau mit einem freundlichen Lächeln die Tür. Sie gab Hans eine Tasse warme Milch. Sabine warf ihr einen flehenden Blick zu. Sie mussten sich jetzt dringend ausruhen. Die Bauersfrau verstand und nickte. Sie konnten in der Scheune bleiben, zumindest für ein paar Tage.

Während Sabine auf dem wohlriechenden Heu einzuschlafen versuchte, wurde sie weiter von der Frage verfolgt: *Was war mit ihren Eltern geschehen?* Bereits in den Wochen vor der Bombardierung hatten sie nichts von ihnen gehört. Da die Sowjetarmee durch den Osten Deutschlands marschierte, waren die Telefonleitungen unterbrochen, und auf die Post konnte man sich nicht mehr verlassen. Bestimmt waren Vater und Mutter aus Ostpreußen geflohen.

Sie klammerte sich an diese Hoffnung und fiel in einen traumlosen Schlaf.

Während sie und Hans die kommenden Tage auf dem Bauernhof verbrachten, um sich zu erholen, ließ Sabine die Frage nach dem Schicksal ihrer Eltern nicht los. Sie erinnerte sich an ihren letzten Telefonanruf. Mutter, Vater und Ella hatten vorgehabt, mit dem Luxusdampfer *Wilhelm Gustloff* aufzubrechen.

Die *Wilhelm Gustloff* war das Traumschiff der Dreißigerjahre gewesen und spielte eine zentrale Rolle in der Nazi-Propaganda. Es war ein schwimmender Koloss, 208 Meter lang und 56 Meter hoch, mit acht Decks, in herrschaftlichem Weiß lackiert, mit einem Swimmingpool und einer Tanzfläche. Das Schiff war für zweitausend Passagiere gebaut worden und war ein wichtiges Element im Regierungsprogramm *Kraft durch Freude,* kurz KdF.

Zentrales Ziel der KdF war es, allen Menschen bezahlbare Freizeitaktivitäten wie Konzerte und Theater, Tagesausflüge, Bibliotheken und Urlaub zu ermöglichen. Geplant war sogar ein hochmoderner Freizeitpark auf Rügen. Zehn Millionen Deutsche nutzten die Vorteile der KdF, Arbeiter ebenso wie Akademiker. Die Regierung versprach, das Ergebnis für alle sei Energie, Kraft und Effizienz. Natürlich stärkte das Programm auch den Einfluss des Regimes. Während die Bürger Urlaub machten, standen sie unter der Kontrolle der Regierung.

Als sich der Krieg jedoch hinzog, wurden die KdF-Angebote, einschließlich Fahrten mit der *Wilhelm Gustloff,* eingeschränkt. Der einst weiße Riese, der für den Stolz der Nazis so wichtig gewesen war, wurde nun grau gestrichen. Anfang 1945 transportierte das Schiff Flüchtlinge, die vor der anrückenden Roten Armee flohen.

Die Russen drangen immer weiter in Deutschland vor, brandstifteten, plünderten und vergewaltigten. Es war eine schreckliche Zeit für das deutsche Volk. Sabines Vater, Herr Koritke, besaß den größten Umschlagbetrieb in Ostpreußen. Doch inzwischen hatte er alle seine Lagerhäuser verloren. Der Krieg – in Gedanken nannte ihn Herr Koritke «der deutsche Wahnsinn» – hatte sein Lebenswerk zerstört. Wie viele andere begann er, die Flucht aus seiner Heimat zu planen.

Der erste Teil von Vaters Plan war in Kraft getreten, als er seine geliebten Kinder, Sabine und Hans, in den vollgepackten Zug Richtung Westen setzte. Das war das letzte Mal, dass Sabine ihre Eltern gesehen hatte. Der Kontakt war seit Ende Januar sehr schwierig gewesen.

Ihre Eltern planten, so schnell wie möglich einen anderen Weg aus Königsberg heraus zu finden. Sabine wusste, dass dies für sie sehr herausfordernd sein würde. Es bedeutete, ihr ältestes Kind für immer zurückzulassen. Marianne war vor einem Jahr an Tuberkulose gestorben. Sie hatte sich die Krankheit während ihrer Tätigkeit als Krankenschwester beim Roten Kreuz zugezogen.

Sabine wusste, dass sich ihre Eltern nie ganz von Mariannes Tod erholen würden. Besonders ihre Mutter. Sie war Sabine gegenüber immer distanziert gewesen, hatte Marianne aber sehr nahegestanden. Und wenn sie Königsberg verließen, würde ein großer Teil ihres Herzens mit ihrer ältesten Tochter auf dem Friedhof begraben bleiben.

Die Flucht auf dem Landweg war immer schwieriger geworden. Rettung versprach die *Gustloff,* die in der Danziger

Bucht lag. Deutsche Staatsbürger konnten über die Ostsee in sicherere Reichsgebiete fahren, möglicherweise nach Kiel oder Flensburg. Es war besser, mit dem Schiff zu reisen als zu Fuß durch Schnee und Eis und dabei Erfrierungen in Kauf zu nehmen.

Soweit Sabine wusste, hatten ihre Eltern Fahrkarten für die *Wilhelm Gustloff* erworben.

✦ ✦ ✦

Es heißt, dass sich zunächst jeder, der an Bord der *Wilhelm Gustloff* ging, vernünftig verhielt. Doch kurz vor der Abfahrt versammelte sich eine große Menschenmenge am Dock. Die Stimmung eskalierte. Menschen drängten auf das Schiff und schoben Passagiere, die im Vorfeld Tickets erworben hatten, beiseite. Es herrschte Chaos. Unmöglich konnten alle verzweifelten Flüchtlinge, größtenteils Frauen, Kinder und ältere Menschen, auf dem Schiff untergebracht werden.

Jeder kämpfte für sich allein. Diejenigen, die Glück hatten, drängten sich an Bord und ließen Tausende von verzweifelten Menschen zurück.

Die *Wilhelm Gustloff* stach am Mittag des 30. Januar 1945 in See. Sie war mit etwa zehntausend Menschen an Bord hoffnungslos überfüllt und überschritt ihre Kapazität von zweitausend Passagieren bei Weitem.

Auf dem Promenadendeck, das ursprünglich für Spaziergänge gedacht war, drängten sich die Passagiere dicht an dicht. Beim Auslaufen des Schiffes wischten sich viele Tränen aus den Augen, als sie einen letzten Blick auf Preußen warfen. Niemand wusste, wie lange es dauern würde, bis sie zurückkehren konnten.

3.
Wir setzen unsere Hoffnung auf den Herrn

Auf dem Bauernhof klammerte sich Sabine an eine Hoffnung: Sicherlich würde sie ihre Eltern bald wiedersehen. Doch als die Tage vergingen, nagten immer mehr Sorgen an ihrer Seele.

Schließlich verabschiedeten sich die Geschwister von der Bäuerin. Sabine schaute auf Vaters Liste und suchte eine Adresse in Dessau aus. Es gelang ihnen, einen Güterzug in diese Richtung zu erwischen. Im Waggon war es zugig und eiskalt, und so waren sie froh, als sie endlich ihr Ziel erreichten. Wenigstens kannten sie einen Ort, an dem man sie willkommen heißen würde.

Sabine und Hans machten sich auf den Weg zu einer vornehmen Villa, dem Zuhause ihrer alten Schulfreundin Inge Kleppel. Sabine und Inge hatten sich während des Internatsbesuchs angefreundet.

Inge warf die Tür auf und umarmte sie herzlich. «Gut, dass ihr da seid», sagte sie.

Alle Mädchen aus der Reinhardswaldschule, einem Internat in Kassel, kamen aus guten Elternhäusern, darunter auch Inge Kleppel. Ihr Vater war Direktor der Junkerswerke, einer Firma, die Flugzeuge und Motoren herstellte. Direktor Kleppel sorgte dafür, dass die Firma wie eine gut geölte Maschine lief.

Da die Junkerswerke ein wichtiges Rädchen im Getriebe des Reiches waren und den Krieg am Laufen hielten, hatte Inge Kleppels Vater gute Verbindungen zu Hermann Göring, dem Oberbefehlshaber der Nazis und designierten Nachfolger Adolf Hitlers. Damit war Sabine in der High Society gelandet.

Obwohl Sabine und Hans in der Kleppel'schen Villa Zuflucht gefunden hatten, blieb Sabines Unbehagen. *Wo sind Vater und Mutter? Und Ella?*

Eines Morgens, Hans war noch nicht aufgestanden, sprach sie beim Frühstück mit Frau Kleppel über ihre Ängste. Sabine vertraute ihr an, wie besorgt sie war. «Sie sollten schon längst hier sein. Sie hatten eine Überfahrt auf der *Gustloff* gebucht.»

Frau Kleppel wurde ganz blass.

«Die *Gustloff*? Liebste Sabine», sie griff über den Tisch und nahm ihre Hand, «ich habe jemanden sagen hören, dass die *Gustloff* gesunken ist. Vor drei Wochen …»

Sabine erstarrte. Das konnte nicht wahr sein. Frau Kleppel musste sich verhört haben!

Verzweifelt rannte sie durch die Stadt und befragte jeden, den sie traf. Je mehr Leute sie befragte, desto mehr nahm eine schreckliche Realität Gestalt an.

Endlich fand sie die Zeitungsredaktion. Dort durfte sie das Exemplar einer Zeitung lesen, die über die Geschichte des unglückseligen Schiffes berichtet hatte. Sie nahm an einem leeren Tisch Platz und faltete die Zeitung auf. Die Worte verschwammen vor ihren Augen, als sie las, wie die *Gustloff* am 30. Januar aus dem Hafen gesegelt war. An jenem Abend wurde sie von drei Torpedos eines sowjetischen U-Boots getroffen. Das Schiff neigte sich und versank innerhalb von sechzig Minuten im tiefschwarzen, eiskalten Wasser.

Oh Gott! Nein!

Sie las weiter. Es war die größte Schiffskatastrophe der Geschichte. Mehr als neuntausend Menschen kamen ums Leben, sechsmal so viel wie auf der *Titanic*. Die Hälfte davon Kinder.

Sabine ließ die Zeitung sinken, ihre Hände zitterten heftig. *Was war mit den Überlebenden?*

Sie las weiter. Ein schnell entsandtes Boot, die *T36*, konnte etwas mehr als tausend Personen aufnehmen. Sabine hielt den Atem an und fuhr schnell mit dem Finger über die Liste der Geretteten. Um sicherzugehen, las sie die Liste noch einmal durch.

Niemand mit dem Nachnamen «Koritke» war dort aufgeführt.

Sabine kämpfte gegen die aufkommende Panik. Sie war nicht die Einzige, die nicht wusste, ob ihre Lieben tot oder lebendig waren. Wegen der chaotischen Abfahrt der *Gustloff* hatte niemand eine Passagierliste erstellt. Es war unmöglich zu sagen, wer in dieser Nacht sein Grab im eisigen Wasser der Ostsee gefunden hatte.

Das Schiff sank am zwölften Jahrestag der Machtübernahme der Nazis. Hitlers Radioansprache war auch an Bord der *Gustloff* ausgestrahlt worden. Er ermahnte das deutsche Volk, «das Herz stärker zu machen als je zuvor», ganz gleich unter welchen Umständen.

In den Ohren derer, die wenige Augenblicke später den Tod fanden, wurden die Worte des *Führers* zu blankem Hohn.

In der Redaktion kämpfte Sabine ungläubig und schockiert mit der Schreckensnachricht. War ihre Familie umgekommen? Wie sah ihre Zukunft aus? Wo würden sie hingehen? Was würden sie tun? Und wie konnte sie das Hans beibringen?

Sie beschloss, vorerst nichts zu sagen. Da es keine offizielle Mitteilung über den Tod ihrer Eltern gab, blieb noch ein Funke Hoffnung.

In den kommenden Tagen hielt sie daran fest. Wenn Hans wimmerte und nach den Eltern fragte, antwortete sie weiterhin mit einem Wort: «Bald.» Jeden Abend saß sie an seinem Bett und strich ihm sanft über den Rücken, bevor sie ihn zudeckte. Sie wussten beide, dass sie kein Ersatz für Mutter sein konnte. Oft schluchzte Hans vor Heimweh und Sehnsucht nach den Eltern.

Sabine hätte mit ihm zusammen weinen können. Warum konnte es nicht so sein wie früher? Sie wollte wieder zu Hause in Königsberg sein, inmitten der Rosen, die von ihrem Gärtner gepflegt wurden. Er hieß Erwin und hatte sich in Grete, ihr erstes Kindermädchen, verliebt. Nachdem Grete und Erwin geheiratet hatten und weggegangen waren, war Ella in ihr Zuhause gekommen. Ach, die geliebte Ella.

Die Koritkes hatten ein so wunderbares Zuhause – ein Leben ohne Sorgen, so glücklich, so unkompliziert. Neben dem Gärtner und dem Kindermädchen sorgten viele andere liebevoll für ihr Wohlergehen. Da waren die Waschfrau und die Schneiderin, die regelmäßig kamen, sowie ein freundlicher Arzt, der Hausbesuche machte.

Dr. Klein war Jude. Die Koritkes waren ihm zu Dank verpflichtet, denn er hatte Hans vor Jahren das Leben gerettet. Sie ignorierten die Verordnung, welche jüdischen Ärzten die Ausübung ihres Berufs verbot.

Sabine würde nie den Tag vergessen, an dem Mutter am Esstisch erschien, das Gesicht von Kummer gezeichnet. Gefragt, was denn los sei, floh Mutter weinend aus dem Zimmer. Als sie zurückkam und ihre Tränen abwischte, erzählte sie, wie sie Dr. Klein in der Straßenbahn gesehen hatte, einen gelben Stern an der Jacke. Mutter berichtete, sie habe seine Hände gehalten und versucht, ihn zu trösten.

Als die Regierung die Verfolgung der Juden verstärkte, schickte Mutter Proviantpakete an ihre jüdischen Freunde in Berlin – immer ohne Absender. Auch an Dr. Klein schickte sie wiederholt Geschenke.

Von Dr. Klein hörten sie jedoch nie wieder.

Jetzt, ein paar Jahre später in der Villa Kleppel, fand sich Sabine neben Hans' Bett wieder.

Ihr nächtliches Einschlafritual war zu Ende. So vieles hatte ihre Welt auf den Kopf gestellt. Sie wagte nicht, an die Zukunft zu denken. Seit ihrer Flucht aus Dresden hatte sie vergessen, wie man träumt.

Hans war gerade eingeschlafen, als sie ein Geräusch an der Tür hörte. Sie blickte auf und sah Inge mit einem verschmitzten Lächeln im Gesicht.

«Pst!» Sabine legte den Finger auf die Lippen und zeigte auf Hans.

Inge grinste und bedeutete Sabine, ihr zu folgen. Auf Zehenspitzen, um Hans nicht zu wecken, schlich Sabine hinter ihr her, um dann die Treppe hinunterzueilen. Auf halbem Weg nach unten blieb sie stehen und blickte zu der Gestalt am unteren Ende der Treppe.

«Vater!»

Die letzten Stufen sprang sie hinunter und fiel ihrem Vater in die Arme. Mutter und Ella standen neben ihm, auf dem Fußboden ein paar spärliche Habseligkeiten.

Mutter eilte nach oben, um Hans zu wecken. Nach der Begrüßung zogen sich die Kleppels zurück und ließen ihnen etwas Privatsphäre. Sabines Familie sammelte sich um den Esstisch. Hans saß auf dem Schoß der Mutter, Freudentränen flossen ihm über die Wangen. Bei einer Tasse Tee erzählten sie einander, was passiert war.

Sie hatten Königsberg mit einem früheren Schiff verlassen, zwei Tage vor dem Untergang der *Wilhelm Gustloff.* Nach ihrer sicheren Ankunft waren sie vierzehn Tage in Rauschen geblieben. «Die Russen kamen sehr nahe», berichtete Vater mit zitternder Stimme.

Als Sabine ihre ursprünglichen Pläne, mit der *Gustloff* zu segeln, ansprach, meinte Vater: «Eine glückliche Wendung der Ereignisse!»

Sabine wusste, dass er nicht gläubig war. Weder beschuldigte er Gott, noch machte er ihm wegen des Krieges Vorwürfe. Aber er dankte ihm auch nicht dafür, dass er sie vor dem Tod in der Ostsee gerettet hatte. Er sagte nur: «Wir hatten Glück.»

Er erzählte, wie sie es nach Berlin geschafft hatten. Dort erfuhren sie von der Bombardierung Dresdens.

Mutter sah gequält aus. «Wir versuchten, Kontakt zu den Schlüters aufzunehmen, aber es war unmöglich, euch zu finden.»

Sie drückte Sabines Hand.

Vater sagte, sie hätten geahnt, dass Sabine und Hans in Dessau waren. Als Sabine der Erzählung ihrer Familie lauschte, die hier dicht beieinander am Tisch hockte, fühlte sie ein starkes Gefühl der Dankbarkeit in sich aufsteigen. Sie blickte auf Hans, der in Mutters Armen eingeschlafen war. Wer wusste, wie lange dieser Moment des Friedens andauern würde?

4.

Ich habe dich zu Asche gemacht

Auf die folgenden Luftangriffe der Alliierten reagierten die Kleppels und Koritkes immer mit dem gleichen Muster. Jedes Mal, wenn die Sirenen heulten, flohen sie nach draußen und auf die andere Seite des Hauses zur Kellertür. Im Keller warteten sie dann auf harten Holzbänken.

✦ ✦ ✦

Es war der Abend des 7. März 1945, als die Amerikaner in Remagen den Rhein überquerten. Flugzeuge donnerten über Dessau, und die Familien rannten los.

Herr Kleppel brachte seinen Chauffeur und ein kleines, batteriebetriebenes Radio mit in den Keller. Göring persönlich hatte es ihm geschenkt. Sie drängten sich um das Radio und versuchten verzweifelt, Informationen zu bekommen. Was geschah in der Welt über ihnen?

Alle waren niedergeschlagen. Es spielte keine Rolle mehr, ob die Alliierten vorrückten. Das Einzige, was zählte, war zu überleben, sonst nichts. Sie sanken auf die Bänke im Keller.

Im Radio hörten sie die kehlige Stimme von Zarah Leander singen: «Ich weiß, es wird einmal ein Wunder geschehen …»

Sie hatten ihren Glauben an Wunder längst verloren.

Sabine ließ den Blick über ihre Familie schweifen. Es war gut, wieder zusammen zu sein, auch unter diesen Umständen. Mutter schlang ihre Arme eng um Hans. Vater saß mit steinerner Miene da, die Hände in den Manteltaschen.

Die Anwesenheit ihres Vaters beruhigte Sabine. Sie wusste, dass seine Hand in der Manteltasche eng um einen Revolver geschlungen war. Sabine war sich absolut sicher. Im Fall der Fälle würde Vater nicht zulassen, dass sie litt. Vorher würde er sie erschießen.

Sabine fürchtete den Tod nicht mehr. Was sie fürchtete, war zu leiden. Bei lebendigem Leib verbrannt zu werden. Sie wollte nicht um den Tod betteln, wie sie es in Dresden gesehen hatte. Und so blickte Sabine jedes Mal, wenn eine Bombe über ihnen einschlug, zu ihrem Vater.

Er sah entschlossen aus, seine Hand fest in der Tasche vergraben. Er würde seine Familie beschützen.

Plötzlich ging ein ohrenbetäubendes Dröhnen durch den Keller. Das Haus der Kleppels war getroffen worden! Sie konnten das entsetzliche Geräusch von herabstürzenden Balken über ihren Köpfen hören. Sabine wusste, dass sie nur noch wenige Minuten hatten, um den Keller zu verlassen, sonst würden sie lebendig begraben werden.

Als sie die Treppe hinaufrannten, wurde Sabine von einer erschreckenden Gefühllosigkeit überwältigt. Ihre Emotionen waren wie ausgeschaltet, sie wurde nur noch vom Überlebensmechanismus gesteuert.

Alle sammelten sich im Garten und starrten in die Flammen, die das Haus verschlangen. Immer wieder flogen Bomberstaffeln durch den Nachthimmel und hinterließen Lichtstreifen in der samtigen Schwärze. Dann waren sie verschwunden, und nur das brennende Haus erhellte die Dunkelheit.

Sie sahen hilflos zu, wie das große Haus brannte. Das flackernde Feuer spiegelte sich auf ihren Gesichtern. Sabine konnte sich nicht von dem Anblick abwenden. Durch das große Panoramafenster sahen sie zu, wie sich das Feuer unersättlich durch das große Haus bewegte und ohne Unterschied Türen, Treppen und Möbel verzehrte. Es verschlang Vorhänge und leerte auf dem Tisch stehende Weingläser.

Bald umsprangen die Flammen den Flügel. Wie bei der Aufführung einer letzten Sinfonie schwebten die Notenblätter in die Luft, tanzten durch den Raum und zerfielen in ihren feurigen Tod. Die Tapete kräuselte sich, löste sich von den Wänden. Dann begann das Klavier rot und golden zu brennen.

Inge und Sabine standen schweigend Arm in Arm nebeneinander. Für einen Moment hatte Sabine das Gefühl, als wären sie zu einem Abschlusskonzert von Chopin oder Mozart eingeladen worden. Sie stellte sich vor, die Rauchwolke sei ein Pianist im Frack, der sich hinsetzt und seine Finger ein letztes Mal auf die Tasten legt.

«Schau!» Inge zeigte auf ein gerahmtes Bild von sich selbst, auf dem sie ihnen entgegenlachte. Es stand noch immer auf dem Klavier. Sabine war wie hypnotisiert, als Inges Bild sich weigerte zu verbrennen. Selbst als der Raum rundherum in Flammen stand, blieb das Foto der lächelnden Inge erhalten. Es war grotesk.

Sabine war zum Weinen zumute. Wie oft hatten sie schon in diesem Garten gestanden? Dem Feuer zuzuschauen war fast wie eine Attraktion auf einer der vielen Gartenpartys der Kleppels. Nur dass es an diesem Abend eine Szene aus der Hölle war und niemand ein Champagnerglas in der Hand hielt.

Herr Kleppel hatte getrunken – Sabine konnte den Alkohol in seinem Atem riechen. Als er in die Flammen blickte, begann er zu lachen, zuerst leise, dann immer intensiver. Es war ein unnatürliches, hysterisches Lachen, und Sabine lief ein Schauer über den Rücken.

Bislang war Direktor Kleppel durch den Krieg reich geworden. Nun erreichte sogar ihn die Niederlage Deutschlands. Er wurde nicht nur Zeuge davon, wie seine Heimat zerstört wurde, sein ganzes Leben brach zusammen. Wenige Wochen später brachten ihn die Amerikaner in ein Gefangenenlager. Dieses sollte er nie wieder verlassen.

Nach einer Stunde war von der prächtigen Villa nichts mehr übrig als verkohlte Mauern und Asche. Selbst das Foto von Inge hatte sich dem Feuer ergeben. Wieder einmal waren Sabine und ihre Familie obdachlos.

Als sie zitternd neben der Ruine des Herrenhauses stand, gab Sabine sich selbst ein stilles Versprechen. Sie würde irgendwie aus Deutschland fliehen.

Die folgenden Wochen vergingen wie im Flug. Zwei Dinge waren klar: Der Krieg war so gut wie vorbei, und Deutschland wurde zerschlagen. Auch Sabine fühlte sich niedergeschlagen. Durch ihre Erlebnisse in Dresden und Dessau war sie traumatisiert und verletzt.

Nach der Kapitulation Deutschlands zog Sabines Familie nach Ichenhausen in der Nähe von Günzburg im westlichen Teil Bayerns. Sie hatten das Glück, in der amerikanischen Besatzungszone zu landen. Einige ihrer Freunde in Königsberg waren jetzt hinter den sowjetischen Linien, in den Ostgebieten, gefangen.

Ein Ehepaar, beide Ärzte, bot ihnen freundlicherweise eine Unterkunft an. Die gesamte Familie Koritke und Ella zwängten sich in ein Gästezimmer.

Dennoch war ihre Situation besser als die der erbärmlichen Seelen in einem nahe gelegenen Vertriebenenlager. Einige der Flüchtlinge waren Juden. Geschichten machten die Runde. Sie wurden vor allem von Ärzten erzählt, die unter ihnen arbeiteten. Es waren schreckliche Geschichten – von Gaskammern, Öfen und Bergen jüdischer Leichen.

Familie Koritke war entsetzt und nicht bereit, es zu glauben. Aber schließlich konnte man sich der Wahrheit dessen, was geschehen war, nicht länger entziehen. Sabine war es peinlich und sie schämte sich dafür, Deutsche zu sein.

Ihre Familie kämpfte täglich ums Überleben und überstand die schrecklichen Nachwirren des Krieges. Sabine dachte daran, wie viel sie seit Weihnachten durchgemacht hatten – so viel Zerrüttung und Entbehrungen. Keiner von ihnen hatte mehr durchgemacht als Vater. Sein Zuhause und sein Lebenswerk – seine große Schiffsagentur – waren zerstört worden. Wenn jemand einen Grund hatte, verbittert zu sein, dann war er es. Aber er schien zufrieden, selbst hier in ihren bescheidenen Verhältnissen. Sicherlich würde Sabine das auch durchstehen können.

Sabine begann sich nach einer Arbeitsstelle umzusehen.

Eines Tages kam sie an einigen amerikanischen Soldaten vorbei – eine Insel sauberer, gebügelter Uniformen in einem Meer ausgebrannter Trümmer. Sabine lächelte kurz und eilte vorbei. Ein Soldat rief ihr nach.

«Sind Sie an einem Job interessiert, Fräulein?», fragte er höflich in gebrochenem Deutsch.

Sie betrachtete ihn und gewann den Eindruck, dass er es ernst meinte.

«Ja, das bin ich», antwortete sie. Es kostete sie viel Mut, zum ersten Mal mit einem amerikanischen Soldaten zu sprechen. Es war nicht nötig, ihm zu sagen, dass sie den ganzen Tag vergebens nach Arbeit gesucht hatte.

Ihre Aufgabe bestand darin, einen amerikanischen Offiziersclub einzurichten. Die Arbeit bereitete ihr Unbehagen, aber sie war nicht in der Position, eine Anstellung abzulehnen. Sie holten Möbel aus den Häusern der ehemaligen nationalsozialistischen Machthaber. Ein Soldat der Besatzungsmacht befahl ihr, die besten Möbelstücke auszuwählen.

Am Ende des ersten Tages war Sabine in Tränen aufgelöst.

Sie konnte nicht einfach in die Wohnungen anderer Menschen gehen und ihnen die Möbel wegnehmen! Sie mochten zwar Nazis gewesen sein, aber sie waren immer noch ihre Landsleute – Menschen wie die Kleppels, die sie beherbergt hatten.

Schließlich machten die Amerikaner es möglich, dass ein anderes deutsches Mädchen die eigentliche Auswahl übernehmen sollte. Sabines Aufgabe war es, diese «neuen» Möbel im Offiziersclub zu arrangieren.

Überrascht entdeckte Sabine, dass sie ein Händchen fürs Dekorieren hatte. Zu einer anderen Zeit, ohne ausgebrannte Gebäude und Entbehrungen, hätte sie vielleicht Innenarchitektur studiert. Doch angesichts des gegenwärtigen Chaos in Deutschland konnte sie keinen Unterricht nehmen.

Glücklicherweise fand auch Vater Arbeit. Nach monatelanger Suche bekam er eine Stelle bei einer großen Reederei. Es war nicht dasselbe, wie der Besitzer einer Reederei zu sein. Aber bei ihren beschränkten Verhältnissen war es eine willkommene Erleichterung.

Langsam, aber sicher tauchten die Koritkes aus der Asche auf. Auch Sabine begann, sich ein Leben aufzubauen. Im Laufe der Jahre gewöhnte sie sich zusehends an die neuen Verhältnisse. Dennoch hielt sie an ihrem Vorsatz fest, Deutschland zu verlassen. Sie zählte die Tage, bis sie ein neues Leben beginnen würde. Deutschland, wie sie es einst gekannt und geliebt hatte, gab es so nicht mehr.

Eines Abends auf dem Heimweg sah Sabine ihr Spiegelbild in einem reparierten Schaufenster. Ein großes, attraktives Mädchen mit dunklen Haaren und braunen Augen blickte sie an. Sabine glättete ihren fadenscheinigen Mantel. *Ich will mehr als das,* dachte sie. *Ich will das Leben genießen. Ich möchte schöne Kleider tragen und charmante Menschen treffen. Ich bin zu jung, um für das blanke Überleben so hart zu arbeiten.*

Dann, 1949, ging ihr Wunsch mit atemberaubender Geschwindigkeit in Erfüllung.

5.
Denn der Herr ist gut

Sabine sog die salzige Meeresluft ein und spürte den kühlen Wind in den Haaren. Sie war glücklich, und dennoch rannen ihr Tränen über die Wangen. Sie hielt sich an der hinteren Reling der *General Blatchford* fest. Das Schiff brachte sie in ihr neues Leben.

Sie schaute intensiv zur Nordseeküste und versuchte, sich jede Einzelheit einzuprägen. Die Häuser wurden immer kleiner, dann winzig. Der Strand verwandelte sich in einen Sandklecks auf der Staffelei des Horizonts.

Das Schiff brach durch eine außergewöhnlich große Welle. Dabei schwappte Meerwasser an Deck, über ihre Füße. Obwohl es August war, fröstelte sie in ihrer viel zu dünnen Kleidung. Eigentlich hätte sie ihre Kabine suchen sollen, aber sie konnte sich nicht von der Reling losreißen, wollte stattdessen die letzten Blicke auf ihre Heimat werfen. Zu guter Letzt verschwand die Küstenlinie im Meer. Es war ein passender Abschiedsgruß an ihr altes Leben.

Sabine war fast 24 Jahre alt. Vier Jahre waren seit Kriegsende vergangen. Vier lange Jahre, in denen sie geplant, geträumt und gehofft hatte. Sie wollte immer weg. Ihre Eltern versuchten nicht, sie daran zu hindern. Sie wussten, dass sie mehr wollte. Als die *Blatchford* gerade eine Welle durchstieß, dachte sie: *Jetzt gibt es kein Zurück mehr.*

Und gleichzeitig: *Was erwartet mich auf der anderen Seite des Ozeans? Wohin werde ich gehen, und was werde ich tun?*

Sabine war nicht bewusst, was für ein eindrückliches Bild sie abgab, wie sie so an der Reling stand, mit ihrem abgenutzten braunen Koffer in der Hand. Schon immer hatte sie bewundernde Blicke anderer ignoriert. Sie wollte nicht zugeben, dass sie hübsch war, mit ihrem durch die hohen Wangenknochen leicht kantigen Gesicht und ihrer zarten, hellen Haut. Wenn sie lächelte, umspielten Grübchen ihren Mund. Die Tatsache, dass ihr ihre Schönheit nicht bewusst war, machte sie umso attraktiver.

Ihr Magen begann sich zu winden. Sie rannte zur Toilette und schaffte es gerade noch vor dem ersten Erbrechen.

Eine ganze Weile später hielt sie sich immer noch an der Toilette fest, die Stirn schweißnass. *Ich weiß nicht, ob ich gesund werden oder einfach nur sterben will!*

Schließlich fühlte sie sich stark genug, um auf wackligen Beinen ihre Kabine zu suchen. Ihre Laune sank jedoch, als sie sich ansah, was für die nächsten Wochen ihr Zuhause sein würde.

Das Wort «Kabine» war ohne Frage eine Übertreibung. Keiner hätte die Unterkünfte des Schiffes luxuriös genannt. Die *Blatchford* war ein altes Kriegsschiff, das unter amerikanischer Flagge segelte. Sabines Koje bestand aus einem schmuddeligen, grauen Feldbett, das man wie in einem Schlafsaal neben die Betten von vierzig anderen Frauen gezwängt hatte. Auf dieser Reise würde es keine Einsamkeit geben!

Der säuerliche Geruch von Erbrochenem wehte bereits

durch den ganzen Raum, sodass Sabines Magen sich wieder zusammenzog.

Wenigstens muss ich nicht auf dem Boden schlafen, dachte sie mit einem Grinsen und versuchte den Dingen etwas Positives abzugewinnen.

Ihre Umgebung war alles andere als ideal, aber zumindest war es nur vorübergehend. Sie war auf dem Weg nach Amerika, auf ihrem Weg zu einem neuen Leben!

Sabine kletterte in ihr Bett und zog die kratzige Wolldecke über den Kopf, um den üblen Geruch zu verdrängen. Sofort fiel sie in einen traumlosen Schlaf.

Einige Stunden später wachte sie auf und fühlte sich überraschend erfrischt. Erstaunlicherweise hatte sie keine Magenschmerzen mehr. Selbst der Schlafsaal roch nicht mehr so schlimm. Sie ging auf das Oberdeck.

Die kühle, frische Luft war eine Wohltat. Helles Sonnenlicht schien über den tanzenden Wellen, und Sabine hatte wieder das Gefühl, dass die Welt viel für sie bereithielt.

Andere Passagiere standen auch auf dem Deck und schauten aufs Meer. Sabine stellte fest, dass viele von ihnen markante Gesichtszüge und dunkles lockiges Haar besaßen. Wie die meisten der Passagiere waren sie Juden – ein paar der wenigen, die mit dem Leben davongekommen waren. Sabine versuchte sich vorzustellen, was sie durchgemacht hatten. Tiefe Falten zogen sich durch ihre Gesichter, und sie liefen so gebückt, als ob sie immer noch schwere Lasten tragen würden.

Sie erschauderte und drehte sich weg. Der ganzen Welt – einschließlich Sabine – war inzwischen klar, welche Gräueltaten Hitlers Regime begangen hatte. Sie war so entsetzt gewesen, als sie von den Konzentrationslagern erfahren hatte, von den Öfen und den hohen Schornsteinen. Wie konnte irgendjemand in ihrem Land, ihrem geliebten Deutschland, solch schlimme Sünden an unschuldigen Menschen begehen?

Hitlers Vermächtnis war eine Schande für ihr Heimatland. Wenn sie an den Juden auf dem Schiff vorbeiging, schämte sich Sabine. Sie beschloss, fortan würde sie, wenn jemand sie nach ihrer Nationalität fragte, «österreichisch» antworten. Wie sonst sollte sie ihr neues Leben beginnen?

Sabine durchzuckte ein noch erschütternderer Gedanke: Viele ihrer Landsleute hatten Gräueltaten begangen. Deren Hände waren auf jeden Fall mit unschuldigem Blut befleckt. *Aber was ist mit meinen eigenen Händen?,* dachte sie. *Trage ich Verantwortung für Straftaten, die von anderen begangen wurden?*

Sie erinnerte sich an ihr früheres komfortables Leben und wie sie unfähig gewesen waren, Menschen wie ihren freundlichen Arzt Dr. Klein zu beschützen. Dann erinnerte sie sich an Hitlers aufwühlende Reden im Radio und die mitreißenden Melodien der Nazi-Hymne «Horst Wessel». *Trage ich eine Mitschuld an den Geschehnissen?*

Obwohl sie es sich nicht eingestehen wollte, wusste Sabine tief in ihrem Herzen, dass sie zumindest auf emotionaler Ebene schuldig war. Sie hatte Hitler ihre Seele erobern lassen. Ja, sie war schuldig.

Auf der langen Reise über den Ozean erkannte Sabine außerdem, dass sie ein Opfer von Hitler war. Die unaufhörliche Propaganda und die hypnotisierende Anziehungskraft der Massen hatten sie einer Gehirnwäsche unterzogen. So weit, bis sie mit der übrigen deutschen Jugend auf einer Welle der Hysterie, Verwirrung und Bosheit geschwommen war, die sie schließlich ans Ufer gespült hatte.

Der Krieg war vorbei, ihr Land lag in Trümmern und ihre Identität war zerrüttet. Nun fragte sie sich: *Wer ist Sabine Koritke?*

Tag für Tag hielt Sabine sich an der Reling fest und starrte zum Horizont, in dem Versuch, das Unfassbare zu begreifen. Aber es blieb für sie unerreichbar. Sie hatte es in den Jahren nach dem Krieg nicht finden können und fand es auch jetzt nicht. Vielleicht würde ihr die Antwort kommen, wenn sie erst einmal ihr neues Leben als Amerikanerin begonnen hatte.

Sabine wusste, dass ihre Mitpassagiere viel schlimmere Wunden trugen. Sie konnte es in ihren Augen lesen. Sie hatten das Schlimmste gesehen, das Menschen einander antun können. Sie hatten den Abgrund des Bösen gesehen.

Sie wollte auf sie zugehen, wollte versuchen, sie zu trösten, aber ihre deutsche Identität lastete schwer auf ihren Schultern. Das Einzige, was sie tun konnte, war, heimlich zuzusehen, wie die Juden still dasaßen. Von welchen Erinnerungen sie verfolgt wurden, konnte sich Sabine nicht einmal vorstellen. Lager mit Stacheldraht, Wachen in schwarzen Stiefeln? Vielleicht hatten sie überlebt, weil sie unter Zwang geholfen hatten, ihre eigenen Leute in die Gaskammern zu treiben? Vielleicht saßen sie in stiller Trauer um verlorene Angehörige, jene, die umgekommen waren, ohne auch nur einen Grabstein als Zeichen ihres Ablebens?

Sabine suchte oft am Heck des Schiffes Zuflucht. Dort stand sie gedankenverloren. So weit sie sehen konnte, war nichts als Wasser. Doch mit jeder Minute wurde der Abstand zwischen ihr und Deutschland größer.

Als sie sich ihrem Ziel näherten, stand Sabine wieder an der Reling, diesmal umgeben von vielen anderen Passagieren. Ein Schrei der Erregung ging durch die Gruppe, als weit entfernt langsam Land in Sicht kam. Boston.

Amerika!

Sie war fasziniert von der Freude des Augenblicks. Überall um sie herum lachten die Menschen, gestikulierten wild, sprachen ein halbes Dutzend verschiedener Sprachen. Eine junge Mutter neben ihr weinte stumme Tränen und hielt ihr kleines Baby fest an sich gedrückt.

Als sie von Bord ging, wurde sie von einer Mauer intensiver Hitze und Feuchtigkeit getroffen. Sie wusste nicht, was sie erwartet hatte, aber die Begrüßung war alles andere als herzlich. Eine effizient agierende Gruppe von Frauen in Uniformen des Roten Kreuzes begrüßte die Passagiere ohne ein Lächeln und ordnete sie in Reihen an. Eine Frau war verärgert darüber, dass die meisten Neuankömmlinge kein Englisch sprechen konnten.

Sabine war dankbar, dass sie in ihrer exklusiven Internatsschule Englisch gelernt hatte. Es dauerte mehrere Stunden, sich durch all die bürokratischen Hürden zu kämpfen. Sie arbeitete sich von einer Station zur nächsten vor. Lange Wartezeiten wurden unterbrochen, wenn Sabine in aller Eile ihre Dokumente zu zeigen hatte. Gummistempel knallten auf Papier.

Dann wurde sie in eine andere Schlange geschoben, und alles begann von vorne. Als sie mit ihrem alten braunen Koffer, der all ihren weltlichen Besitz enthielt, an der letzten Station ankam, war sie erschöpft. Aber es zählte nur, dass sie angekommen war. Sie war in Amerika.

6.

Du allein bist meine Zuflucht

Sabine machte sich auf den Weg nach New York City, wo ihre Tante Mary wohnte. Die Hitze in dem engen Zug war erdrückend, ihre Kleidung nass aufgrund der hohen Luftfeuchtigkeit. Allein vom Zugfahren bekam sie Bauchkrämpfe. Es weckte Erinnerungen an schreckliche Zugfahrten im vom Krieg erschütterten Deutschland.

Nervös zog sie eine verblichene Fotografie aus der Tasche. Vom Foto lächelte sie eine modisch gekleidete Frau an. Ob Tante Mary sich sehr verändert hatte, seit sie sich zum letzten Mal gesehen hatten?

Mary Lobel war nicht wirklich ihre Tante, sondern eine gute, alte Freundin ihrer Mutter. Vor Kriegsbeginn hatte Tante Mary einige Male den Atlantik überquert, um die Koritkes zu besuchen. Während des Krieges schickte sie regelmäßig Pakete, um der Familie zu helfen. Sabine fragte sich, ob Tante Mary klar war, wie viel ihnen diese Geschenke bedeutet hatten.

«Überaus erfreut!», hatte Tante Mary geantwortet, als Sabine schrieb, sie würde in die Vereinigten Staaten kommen. Darüber hinaus hatte sie eingewilligt, Sabines Bürgin beim US-Einwanderungsamt zu sein.

Sabine war ganz aufgeregt, als der Zug New York City erreichte. Aus dem Fenster erblickte sie Tante Mary auf dem Bahnsteig, aufrecht und stolz mit einem gelben Pillbox-Hut auf dem Kopf. Sabine hätte sie überall erkannt.

Als Sabine aus dem Zug stieg, eilte ihr Tante Mary entgegen. Ein Lächeln breitete sich auf ihrem Gesicht aus, als Sabine selbst mitten im Grand-Central-Bahnhof an ihre preußischen Manieren dachte und einen tiefen Knicks machte.

«Willkommen, Kind!» Tante Mary umarmte sie. Wie wunderbar sich das anfühlte! Es war das erste Mal seit Wochen, dass jemand sie berührte. Sie gingen zusammen hinaus in den Sonnenschein New Yorks.

Sabine war überwältigt von der Stadt, dem geschäftigen Treiben, der pulsierenden Energie überall um sie herum. Geübt rief Tante Mary ein Taxi, und bald erreichten sie ihr Zuhause in Brooklyn. Ehrfürchtig sah sich Sabine in der Wohnung um. Sie war bescheiden, aber geschmackvoll eingerichtet. Im Vergleich zu ihren Unterkünften der letzten Jahre in Deutschland wirkte die Wohnung wie ein Palast.

Sabine nahm auf dem einladenden Chintz-Sofa Platz, während Tante Mary hin und her eilte, um Teetassen und Unterteller zu decken. Tante Mary war Mitte Vierzig und lebte mit Leidenschaft. Sie war seit mehreren Jahren geschieden und war mit dem Leben als alleinstehende, weltoffene Frau recht glücklich.

Sabine blieb mehrere Wochen bei Tante Mary. Sie behandelte Sabine wie die Tochter, die sie nie gehabt hatte, und zeigte ihr New York City. Sie zogen durch die Stadt und erkundeten all ihre Sehenswürdigkeiten – von der Freiheitsstatue über den Central Park bis zum Empire State Building.

Am liebsten spazierte Sabine durch die Betonschluchten der Stadt und betrachtete die Wolkenkratzer. Hier standen die Straßen im ewigen Schatten der hoch aufragenden Bauwerke. Eine angenehme Brise wehte von der Bucht herüber.

Sabine legte den Kopf in den Nacken, um das Dach der Gebäude sehen zu können. Sie stellte sich vor, wie es wäre, den ganzen Weg nach oben zu klettern, immer höher, bis sie den höchsten Punkt erreicht hätte. Diese Symbolik beeindruckte sie. Hier stand sie, am Fuße der Wolkenkratzer, und blickte bis ganz nach oben. Genauso war es auch im wahren Leben. Sie war den ganzen Weg bis New York City gekommen. Jetzt musste sie nur noch hochklettern. So viel Anstrengung, wie es kosten würde, einen Wolkenkratzer zu erklimmen, so viel Aufwand würde es in Anspruch nehmen, all das zu erreichen, was Amerika an Verheißungen bot.

Die ersten Wochen verliefen harmonisch, bis Sabine und Tante Mary eine kleine Auseinandersetzung hatten. Quer durch das Wohnzimmer starrten sich die beiden Frauen an.

«Warum kommst du nicht mit mir?» Tante Mary verschränkte die Arme vor dem Körper. Sabine sollte für den Rest des Sommers mit ihr in den Bundesstaat New York ziehen. Sie konnte nicht verstehen, warum diese damit nicht einverstanden war.

Sabine blieb hartnäckig: «Nicht, dass ich dein Angebot nicht zu schätzen wüsste», fing sie an, «aber es ist an der Zeit, dass ich meinen eigenen Weg finde.»

Einige Stunden später, nach einer tränenreichen Diskussion, kamen sie zu einer Einigung. Sabine wollte es nun versuchen, auf eigene Faust klarzukommen, und Tante Mary stimmte widerwillig zu.

Schon bald fand Sabine ihre erste Arbeitsstelle in Amerika. Sie wurde Kindermädchen für die kleine Tochter von Jacob Javits, einem New Yorker Kongressabgeordneten, der dabei war, Senator zu werden. Das Gehalt betrug einhundert Dollar pro Monat, zuzüglich Unterkunft und Verpflegung. Für Sabine war das eine Riesensumme. Damals kostete ein Hot Dog im Straßenverkauf fünfzehn Cent, es war also gutes Geld. Wenn sie achtgab, konnte sie fast 95 Dollar pro Monat sparen.

In der Sekunde, als Sabine die kleine Joy sah, verliebte sie sich in das Baby. Joy machte ihrem Namen alle Ehre – sie war ein fröhliches Baby mit einnehmendem Lächeln. Jeden Morgen steckte Sabine sie in ihren prächtigen Kinderwagen und ging spazieren. Dies wurde bald Sabines Lieblingszeit des Tages.

Nachdem sie schon ein paar Wochen für die Javits gearbeitet hatte, überkam Sabine auf einem dieser morgendlichen Spaziergänge überwältigendes Heimweh.

Sie schob Joy durch die Nachbarschaft, an stattlichen Stadthäusern auf von Bäumen umsäumten Straßen vorbei, als sie Brocken einer auf Deutsch geführten Unterhaltung zwischen zwei Frauen aufschnappte. Sie sahen wie Mutter und Tochter aus. Im Vorbeigehen hörte sie lediglich die Worte «Synagoge» und «Familie». Sofort musste Sabine an Deutschland denken. Ihr Brustkorb schmerzte. Sie vermisste ihre Familie so sehr.

Es war nichts Ungewöhnliches, Deutsch in der Nachbarschaft der Javits zu hören. Dort lebten viele deutsche Einwanderer, und die meisten waren Juden. Sie gehörten zu den Glücklichen, die Hitlers Regime überlebt hatten.

Sabine berührte noch etwas an dieser Mutter und Tochter. Vielleicht, wie sie Arm in Arm liefen und ihr Lachen über die Straße hallte. Tränen stiegen Sabine in die Augen. Sie setzte sich auf eine Parkbank in der Nähe, hielt die Hände vors Gesicht und ließ ihren Tränen freien Lauf.

Dennoch war Sabine entschlossen. Auch wenn sie mit ihren Gefühlen zu kämpfen hatte, ihr Wille war stark. Ihr größter Traum war es gewesen, nach Amerika zu ziehen. Sie hatte zu hart dafür gekämpft, um jetzt aufzugeben.

Zusätzlich zum Heimweh hatte Sabine ein weiteres Problem: Obwohl sie die kleine Joy liebte, kam sie mit Frau Javits nicht klar. Sabine wusste, dass sie ihre Stelle bei der Familie aufgeben musste.

Ihre nächste Anstellung fand sie wieder als Kindermädchen, diesmal kümmerte sie sich um Zwillinge, die wie kleine Engelchen aussahen. Es war harte Arbeit, aber Sabine fand einen Platz im Leben der Familie. Das half ihr auch, einen Teil des Heimwehs zu vergessen. Die Familie war sehr wohlhabend und hatte zwei Häuser – eins in New York und eins in Miami.

Sabine merkte bald, dass sie mehr sein wollte als nur ein Kindermädchen. Glücklicherweise erlaubten ihr ihre Arbeitgeber, sich in der Abendschule einzuschreiben, wo sie Hotelmanagement studierte. Jede Nacht schlief sie mit einem dankbaren Lächeln ein. Sie war erst wenige Monate in Amerika und war bereits weit gekommen.

Als die Familie sie bat, sie auf ihrer nächsten Reise nach Miami zu begleiten, war Sabine begeistert. Sie hatte bereits New York City lieben gelernt. Was erwartete sie wohl in Florida?

7.
Denn wo dein Schatz ist, da ist auch dein Herz

Sabine war im Paradies. Florida war besser, als sie es sich je hätte vorstellen können. Palmen zierten die Boulevards und Strände, ihre Zweige raschelten in der sanften Brise. Der Himmel war strahlend blau und ging direkt in den rauschenden Ozean über.

Im Laufe der Tage spürte sie, wie sie sich innerlich entspannte. Ihre Anspannung war ihr gar nicht bewusst gewesen. Es wurde ihr erst klar, als sie an diesen wundervollen Ort kam, wo die Sonne immer schien.

Wann hatte sie sich zum letzten Mal so glücklich und sicher gefühlt? Das war viele Jahre her gewesen, vielleicht Ende 1944, als sie noch bei ihrer Familie in Preußen gelebt hatte.

Sie konnte kaum glauben, dass sie bereits fast ein Jahr in Amerika war. Zurück nach Europa zu gehen, war keine Option, auch wenn Sabine ihre Familie immer noch vermisste.

Telefongespräche waren teuer und daher selten. Regelmäßige Briefe ihres Vaters waren ihre größten Schätze. Wenn einer ankam, steckte sie den Brief in die Tasche und zog sich zum Lesen zurück, sobald ihre Pflichten in der Familie beendet waren.

Sie genoss es, mit dem Brief allein zu sein. Viele Seiten waren mit ihren Tränen getränkt, oft meinte sie, die getrockneten Tränen ihres Vaters zu entdecken, welche er weinte, wenn er seiner einzigen hinterbliebenen Tochter schrieb.

Jetzt, unter den Palmen Floridas, hatte sie mehr Zeit zum Reflektieren. Sie fragte sich, wohin sie mit ihrem Leben wollte und was die Zukunft ihr bringen würde.

Eines Abends bei einem langen Spaziergang entlang des strahlend weißen Strandes kam sie zu einigen Erkenntnissen. Obwohl sie sich sehr gerne um die Zwillinge kümmerte, wollte sie mehr.

Winzige Sterne funkelten am Himmel, als ihr auffiel, dass sie nicht allein war. Pärchen spazierten Hand in Hand den Strand entlang. Einige liefen eng umschlungen und unterhielten sich leise.

Sabine seufzte. Dies war solch ein romantischer Ort! Bisher hatte sie keinen ernsthaften Verehrer gehabt. An diesem Abend sah sie die Paare voller Wehmut. *Werde ich jemals den Richtigen treffen? Wie wird er sein? Wie werde ich ihn erkennen?*

Bevor dieser Wunsch in Erfüllung ging, bot ein Fremder Sabine eine einzigartige Chance.

Am nächsten Nachmittag ging sie mit den Zwillingen zum Schwimmen ins Macfadden-Deauville Hotel. Es war ein Hotel der gehobenen Klasse mit einem sehr großen Pool. Sabine spielte mit den Mädchen und merkte nicht, dass sie beobachtet wurde.

Am anderen Ende des Pools saß ein Mann mit sportlichem Hemd und khakifarbener Hose und beobachtete sie heimlich. Es war Warren Freeman, der Manager des Hotels. Etwas an dieser Frau erregte seine Aufmerksamkeit. Er war ein mächtiger Mann, der es gewohnt war, genau das zu bekommen, was er wollte. Er hatte Beziehungen; es war ein Mann, der sich regelmäßig mit Politikern und Filmschaffenden traf. Sein Geschäftssinn hatte dem Macfadden-Deauville Hotel bereits erheblichen Nutzen gebracht.

Als er nun die junge Frau im Pool beobachtete, wusste er, dass er mit ihr sprechen musste. Sie war die richtige Person für den Job.

Sabine merkte nichts davon. Sie bekam nicht mit, als er einen Bediensteten fragte, wer sie war und wo sie untergebracht war. Sie wusste nicht, dass ihr eine große Veränderung bevorstand.

Sie packte die beiden Krabbelkinder in ihre fluffigen weißen Badehandtücher und nahm je eins auf den Arm. Es war erstaunlich, wie groß sie geworden waren.

Gerade als sie das Tor öffnen wollte, um den Poolbereich zu verlassen, rief ihr jemand hinterher:

«Frau Koritke!»

Verärgert drehte sie sich zu dem etwa vierzigjährigen Mann mit schütterem blondem Haar um. *Konnte er nicht sehen, dass sie in Eile war?* Die Kinder waren schwer, und inzwischen hatten sie angefangen zu weinen und sich zu beklagen.

Dennoch dachte sie an ihre guten Manieren. «Ja, Sir?» Sie kam nicht auf den Gedanken, sich zu fragen, woher dieser Mann ihren Namen kannte.

Er lächelte und meinte: «Ich bin Warren Freeman, Manager dieses Hotels.» Als müsste ihr der Name etwas sagen.

Sabine errötete. «Es tut mir leid, dass wir Ihren Pool benutzt haben, obwohl wir keine zahlenden Gäste sind, Sir. Die Dame an der Rezeption meinte, es wäre in Ordnung.»

Der Mann wischte ihre Entschuldigung weg. «Kein Problem», meinte er. «Ich habe einen Geschäftsvorschlag, den ich gern mit Ihnen besprechen würde.»

Sabine stand da und schaute ihn an.

Er fuhr fort: «Gestatten Sie, dass ich Sie heute Abend zum Essen einlade, um darüber zu sprechen?»

Sabine, die immer noch die weinenden Zwillinge auf dem Arm hatte, war verblüfft. *Wer war dieser Typ?*

«Welche Art Geschäftsvorschlag?», fragte sie vorsichtig.

Der Mann lächelte. «Es ist alles ganz seriös, das versichere ich Ihnen. Ich kenne die Familie, für die Sie arbeiten. Fragen Sie nach mir. Sie werden für mich bürgen.»

Sabine war verwirrt. Wenn dieser Mann tatsächlich ein Freund der Familie war, konnte sie nicht riskieren, ihn zu beleidigen. Und er war freundlich. Er strahlte Macht und Leidenschaft aus. Etwas sagte ihr, dass ihr Leben nie mehr das gleiche sein würde, wenn sie die Einladung annehmen würde.

«In Ordnung, ich gehe gern mit Ihnen essen.»

Warren Freeman strahlte wie ein kleiner Junge im Spielzeugladen.

Als sie mit den Zwillingen zurückkam, erwähnte sie die bizarre Begegnung ihren Arbeitgebern gegenüber.

«Warren Freeman schlägt dir ein Geschäft vor?», staunte der Vater. Er war Journalist und hätte gern einmal mit Warren Freeman zu Abend gegessen.

«Also ist er seriös», fragte Sabine, «und vertrauenswürdig?»

«Auf jeden Fall.»

Ihr Boss sagte nichts mehr. Er ging davon aus, dass Sabines Tage als Kindermädchen bei ihnen gezählt waren.

Ein paar Stunden später stand Sabine nervös im Foyer des Macfadden-Deauville Hotel. Sie trug ihr bestes Kleid, ein pfirsichfarbenes Hemdblusenkleid mit hochgeschlagenem Kragen und Ärmeln mit Manschetten. Dennoch fühlte sie sich immer noch nicht angemessen gekleidet, wenn sie die Kristallleuchter an der Decke betrachtete.

Ihre Ängste verflogen jedoch sofort, als Warren Freeman mit einem breiten Lächeln auf sie zukam.

«Meine Liebe, Sie sehen bezaubernd aus», sagte er und führte ihre Hand an seine Lippen.

Der Abend nahm seinen Lauf, und innerhalb von Minuten unterhielten sich Warren und Sabine entspannt. Er war ein sehr charmanter Mann. Sabine war klar, warum er erfolgreich war.

Beim Abendessen merkte Sabine, dass sie einen Freund gefunden hatte. Sie fühlte nichts Romantisches. Aber sie wusste instinktiv, dass es eine angenehme Freundschaft werden würde, eine Freundschaft, auf die sich beide verlassen konnten.

Nachdem sie ihr Chateaubriand gegessen hatten, wandten sie sich dem Geschäftlichen zu. Warrens Blick wurde ernst. «Ich habe eine fabelhafte Gelegenheit für Sie, Sabine.» Er legte seine Leinenserviette zur Seite.

Sabine nahm einen Schluck des hervorragenden Burgunderweins. Was auch immer er vorschlagen würde, es würde gut sein.

«Ich möchte Ihnen eine Position in diesem Hotel anbieten, wo Sie meiner Frau helfen, sicherzustellen, dass unsere Gäste gut versorgt werden.»

Sabine war überrascht. Im Macfadden-Deauville Hotel und Casino wurden die Reichen und Berühmten bewirtet – Leute wie Sammy Davis jr., Frank Sinatra und Dean Martin. Diese Kundschaft verlangte einen reibungslosen, fachkundigen Service. Es war eine großartige Gelegenheit.

«Aber warum bieten Sie mir das an?», fragte sie.

«Es hat irgendetwas mit Ihrer Art zu tun, liebe Sabine. Ich bin ein guter Menschenkenner.» Warren lächelte. «Sie sind der fesselnde Widerspruch aus Unschuld und Selbstsicherheit. Als ich Sie sah, wusste ich, dass Sie es weit bringen würden.»

Sie verbrachten den Rest des Abends im angeregten Gespräch. Am Ende wusste Sabine, dass das Angebot zu gut war, um es auszuschlagen. Ihr Job würde es sein, die Wünsche der Hotelgäste zu erfüllen, der Crème de la Crème der amerikanischen Gesellschaft. Sie würde sie begrüßen, verwöhnen und ihnen jede Laune und jeden Wunsch erfüllen. Im Großen und Ganzen würde sie dafür sorgen, dass ihre Erfahrung im Macfadden-Deauville dem Luxus gerecht würde, für den das Hotel bekannt war. Noch dazu war die Bezahlung aus Sabines Sicht ausgezeichnet – zweihundert Dollar im Monat. Dass sie sich mit ihrer ganzen Familie ein Zimmer im Haus von anderen Leuten geteilt oder in der Scheune einer freundlichen alten Bäuerin geschlafen hatte, lag nun weit hinter ihr.

Auf dem Heimweg zog sie ihre Stöckelschuhe aus und lief

den weichen sandigen Strand entlang. Warren Freeman hatte ihr angeboten, sie nach Hause zu begleiten, aber sie wollte allein sein. Sie brauchte Zeit zum Nachdenken.

Der Mond sah aus wie eine große Perle, sein Licht tanzte über dem schwarzen Ozean. Eine leichte Brise strich Sabine durch die Haare, während sie dem Plätschern der Wellen lauschte. Ihr Herz fühlte sich leicht und erwartungsvoll an. Über Nacht hatte sich ihre Welt vom bloßen Überleben in eine Welt voller Verheißungen verwandelt. Sie wusste, dass sie auf der Überholspur zu dem Erfolg war, nach dem sie sich gesehnt hatte. Schon bald würde sie von reichen, berühmten und schönen Menschen umgeben sein.

In der Vergangenheit hatte man ihr oft gesagt, wie schön sie sei, aber sie hatte es als leere Schmeichelei abgetan. An diesem Abend fühlte sie sich tatsächlich hübsch. Sie hatte es daran erkennen können, wie Warren Freeman sie angeschaut hatte. Es war berauschend.

Sie ließ ihre Träume in die Zukunft schweifen. Warren Freeman kennenzulernen hatte bewirkt, dass sich in ihr eine Art Schatztruhe mit vor langer Zeit weggepackten Wünschen aufgetan hatte. Nun fragte sie sich: *Werde ich einen Mann kennenlernen und mich verlieben? Und was ist, wenn mein zukünftiger Ehemann einer der wohlhabenden Gäste des Hotels ist?*

Sie erlaubte sich, heimlich zu lächeln. Wie wunderbar wäre es, verheiratet zu sein und wahrhaft zu jemandem zu gehören, der sie liebte und für sie sorgte! Sie wusste, was für einen Mann sie wollte. Er musste ehrlich sein, hart arbeiten, ein Mann mit Prinzipien sein. Kurz, ein Mann wie ihr Vater. *Und wenn er zufällig ein paar Millionen besäße … nun, wer bin ich schon, dass ich mich darüber beschweren sollte?*

8.
Ein guter Freund steht immer zu dir

Auf Wolke sieben schwebend kam sie zum Haus ihrer Arbeitgeber zurück.

Später in dieser Nacht wachte sie panisch und aufgeregt auf. *Kann ich die Reichen und Berühmten bedienen? In einem der besten Hotels Miamis?*

Sie wälzte sich im Bett hin und her und versuchte, es sich aus dem Kopf zu schlagen. Es war zwecklos. Vor Büro- und Verwaltungsarbeit hatte sie keine Angst, sondern davor, sich unter den selbstbewussten Menschen der High Society zu bewegen. Sie war schon immer etwas schüchtern gewesen, und es war ihr unangenehm, wenn ihr bei einer Unterhaltung mit Fremden die Röte in die Wangen stieg.

Jetzt hatte sie eine Stelle angenommen, die von ihrem Umgang mit wichtigen Leuten abhing – den ganzen Tag lang! *Worauf habe ich mich da eingelassen?*

Sie lag mehrere Stunden besorgt wach. Als ihr Wecker klingelte, hatte sie sich entschieden. Sie musste es wagen. Einen Rückzieher zu machen war nie ihre Art gewesen, schon gar nicht jetzt, wo es um den Schritt in ein neues Leben ging.

Innerhalb weniger Tage verflogen ihre Ängste. Sie fügte sich leicht in ihre neue Rolle, und mit jedem erfolgreichen Tag wuchs ihr Selbstbewusstsein. Die Gäste fanden sie charmant – mit ihrem strahlenden Lächeln und ihrem dezenten europäischen Akzent. Sie war die perfekte Gastgeberin und erfüllte die Bedürfnisse jedes Gastes so, dass er das Gefühl hatte, etwas Besonderes zu sein.

Sie hatte sich von ihren Arbeitgebern verabschiedet und die

Zwillinge ein letztes Mal umarmt. Sie zog in eine kleine Wohnung nicht weit vom Hotel entfernt.

Kurz darauf begegnete Sabine einer jungen Französin in ihrem Alter, die allein im Restaurant des Hotels saß. «Hallo, ich bin Janine!» Sie lächelte Sabine verschmitzt an. Rabenschwarze Haare lockten sich um ein Gesicht mit funkelnden dunklen Augen. Sabine mochte sie sofort.

Die beiden wurden auf der Stelle Freundinnen. Das lag nicht nur daran, dass sie beide Neueinwanderer in den USA waren, sondern auch daran, dass sie eine ähnliche Sicht auf die Welt hatten und über dieselben Witze lachten.

Janines Geschichte war allerdings sehr traurig. Hinter dem strahlenden Lächeln steckte eine verzweifelte, unglückliche junge Frau. Janine hatte gerade eine schreckliche Scheidung hinter sich, der eine noch schlimmere Ehe vorangegangen war. Sie hatte jung geheiratet, einen amerikanischen Piloten, den sie als Stewardess kennengelernt hatte. Kurz nach der Hochzeit fand sie heraus, dass er anfällig für Seitensprünge war.

«Er hatte so viele Affären wie Flüge», meinte sie. Die Tinte auf ihren Scheidungsunterlagen war noch nicht getrocknet. «Ein Teil von mir liebt ihn immer noch», vertraute sie Sabine an. Ihre Stimme brach ab. «Ich bin so allein. Ich vermisse ihn schrecklich.»

Ihr Ehemann hatte sie praktisch mittellos zurückgelassen. Da sie nicht wusste, wohin sie gehen sollte, hatte sie ein Zimmer im Macfadden-Deauville Hotel gebucht. Sie wusste, dass es dumm war, in solch einem teuren Hotel zu übernachten. Aber sie und ihr Ehemann waren zusammen hier gewesen, und es war der einzige Ort, der ihr vertraut war.

Janines braune Augen füllten sich mit Tränen. «Ich habe gerade genug Geld, um das Wochenende hier zu bleiben. Ich weiß nicht, wo ich am Montag hin soll.»

Sabine sah sich die zierliche Frau genau an. Dann traf sie, untypisch für sie, eine schnelle Entscheidung. «Warum ziehst du nicht bei mir ein?»

Janines Geldproblem klärte sich ebenso schnell. Sabine hatte eine Idee. «Warte hier», sagte sie zu Janine.

Wenige Augenblicke später kam sie mit Warren Freeman zurück. Ein Blick auf Janine war alles, was Warren Freeman brauchte. Trotz ihres gegenwärtigen Kummers zeigte sie eine lässige Eleganz, die perfekt mit ihrem dunklen Teint und ihrer exotischen Schönheit harmonierte. Nach ein paar weiteren Fragen stellte er fest, wie intelligent sie war. Außerdem konnte sie mehrere Sprachen fließend sprechen. Er stellte sie auf der Stelle ein.

Und so begaben sich die beiden jungen Frauen auf ein Abenteuer – bei der Arbeit und als Mitbewohnerinnen.

Mit ihrem auffallend guten Aussehen und ihrem europäischen Charme tauchten sie bald in das gesellschaftliche Leben Miamis ein. Sabine mochte besonders die privaten Partys, die in Villen am Rande der Stadt stattfanden.

Die Partys waren Luxusveranstaltungen mit Gästeliste. Innerhalb weniger Wochen gehörten die beiden zu diesen ausgewählten Gästen. Sabine holte ihre im Krieg verlorene Jugend nach. Sie hätte sich von der Angst und Verzweiflung, die sie in Deutschland umgeben hatten, nicht weiter entfernt fühlen können.

Die opulenten Villen versetzten sie in Erstaunen. Riesige, schmiedeeiserne Tore öffneten sich und enthüllten die reinsten Schlösser. Die meisten befanden sich am Meer. Die Cocktailpartys bei Sonnenuntergang waren atemberaubend, wenn die orangefarbene Sonne Floridas im Meer versank.

Die Buffets waren immer so üppig, als gelte es, frühere Partys zu übertreffen. Sabine spazierte gerne Arm in Arm mit einer Freundin durch die Außenanlagen und genoss die Gärten voller roter, pinkfarbener, violetter und gelber Blüten der exotischen Pflanzen. Sie bewunderte Tennisplätze, Swimmingpools, plätschernde Springbrunnen – Luxusgüter, die sie selbst eines Tages zu besitzen hoffte.

Bei einer dieser Partys stand Sabine mit einem Champagnerglas in der Hand auf einer großen Veranda mit Blick aufs Meer. Die Wellen rollten herein und brachen mit weißem Schaum. Der Ausblick war fantastisch.

Als sie sich umdrehte, sah sie einen großen Käfig auf der Veranda. Sie konnte es kaum glauben. In dem Versuch, ihre Millionärsfreunde zu übertreffen, hielten sich die Gastgeber einen ausgewachsenen Affen! Als Sabine die schwermütigen Augen des Tiers näher betrachtete, erkannte sie darin eine Metapher. Zum ersten Mal wurde ihr bewusst, dass Menschen inmitten all dieses Reichtums leben konnten und nicht frei waren.

Trotzdem gingen sie und Janine regelmäßig zu Partys und lebten auf großem Fuße. Mit einer gewissen Fluktuation nahmen an jeder Party die gleichen Leute teil. Natürlich war Warren Freeman immer eingeladen. Er zeigte sich leicht amüsiert darüber, dass seine «europäischen Ladys» die Leiter des gesellschaftlichen Erfolgs so schnell erklommen hatten. Sabine und Janine standen auf jeder Einladungsliste.

Ihre neuen amerikanischen Freunde fanden sie bezaubernd. Frauen bewunderten ihre Grazie, und Männer waren von ihrer Schönheit hingerissen. Sabine und Janine lernten schnell die hohe Kunst des Flirtens und wickelten die Männer um ihre perfekt gepflegten Finger.

Beide Frauen wussten, dass ihre Beliebtheit oberflächlich war. Sie wurden geschätzt, weil sie exotisch waren. Keiner hatte wirkliches Interesse an ihnen. Die High Society führte sie wie in einer Ausstellung vor, um ihre Partys etwas interessanter zu machen. Aber aus irgendeinem Grund vergaß Sabine nicht den Affen im Käfig.

9.
Ein Mensch kann nichts Besseres tun, als die Früchte seiner Arbeit zu genießen

Sabine interessierte sich nicht für die Männer, die sie kennenlernten. Es gab immer etwas, das an ihnen nicht stimmte. Manche redeten zu viel von sich selbst – eitle Wichtigtuer. Andere tranken viel zu viel und blieben gerade nüchtern genug für Gesellschaft. Sabine und Janine kamen oft in ihre Wohnung zurück und lachten über den letzten ungeschickten Annäherungsversuch eines Mannes.

Die beiden Frauen hatte eine einfache Regel: Sie gingen zusammen auf eine Party und gingen zusammen nach Hause. Alle geselligen Gespräche, die zu intim wurden, wussten sie zu vermeiden.

Eines Nachts vor dem Zubettgehen stand Sabine vor dem kleinen Spiegel über ihrem Waschbecken und betrachtete sich. Viele sagten, sie sei schön. Vielleicht war sie das auch. Wohin sie auch ging, drehten sich die Leute nach ihr um.

Sabine bürstete ihre braunen Haare und dachte: *Ich hasse mein Aussehen. Ich will, dass man mich so liebt, wie ich wirk-*

lich bin. Zu ihrer Überraschung stiegen ihr Tränen in die Augen. *Ich möchte mehr als das, aber ich weiß nicht, was!*

Warren Freeman wusste nichts von Sabines Sehnsucht. Er war stolz darauf, wie sie von der Elite Miamis angenommen wurde. Schließlich war er derjenige, der sie zuerst «entdeckt» hatte. Und er hatte noch große Pläne mit ihr. Er kannte ihre Begabungen und konnte sie weiter bringen als bis zum Macfadden-Deauville, so edel das Etablissement auch war.

An einem ruhigen Nachmittag saß Sabine im Garten des Hotels und genoss ihre Mittagspause. Blumen blühten überall und sie atmete deren berauschenden Duft ein.

«Sabine?»

Sie sah auf und erblickte Warren Freeman. Er setzte sich neben sie an den Korbtisch mit Glasplatte. Der Kellner kam und servierte ihm ein eisgekühltes Glas Perrier.

«Ich bin von deiner Arbeit im Hotel beeindruckt», fing Freeman an. «Du bist eine sehr fähige Frau.»

Sabine strahlte.

«Ich habe ein neues Angebot für dich. Wie du weißt, habe ich geschäftlich mit dem Quarterdeck Club zu tun.»

Sabine nickte. Warren hatte sie ein paar Mal in den exklusiven Yachtclub eingeladen.

«Dort suche ich eine neue Verantwortliche. Ich würde mich freuen, wenn das für dich in Frage käme.»

Sabines Herz machte einen Freudensprung. Freeman bot ihr einen Karriereaufstieg an. «Das klingt aufregend. Was wären meine Aufgaben?»

Warren grinste sein selbstsicheres Lächeln. «Das wirst du selbst herausfinden.»

Sabine wagte nicht, weiter zu fragen. Obwohl sie die Kunst beherrschte, Selbstvertrauen auszustrahlen, fühlte sie sich

Autoritätspersonen gegenüber immer noch eingeschüchtert. Selbst bei jemandem, den sie so lange kannte wie Warren Freeman.

Nach einer Weile lachte Warren. «Hey, ich verrate dir so viel: Es wird sehr, sehr interessant werden.»

Er hob sein Glas, um auf sie anzustoßen, und ging wieder ins Hotel.

Zwei Tage später fing Sabine im Quarterdeck Club zu arbeiten an. Vom ersten Moment an liebte sie diesen Ort.

Der Quarterdeck Club befand sich in der Biscayne Bay und war nur per Boot erreichbar. Die Liegeplätze im Hafen waren voller Yachten. Gäste legten ein paar Stunden oder manchmal auch Tage an, bevor sie wieder zu ihren Zielen in der Karibik, auf dem Atlantik oder zum Golf von Mexiko aufbrachen.

Der Club war ein leuchtend weißes Gebäude, das auf Pfählen tief über dem türkisblauen Wasser schwebte. Eine breite, umlaufende Terrasse lud die Gäste ein, sich im Schatten des Gebäudes auszuruhen und den Panoramablick zu genießen. Auf der einen Seite war das Meer mit seinem endlosen Horizont, auf der anderen Seite erstreckte sich die Küste Miamis mit ihren Promenaden und Stränden im Sonnenschein.

Warren zeigte die gemütlichen Zimmer für Übernachtungsgäste, die mit runden Bullaugen statt Fenstern ausgestattet waren und eine Meeresbrise hereinließen. In der Cocktaillounge im nautischen Stil traute Sabine kaum ihren Augen. Direkt neben der Bar befand sich eine Angelluke! Die Luke war offen und gab den Blick aufs Meer frei. Die Gäste saßen da und angelten beim Cocktailtrinken.

Innerhalb der nächsten Tage wurde Sabine klar, dass der Quarterdeck Club eine ganz neue Art von Luxus war. Als sie zum ersten Mal Trinkgeld von einem Kunden bekam, wurde sie beinahe ohnmächtig. So viel Geld! Die Kunden waren großzügig, die Arbeit war interessant und die Atmosphäre noch exklusiver als im Macfadden-Deauville. Sabines Tage waren gefüllt mit Sommersonne und den Söhnen reicher Eltern.

Als die Freundinnen nach einem dieser extravaganten Abende in ihre Wohnung zurückkamen, wandte sich Janine traurig an Sabine.

«Ich habe einen Entschluss gefasst: Ich ziehe zurück nach Hause zu meiner Familie in Frankreich.»

Sabine fühlte einen dumpfen Schmerz. Sie hatte zu oft in ihrem jungen Leben Lebwohl sagen müssen.

Die Tage, an denen Janine ihre Abreise vorbereitete, vergingen wie im Flug. Die beiden jungen Frauen blieben jeden Abend lange wach, redeten und weinten. Schließlich, am Morgen von Janines Abreise, verabschiedeten sie sich tränenreich voneinander. Sabine fragte sich, ob sie ihre Freundin jemals wiedersehen würde.

An jenem Morgen ging sie schweren Herzens zur Arbeit. Sie beschloss, sich in die Arbeit zu stürzen. Ihre Stelle im Yachtclub war erfüllend, so wie Warren Freeman versprochen hatte. Sie bediente die Gäste und fuhr jeden Freitag mit dem Motorboot ans Festland. Zurück kam sie mit bunt gefüllten Körben voller Lebensmittel und Vorräte.

Bald übertrug der Besitzer Sabine auch die Verantwortung für die Kasse. Sogar an der Bar half sie gelegentlich aus, doch diese Aufgabe machte ihr als einzige keinen Spaß.

An der frischen Luft zu arbeiten war besser, wenn ihr die Brise durch die Haare wehte und die Sonne Floridas das Gesicht wärmte. Nachmittags tauchte die Sonne das Deck in ein heiteres Gelb.

Es fiel ihr schwer, sich zu erinnern, wie das Leben vorher

gewesen war. Die Prominenten von Miami luden sie nach wie vor zu ihren großen Partys ein, aber ohne Janine war es nicht mehr dasselbe.

Sabine löste schließlich ihre Wohnung auf und zog in den Quarterdeck Club. Ihr kleines Zimmer auf dem Meer wurde zu einer gemütlichen Zufluchtsstätte, die perfekt zu ihren Bedürfnissen passte.

Wenn sie ihre Aufgaben erledigt hatte, borgte sie sich manchmal ein kleines Boot aus und fuhr aufs Meer hinaus. Dort saß sie still im auf den Wellen wippenden Boot. Das Leben in Deutschland, besonders die Bombardierung und die Flammen von Dresden und Dessau, schienen sehr weit weg.

Nicht, dass hier keine Gefahr lauerte. Regelmäßig wurden Haie gesichtet. Sabine sah oft aus ihrem Bullauge, wie deren Flossen durchs Wasser schnitten. Eine beunruhigende Vorstellung, dass zwei Meter unter ihr Haie schwammen, während sie schlief!

Wenn es einen Ort auf der Welt gab, wo der Himmel die Erde berührte, dann hier. Es war mehr als das warme, klare Wasser, mehr als die glitzernde Küstenlinie und die schnittigen Yachten; mehr sogar als die gebräunten, wohlhabenden, zumeist männlichen Gäste, die ihr so viel Aufmerksamkeit schenkten. Das Leben hier war so einfach – und doch so reich.

Sie genoss außerdem das Vertrauen von Warren Freeman. Geprägt von der hohen Arbeitsmoral ihrer preußischen Familie, war sie eine Vorzeigeangestellte. Sabine erledigte immer alles in Perfektion.

Nach einigen Monaten wurde sie zur Managerin befördert. Sie sollte nicht nur dafür sorgen, dass alles reibungslos ablief, sondern sich auch darum kümmern, dass die Gäste glücklich waren, sich unter sie mischen und mit ihnen reden.

Sabines engster Freund war der Barkeeper Freddy. Sie nannte ihn «Cowboy», und sein Spitzname für sie war «Sweet Sabine», «Süße Sabine». Schon bald nannten sie auch die Stammgäste des Clubs so.

Es hätte die glücklichste Zeit in ihrem Leben sein können. Aber eines Tages, während sie in dem kleinen Boot auf dem Meer war, beschäftigten sie beunruhigende Fragen: *Was mache ich mit meinem Leben? Wie lange kann ich hierbleiben und Menschen, die von allem zu viel haben, etwas Neues bieten? Werde ich jemals heiraten?*

Sie nahm die Ruder in die Hand und ruderte zurück zum Club. *Wenn ich heirate,* schwor sie, *muss es ein reicher Mann sein, ein Mann mit Klasse.*

Inzwischen war sie Expertin im Flirten – jedoch auf eine dezente Art, sodass Männer immer mehr wollten. Mit einem einfachen Blick konnte sie fast jeden Mann dazu bringen, ihr aus der Hand zu fressen.

Die einzigen Dämpfer erhielt sie, wenn wieder ein Brief von ihrem Vater aus Deutschland eintraf. In jedem Brief warnte er sie vor den Gefahren des übermäßigen Reichtums und dem oberflächlichen Leben der Oberschicht. Immer wieder betonte er in seinen Briefen an seine einzig verbliebene Tochter Treue, Fleiß, Wahrhaftigkeit und Loyalität – Prinzipien, die er ihr vor langer Zeit beigebracht hatte.

Sie liebte ihn, aber seine Briefe wurden ihr langsam lästig. Es war, als würde er sie aus Tausenden von Kilometern Entfernung beobachten.

Eine Weile lang hielt Sabine ihre durchaus charismatische Persönlichkeit zurück. Aber das Leben im Club erwies sich als zu berauschend. Selbst Vaters schlimmste Warnungen konnten sie nicht lange beunruhigen.

Die Nähe reicher, berühmter Menschen war doch die gelegentlichen Gewissensbisse wert. Leute wie der Hotelmagnat Conrad Hilton und Bandleader Benny Goodman kamen öfter in den Club. Schauspieler, Politiker und Geschäftsleute drängten sich vor die Linsen der Fotografen, um in den Illustrierten gesehen zu werden.

Sabine stellte fest, dass sie so leicht nichts mehr schockierte. Egal, was an der Bar, in den Zimmern oder auf den angebundenen Yachten geschah, der Quarterdeck Club hielt alles diskret. Sabine war erstaunt, dass so manches äußerst schmutzige Benehmen nicht seinen Weg in die Boulevardzeitungen fand.

Präsidenten und Geschäftsführer großer Firmen kamen in den Club, genauso wie die Chefs großer Fluggesellschaften. Sabine sah zu, wie Freddy einen Drink nach dem anderen einschenkte. Sie lernte es nie, diejenigen zu ertragen, die immer betrunkener wurden. Das war Sabine zuwider.

Ein Mann kam ihr anders vor. Es war ein windiger, regnerischer Abend, und der Club war beinahe menschenleer. Er kam zusammen mit einem der Stammgäste, einem kubanischen Bonvivant namens Bebe Rebozo. Als Sabine ihre tropfnassen Trenchcoats entgegennahm, beobachtete sie den Neuling.

10.
Er stürzt Herrscher von ihrem Thron

Er hat irgendetwas Besonderes, dachte Sabine, als sie Rebozo und den Neuen in den Club hinein begleitete. Er sah mit seinen dunklen Haaren sehr gut aus und musste in seinen Vierzigern sein.

«Wir wollten angeln gehen», meinte Rebozo mit einem Grinsen. «Dann kam diese Sturmbö. Zum Glück waren wir nicht weit weg vom Club.»

Während sie die Männer zur Bar führte, fragte Sabine Bebes Freund: «Haben Sie einen besonderen Wunsch, Herr …?»

«Nennen Sie mich Richard», meinte er freundlich lächelnd.

Als sie gerade gehen wollte, fragte er: «Hätten Sie etwas dagegen, sich zu uns zu setzen?»

Sabine dachte kurz nach. Der Club war fast leer. Warum nicht die Gesellschaft genießen? Sie machte es sich auf einem Barhocker bequem.

Als Freddy alkoholische Getränke für die Männer und ein Mineralwasser für sie ausschenkte, schaute sie sich den neuen Gast näher an. Richard trug legere, tropische, geschmackvolle Kleidung. Inzwischen war Sabine sehr gut darin, Männer einzuschätzen. Richard beeindruckte sie.

Seine ruhige Zurückhaltung war besonders anziehend. Er redete wenig und prahlte nicht mit seinen Statussymbolen, wie es sonst im Club üblich war. Dennoch war er freundlich und lachte viel. Er schien wirklich interessiert zu sein, Sabine kennenzulernen.

«Sie sind keine Amerikanerin, oder?» Es war mehr eine Feststellung als eine Frage.

«Nein, bin ich nicht. Ich arbeite erst seit zwei Jahren in den Staaten.»

«Kommen Sie aus Deutschland?»

Sabine nickte zustimmend. Ihr Akzent war immer ein verräterisches Zeichen. Die meisten Gäste beendeten an dieser Stelle das Gespräch, weil sie nicht wussten, was sie sagen sollten. Schließlich lag es noch nicht lange zurück, dass die Amerikaner mit den Deutschen im Krieg gewesen waren.

Richard war jedoch nicht um Worte verlegen. Er lehnte sich vor und schaute sie mit seinen dunklen Augen eindringlich an. Er stellte eine Frage nach der anderen. Warum hatte sie Deutschland verlassen? Aus welchem Teil des Landes kam sie? Und vor allem, wie hatte sie während des Krieges überlebt?

Der Sturm ging weiter, und heftiger Regen prasselte aufs Dach, während sie sich bis spät in die Nacht unterhielten. Zum ersten Mal hatte Sabine jemanden getroffen, der etwas über ihr Leben in Deutschland wissen wollte.

Im Laufe des Abends öffnete Sabine sich diesem Fremden gegenüber und erzählte ihm vom Terror in Dresden und Dessau. Und immer noch wirkte Richard interessiert. Sie erzählte ihm von ihrem Vater und von der versunkenen *Wilhelm Gustloff,* den Grausamkeiten der russischen Besatzungsmächte und ihrer Arbeit im amerikanischen Offiziersclub in Günzburg.

Dann fragte Richard: «Was ist mit Hitler? Was hat Ihnen der *Führer* bedeutet?»

Sabine ließ sich mit ihrer Antwort Zeit. Irgendetwas an diesem Mann brachte ihre innersten Gedanken zum Vorschein. Sie erzählte ihm von der Reaktion ihres Vaters auf die BBC-Nachrichten an jenem Abend vor langer Zeit. Sie offenbarte sogar ihre heimliche Bewunderung Hitlers und die folgende tiefe Enttäuschung.

Noch nie hatte sie einen Amerikaner getroffen, der so interessiert an Deutschland war und der so viel über ihr Heimatland wusste. Er musste sehr gebildet sein.

Trotz Sabines Offenheit erfuhr sie sehr wenig über Richard. Er meinte, er sei Anwalt und in Yorba Linda, Kalifornien geboren worden. Sie dachte, da müsse mehr dran sein an seiner

Geschichte, aber er führte es nicht näher aus. Aus einigen seiner Kommentare entnahm sie, dass er während des Krieges in der Navy gedient haben musste.

In einer Sache war er recht offen: Er hasste den Kommunismus. Richard war ehrlich bewegt, als sie ihm berichtete, wie der Marxismus Ostdeutschland, bzw. Ostpreußen, wie sie es kannte, übernommen hatte. Er zeigte Mitgefühl dafür, wie der Kommunismus ihr Land erdrückte. «Was für eine Tragödie», wiederholte er immer wieder.

Die dunklen, regnerischen Stunden gingen vorüber. Als sie in ihre Zimmer gingen, war es beinahe Morgen. Sabine fiel in einen friedlichen Schlaf und hatte keine Ahnung, wem sie mehrere Stunden lang ihre Lebensgeschichte erzählt hatte.

Ein paar Abende später erzählte ihr Bebe Rebozo, wer an diesem verregneten Abend ihr Gesprächspartner gewesen war. Der Name Richard Nixon sagte ihr nichts, aber als Bebe ihr erzählte, dass er ein US-Senator aus Kalifornien war, wurde sie kreidebleich.

Rebozo prustete los und bot an, ihr einen Drink zu kaufen.

Einige Jahre später sah Sabine im Fernsehen, wie Nixon als 37. Präsident der Vereinigten Staaten vereidigt wurde. Hätte sie seine wahre Identität gekannt, hätte sie sich wohl nicht so frei gefühlt, ihm stundenlang alles über sich zu erzählen.

Nicht lange nach Richard Nixon traf Sabine einen anderen Mann, der sie beeindruckte. Diese Begegnung jedoch sollte ihr Leben verändern.

✦ ✦ ✦

Er hieß Clifford Ball. «Aber alle nennen mich Cliff», stellte er sich vor.

Sie hieß ihn im Quarterdeck Club willkommen, während sie einen flüchtigen Blick auf seine riesige Yacht im Hafen warf.

Über die Zeit wurde Cliff ein Stammgast des Clubs. Sie erfuhr, dass er sich nicht damit zufriedengegeben hatte, der reiche Erbe aus einer etablierten Familie zu sein, sondern dass er selbst schnell die Leiter des Erfolgs hinaufgeklettert war.

Jedes Mal, wenn er den Club betrat, sah er sich nach Sabine um.

Für sie war er mit seinen 32 Jahren etwas zu alt. Außerdem war er ernster als die meisten unbeschwerten Söhne reicher Eltern. Aber er hatte etwas an sich.

Seine Haare wurden bereits grau, und er benahm sich würdevoll und selbstbewusst. Allem Anschein nach war er ein Mann mit Geld, der genug Zeit hatte, seine schicke Yacht zu genießen, ein Lieblingsgetränk in der Hand.

Was ihn besonders machte, war sein Interesse an Sabine. Vom ersten Moment an sah er sie mit jungenhaftem Interesse an. Er nutzte jede Gelegenheit, sie mit Komplimenten zu überschütten. Aber ihre Aufmerksamkeit bekam er schließlich mit seiner Hilfsbereitschaft.

Cliff fing an, sie bei ihren Einkäufen auf dem Festland zu begleiten. Jeden Freitag zogen sie los und fuhren mit seinem Cadillac von einem Geschäft zum nächsten. Sabine hatte ihre Liste mit dem, was für die Woche gebraucht wurde – Obst und Gemüse, Nägel und Schrauben für die Werkstatt, Stoff zum Dekorieren der Bar. Cliff stapfte hinterher und half, die Einkäufe zu tragen.

Sabine war einigermaßen genervt von dem Mann, der nie seine Meinung zu irgendetwas sagte, nicht einmal, in welchen Laden sie gehen sollten. Stattdessen überließ er ihr jede Entscheidung.

Sie sagte sich: *Ich sollte dankbar für seine Hilfe sein. Wer wird schon in einem glänzenden neuen Cadillac zum Einkaufen gefahren?*

Cliff war nicht der Einzige, der ein Auge auf Sabine geworfen hatte. Eurith, der Sohn eines früheren Gouverneurs von Georgia, erfuhr von ihren Einkäufen am Freitag und meinte: «Wenn du einmal Hilfe brauchst, lass es mich wissen. Ich schicke dir dann meinen Chauffeur.»

Sabine fand die Vorstellung, von einem Chauffeur gefahren zu werden, ziemlich aufregend. An einem Freitagnachmittag, als Cliff nicht mitkommen konnte, nahm sie Euriths Angebot an.

Als ihr Motorboot am Dock anhielt, erwartete sie eine lange schwarze Limousine. Sie ließ sich in den Beifahrersitz neben dem Chauffeur gleiten, einem großen farbigen Mann in einer prachtvollen Uniform mit funkelnden Knöpfen.

Peinliches Schweigen erfüllte die Limousine.

Da sagte der Chauffeur mit leiser Stimme: «Üblicherweise sitzt die Dame auf dem Rücksitz, nicht vorne beim Chauffeur.»

Von da an ging der Nachmittag den Bach hinunter. Sabine vermisste Cliff und das unkomplizierte Einkaufen mit ihm.

In der nächsten Woche gab sie sich mehr Mühe, Cliff zu schätzen. Überrascht stellte sie fest, dass er trotz des Reichtums seiner Familie ziemlich bescheiden war. Doch obwohl er sich in verschiedenen Unternehmen versuchte, war er in erster Linie der Sohn eines sehr wohlhabenden Mannes.

Er lebte in einem der großen Häuser seiner Eltern in Miami, seine Eltern wohnten die meiste Zeit in Philadelphia. Wenn Cliff von seinen Eltern sprach, bekam seine Stimme einen ehrfürchtigen Klang. Er hatte nie gegen sie rebelliert, auch nicht als Jugendlicher. Warum sollte er? Sie gaben ihm alles, was er wollte. Er war zufrieden mit seinem Leben.

Das Einzige an ihm, was Sabine aufregend fand, war sein Geld. Ansonsten war er langweilig. Sie war dennoch begeistert, solch einen glühenden Verehrer zu haben. Und er bewunderte sie definitiv. Seine Augen waren immer auf sie gerichtet, Liebe stand ihm ins Gesicht geschrieben.

Als sie eines Nachmittags ihre Einkäufe in seinen Cadillac packten, spürte Sabine, dass er etwas sagen wollte. Schließlich steckte er die Hände in die Taschen und fragte in aller Eile: «Würdest du heute Abend mit mir essen gehen?»

Sabine war überrascht. Sie hatte noch nie eine echte Verabredung gehabt. Aber was konnte ein schlichtes Abendessen schaden?

Sie sagte zu.

Der Abend entpuppte sich als alles andere als schlicht. Cliff führte sie in eins der schicksten Restaurants in Miami aus. Sie saßen an einem in weißes Leinen gehüllten Tisch und genossen eine Delikatesse nach der anderen. Sabine nahm einen Bissen vom Fischgericht, und es schmolz in ihrem Mund. Sie trank einen Schluck Sparkling White Wine aus einem schmalen Champagnerglas. Alles an diesem Abend war märchenhaft.

Sie lächelte Cliff an und dachte: *Ein Millionär sitzt mir gegenüber! Er hat mich ausgewählt, mich allein, mit ihm den Abend zu verbringen.*

Ein Gefühl der Glückseligkeit stieg in ihr auf. Sie entschied, Cliff sei nicht langweilig. Er sah zwar nicht im klassischen Sinne des Wortes gut aus, aber er hatte eine sportliche Figur. Und er konnte lustig sein. Das wusste sie bereits aus dem Quarterdeck Club. Cliff war schüchtern, bis er ein oder zwei

Drinks intus hatte. Dann kam er aus seinem Schneckenhaus heraus.

Eines Abends hatte er sich als Kellner ausgegeben. Er faltete seine Serviette, drapierte sie über den rechten Arm und schlenderte von Tisch zu Tisch. Der ganze Raum war in Gelächter ausgebrochen. Sabine hatte gedacht, sie würde platzen vor Lachen.

Sie wandte sich ihrem Filet Mignon zu – es ließ sich wie Butter schneiden. Ja, der Mann gegenüber konnte lustig sein. Er genoss das Leben und hatte viel Freude an seinen teuren Spielsachen. Zusätzlich zu seiner Yacht fuhr er gerne mit seinem Schnellboot durch die Biscayne Bay. Sabine lächelte und dachte: *Auch wenn ich nicht total in ihn verliebt bin, gegen seinen Lebensstil habe ich nichts!*

Er sah zu ihr, hob sein Glas und lächelte. Sabine dachte: *Vielleicht bin ich doch in ihn verliebt … War ich schon die ganze Zeit in ihn verliebt und habe es nur nicht mitbekommen?*

11.

Anmut kann täuschen und Schönheit vergeht

Alles in allem war ihr erstes Date gut verlaufen. Als sie das Restaurant verließen, ohne dass ihnen jemand die Rechnung gebracht hätte, war Sabine besonders beeindruckt. Männer wie Cliff konnten mit ihrem guten Namen bezahlen.

Sabine setzte sich in seinen Cadillac, und sie sausten an den pastellfarbenen Art-déco-Gebäuden und schwankenden Palmen von Miami vorbei. Als er am Anlegeplatz seines Schnellbootes hielt, machte er keine Anstalten, aus dem Auto zu steigen. Stattdessen nahm er sanft ihre Hand.

Wie ein schüchterner Junge lächelte er Sabine an. Dann griff er in seine Jackentasche und zog eine kleine schwarze Schachtel heraus.

Sie bemerkte, wie seine Hände zitterten, und hielt den Atem an.

Cliff lächelte, sah ihr tief in die Augen und fragte: «Willst du mich heiraten, Sabine?»

Er öffnete die Schachtel, und sie sah nur ein Glitzern. Es war ein Ring mit dem größten Diamanten, den sie jemals gesehen hatte.

Sabine war überrascht. Sie konnte keinen einzigen Satz bilden. Dass Cliff so etwas planen würde, wäre ihr nicht im Traum eingefallen. An ihrem ersten Date! In ihrem Kopf schrillten eine Million Warnglocken, und sie brachte kein Wort heraus.

Sie schaffte ein unterdrücktes: «Cliff?»

Er verstand es falsch und antwortete sanft: «Sabine ...»

Sie fand die Sprache wieder: «Ich kann das nicht annehmen. Ich kann nicht Ja sagen, nicht sofort. Es ist ... zu schnell.» Sie versuchte, den Schmerz in seinen Augen zu ignorieren.

Cliff presste die Lippen aufeinander und seufzte tief. «Natürlich», meinte er. Er sah auf die Schachtel und stammelte mehr zu sich als zu ihr: «Dieser Ring hat mich siebentausend Dollar gekostet!»

Sabine blieb fest, obwohl ihr solch ein extravaganter Ring angeboten wurde. Ihre Gedanken schweiften zu ihrem Vater in Deutschland. *Wenn er mich jetzt sehen könnte, wäre er so stolz auf mich.*

«Dachtest du, du könntest mich kaufen?», fragte sie.

Cliff schaute verwirrt drein. Sie wusste, dass er es gewohnt war, alles zu bekommen, was er wollte, koste es, was es wolle. Und jetzt wollte er sie.

Sabine legte ihre Hand auf die seine, die immer noch das Schmuckkästchen hielt. «Es tut mir leid, Cliff. Ich möchte absolut sicher sein. Wenn ich heirate, möchte ich verheiratet bleiben. Ich brauche einfach etwas Zeit.»

In den Tagen nach Cliffs überraschendem Antrag verbrachte Sabine viele schlaflose Nächte. Hatte sie die richtige Entscheidung getroffen? Die Unsicherheit quälte sie. Sie wusste, dass Cliffs Antrag noch stand. Sie musste nur ein Wort sagen, und sie würde die Frau von Clifford Ball werden. Aber … war es das, was sie wollte? Würde sie, mit Cliff verheiratet, glücklich werden?

Eines Nachts schreckte sie aus dem Schlaf auf. Sie wusste immer noch nicht, wie sie auf Cliffs Antrag reagieren würde, war sich aber in einer Sache ganz sicher: Sie wollte nach Hause reisen – nach Europa.

Es war mehr als zwei Jahre her, seit sie nach Amerika gekommen war. Sie sehnte sich nach ihrer Familie und ihrer lieben Freundin. Sie brauchte ihren Rat. Und vielleicht würde ihr ein wenig Abstand bei der Entscheidungsfindung helfen.

Bisher hatte sie kein einziges Mal frei genommen, daher war es leicht, um eine kurze Beurlaubung zu bitten. Sie plante, Janine in Paris zu besuchen und dann weiter nach Deutschland zu reisen. Der erste Teil der Reise würde leichter sein als der letzte. Sie war zwar begierig auf den Rat ihres Vaters, aber sie fürchtete ihn auch. Aus seinen vielen Briefen wusste sie, dass er ihren Lebensstil und ihre Ambitionen, einen reichen Mann zu heiraten, nicht gerade guthieß.

Janine holte Sabine am Hafen in Le Havre ab. Die beiden umarmten einander und weinten. Bald schon saßen sie auf Janines Sofa in ihrer kleinen Pariser Wohnung und tranken Champagner.

«Ich möchte dich um deinen Rat bitten», fing Sabine an.

«Du weißt ja, ich habe immer einen Rat parat», entgegnete die Französin lachend.

«Ein Mann hat mich gefragt, ob ich ihn heirate …»

«Wow! Ich wusste, dass du dir im Quarterdeck Club einen reichen Junggesellen schnappen würdest.» Janine hob ihr Champagnerglas. «Darauf müssen wir einen trinken.»

Sie stießen mit ihren Gläsern an.

Sabine lächelte, wurde dann plötzlich ernst und stellte ihr Glas auf dem Kaffeetisch ab. «Ich weiß wirklich nicht, was ich machen soll. Ich frage mich immer wieder … Ist er der Richtige?»

Janine sah ihre Freundin aufmerksam an und meinte dann: «Wenn dein Traum wahr wird, solltest du ihm nicht im Weg stehen.»

Für den Rest ihrer Zeit in Paris fand Sabine an Janines Worten Gefallen. Die beiden unterhielten sich bis in die frühen Morgenstunden, lachten viel und umarmten sich immer wieder spontan.

Das Highlight war ein Abend, den sie in einem Pariser Nachtlokal verbrachten. Sie tanzten und flirteten die Nacht durch, wie sie es in der High Society Miamis getan hatten. Aber hier war es klein und gemütlich.

«Noch mehr Champagner?», fragte die Kellnerin, eine aufmerksame Frau mit weißer Schürze.

«Danke! Im Moment nicht», antwortete Sabine. Bei zehn Dollar pro Flasche war es an der Zeit, auf Mineralwasser umzusteigen.

«Okay», lehnte sich Janine zurück, «ich möchte alles über den Quarterdeck Club hören!»

Sabine erzählte von den jüngsten Abenteuern, darunter ihr nächtliches Gespräch mit Richard Nixon. Janine hatte in der Zeitung von ihm gelesen.

Janine holte plötzlich tief Luft. Sie flüsterte: «Du wirst nicht glauben, wer gerade hereingekommen ist. Es ist der Schah!»

Sie hob ihre linke Augenbraue und nickte in Richtung eines Tisches am anderen Ende des Raums.

Sabine drehte sich so unauffällig wie möglich um und sah einen attraktiven Mann mit kantigem Kiefer und kohlrabenschwarzen Haaren. Er trug einen exquisit geschneiderten dunklen Anzug. Selbst im Sitzen gab er eine imposante Figur ab. Just in dem Moment schaute er sie an. Sabine drehte sich schnell um.

«Oh, er hat bemerkt, wie wir ihn angesehen haben!», kicherte sie.

Janine schaute weiter über Sabines Schulter. «Hey, er nickt uns zu!», flüsterte sie.

Sabine saß steif auf ihrem Stuhl und wagte nicht, sich noch einmal umzudrehen.

«Ja, er lächelt uns definitiv an. Dreh dich um und schenk ihm dein Süße-Sabine-Lächeln!»

«Das werde ich nicht tun», zischte Sabine. Aber sie konnte nicht widerstehen, noch einen Blick zu erhaschen. Es stimmte! Der adrette Mann aus dem Nahen Osten grinste sie breit an. Plötzlich stand er auf.

«Er kommt rüber!», quiekte Janine.

Ehe Sabine sich versah, schaute sie in die großen braunen Augen des Mannes.

«Darf ich Sie um diesen Tanz bitten?», fragte er in perfektem Englisch.

Sabine konnte nicht widerstehen. Er bot ihr seinen Arm an

und führte sie auf die Tanzfläche. Sie warf einen Blick zurück zu Janine, die äußerst amüsiert aussah.

Der Schah – oder wer auch immer er war – entpuppte sich als hervorragender Tänzer. Während sie sich auf der Tanzfläche drehten, bemerkte Sabine seine dichten Augenbrauen und seine ausgeprägten Gesichtszüge. Er war ein sehr attraktiver Mann.

Champagnergläser, ein geheimnisvoller, gutaussehender Tanzpartner … Besser kann das Leben nicht werden. Sabine beschloss: *Von nun an werde ich abwarten, welche Gelegenheiten sich ergeben, und mich dann durchs Leben tanzen.*

12.
Denn das Tor zum Verderben ist breit und der Weg dorthin bequem

Nach ihrem Tanz lud der Mann sie an seinen Tisch ein. Als sie sich setzten, drückte Janine Sabines Hand. Was für ein aufregender Abend!

«Meine Damen, es ist mir eine Ehre, Ihre Bekanntschaft zu machen», sagte ihr Gastgeber galant. Seine freundlichen Augen funkelten. «Darf ich Ihnen etwas zu trinken bestellen?»

Sabine hatte nichts einzuwenden. Sie verbrachten die nächsten Stunden damit, zu tanzen, zu lachen und große Mengen Champagner zu trinken. Ihre Unterhaltung ging nicht über Smalltalk hinaus. Sie erfuhren nicht viel über den dunklen, gutaussehenden Mann. Genau genommen erfuhren sie gar nichts, nicht einmal seinen Namen. Stattdessen plauderten sie über eine Vielzahl von unwichtigen Dingen. Vor allem lachten sie und amüsierten sich.

Es war fast vier Uhr morgens, als die Kellnerin ihnen höflich andeutete, dass der Club schließen würde und es Zeit war zu bezahlen.

Sabine und Janine lehnten sich zurück und ließen die Aufregung des Abends verfliegen. Dann holte ihr freundlicher, offensichtlich wohlhabender Begleiter sein Portemonnaie heraus und zahlte, zu ihrem Entsetzen, nur genau für seine eigenen Getränke.

Die Kellnerin wandte sich den jungen Damen zu. Sabine warf einen Blick auf die Rechnung und schluckte. Es war eine riesige Summe. Die beiden Freundinnen starrten einander ungläubig an. Ihr neuer Freund erwartete, dass sie ihre Getränke selbst bezahlten. Er war nicht der Gentleman, für den sie ihn gehalten hatten.

Sabines Ungläubigkeit wich feurigem Zorn. Sie zog einige Franc-Scheine aus ihrer Handtasche und knallte sie auf den Tisch. Eisig schweigend verließen sie das Nachtlokal. Die Kellnerin half ihnen, ein Taxi zu rufen. Sabine wurde noch wütender, als der Mann mit ihnen ins Taxi stieg! Erwartete er etwa, dass sie auch noch sein Fahrgeld bezahlten?

Als das Taxi vor Janines Haus anhielt, sagte der Mann: «Würden Sie mir die Ehre erweisen» – dramatische Pause – «und morgen früh mit mir frühstücken? Ich würde Sie gern in mein Hotel einladen.»

Ohne zu zögern oder Janine zu fragen, spuckte Sabine aus: «Nein danke!» Die Frauen warfen die Tür des Taxis zu und gingen, ohne sich zu verabschieden.

«Auf Wiedersehen – auf Nimmerwiedersehen!», murmelte Sabine, als sie die Treppe zu Janines Wohnung hinaufgingen.

Am nächsten Morgen kam Sabine in die Küche. Janine hatte gerade die Morgenzeitung geholt und rieb sich noch den Schlaf aus den Augen. Dann hörte Sabine ein lautes Keuchen.

Janine zeigte ihr die Zeitung, ohne ein Wort zu sagen. Dort war auf der Titelseite ein Foto des Mannes zu sehen, der sie am Vorabend für ihre eigenen Getränke hatte bezahlen lassen. Unter dem Foto hieß es: «Mohammad Reza Pahlavi, der Schah von Persien, in Paris».

Sabine und Janine standen die Münder offen. Ihr Tanz- und Trinkgefährte, der Mann, dessen Einladung Sabine lautstark verschmäht hatte, war kein anderer als die regierende kaiserliche Majestät des Irans.

Den Vormittag verbrachten sie schweigend. Schließlich sagte Sabine: «Nun, ich bin sowieso nicht dafür geboren, eine persische Kaiserin zu werden!»

Einige Tage später bestieg Sabine einen Zug nach Düsseldorf. Bei ihrer Fahrt durch die sommerliche Landschaft sah sie Anzeichen von Frieden und Wohlstand. Bauern bewirtschafteten wieder ihre Felder, und in den Städten, die sie passierte, bemerkte Sabine neue Gebäude und Reparaturen an alten. Es fiel ihr schwer, sich die Schrecken des Krieges wieder in Erinnerung zu rufen.

Im Zug fühlte Sabine sich hin- und hergerissen. Nach zwei Jahren würde sie Vater, Mutter und Hans, der jetzt ein Teenager war, wiedersehen. Ella hatte geheiratet und war weggezogen. Es würde so gut sein, ihre Familie zu sehen. Aber Sabine wusste, dass dort nicht mehr ihr Zuhause war. Sie war hier zu Besuch, weiter nichts. Ihr Zuhause war Florida.

Sie wusste noch nicht, ob sie als Fräulein Sabine Koritke im Quarterdeck Club oder als Frau Clifford Ball in einer Villa leben würde. Aber sie würde bald eine Entscheidung treffen müssen.

Als der Zug am Düsseldorfer Hauptbahnhof einfuhr, wartete ihre Familie aufgereiht am Bahnsteig. Sie nahm ihre Taschen und sprang aus dem Zug – in die Arme ihres Vaters. Mutter und Hans waren auch da. Sabine konnte nicht glauben, wie groß Hans geworden war.

Der Besuch verflog viel zu schnell. Beim Abendessen mit Rinderrouladen, Salzkartoffeln und Mutters wunderbarer Bratensauce erzählte Sabine Geschichten über ihr neues Leben in Amerika. Hans feuerte eine Frage nach der anderen ab. Er schien stolz auf seine große Schwester zu sein.

Sie berichtete, wie sie als Kindermädchen Managerin des Quarterdeck Club geworden war. Je länger Sabine jedoch von den Villen in Miami, den Partys, der exklusiven Klientel des Clubs und den teuren Yachten schwärmte, desto schwerer wog das Schweigen ihres Vaters.

Schließlich fragte sie: «Vater, warum bist du so still?»

«Menschen mit Werten meiden die Spielplätze der Millionäre», entgegnete er mit gequälter Miene.

Sabine und die anderen hörten leise zu, wie Vater eine ganze Weile in ruhigem Ton sprach und dabei ein einfaches Leben voll Aufrichtigkeit und Ehrlichkeit lobte.

«Das wirst du bei diesen aufgeblasenen Leuten nicht finden», sagte er mit zitternden Händen. «Nicht bei solchen reichen Leuten, die nur dafür leben, ihren Reichtum zur Schau zu stellen.»

Sabine und ihre Mutter brachten das Geschirr in die Küche und kamen mit Kaffeetassen zurück. Weil sie Vater gut kannte, war ihr klar, dass er ausgesprochen hatte, was ihm auf dem Herzen lag. Er sprach mit so viel Liebe. Er hasste es, eines seiner Kinder zurechtzuweisen.

Sabine nahm einen Schluck Kaffee und erzählte weiter –

von Cliff, seinem privilegierten Leben und sogar von seinem Heiratsantrag. Aber nachdem sie ins Gesicht ihres Vaters geschaut hatte, ließ sie den Teil mit dem Siebentausend-Dollar-Ring aus. Sie erklärte, wie wunderbar es war, in Cliffs Nähe zu sein, wie er durchs Leben schwebte. «Es ist so fantastisch, Vater!»

Er erwiderte nichts. Er saß einfach da, würdevoll wie ein Preuße. Sein Gesicht jedoch sagte alles.

Ihr Kaffee wurde kalt, während sie zu erklären versuchte, was für ein großartiger Mann Cliff war. Und irgendwie geschah es: Je mehr Sabine versuchte, Vater zu überzeugen, desto mehr stand ihre eigene Entscheidung fest. Sie erinnerte sich an Paris, wie sie durchs Leben tanzen wollte. Sie wollte Spaß haben, eine Menge Spaß! Was war verkehrt daran?

Es war zwecklos, Vater überzeugen zu wollen. Trotzdem plapperte sie weiter, bis er sie unterbrach und ihr tief in die Augen blickte: «Gütiger Himmel, Mädchen, sei ehrlich zu dir selbst!»

Sabine hörte auf und sagte kein Wort mehr.

Der Rest ihrer Zeit in Deutschland verging wie im Flug. Mit Vater sprach sie nie wieder über Cliff, aber die Last seiner Missbilligung lastete schwer auf ihrem Herzen.

Ehe sie sich versah, befand sie sich wieder auf einem Schiff in Richtung Amerika. Am letzten Tag der Reise stand sie an der Reling des Schiffes und beobachtete die unruhigen Wellen des Atlantiks. In wenigen Stunden würde sie den erhobenen Arm der Freiheitsstatue sehen. Europa lag hinter ihr, Amerika vor ihr.

So viel hatte sich seit ihrer ersten Einfahrt in den US-Hafen verändert. Ihr Leben hätte nicht unterschiedlicher sein können. Sie fühlte sich jetzt als Amerikanerin, und das Schiff brachte sie nach Hause.

Sie lehnte sich über die Reling und starrte ins dunkelblaue Wasser hinunter. Das Meer mit seinen unergründlichen Tiefen beeindruckte sie jedes Mal. Sie versuchte, die Worte ihres Vaters zu vergessen, aber sie taten ihr in der Seele weh. «Geh auf die Suche nach Menschen mit wahren Werten. Und mach keine Kompromisse!»

13.
Wenn der Herr nicht das Haus baut, dann ist alle Mühe der Bauleute umsonst

Sabine trat in den Eingangsbereich der Ball'schen Villa. Plötzlich fühlte sie sich klein und unbedeutend. Auch wenn sie schon bei vielen Partys in schicken Villen gewesen war, diese hier war besonders pompös. Zum ersten Mal hatte die Familie Ball Sabine zu sich nach Hause eingeladen.

Als Cliff sie durchs Haus führte, blieb ihr vor lauter Staunen der Mund offen stehen. Wenn sie richtig gezählt hatte, gab es neun luxuriöse Bäder – sechs davon mit riesigen Kronleuchtern. Kronleuchter in den Badezimmern!

Es gab acht Schlafzimmer, von denen viele eigentlich Suiten waren, also aus mehreren Räumen bestanden. Jedes einzelne Schlafzimmer war größer als die kleine Wohnung, die sie in Miami gemietet hatte. Zusätzlich zu den Schlafzimmer-Suiten gab es zahlreiche Ess- und Wohnzimmer, Salons, Aufenthaltsräume und einen großen Swimmingpool in einem der prächtigen Gärten.

«Natürlich», erklärte Cliff im Weitergehen, «brauchen wir viele Bedienstete.» Sie verlor den Überblick über das Hauspersonal, das in respektvollem Schweigen vorbeiging. Cliff meinte, sie hätten ihren privaten Bereich im hinteren Teil des Hauses.

Das Herrenhaus war vergleichbar mit den großen Herrenhäusern, die die Landschaft ihrer Kindheit prägten. Aber Sabine machte den Unterschied aus: Deutsche Schlösser und Gutshöfe waren innen meisterhaft zurückhaltend. Das Haus der Balls hingegen war auffällig gestaltet, mit grellen Farben und überdimensionalen Möbeln. Viele Räume schrien förmlich. Das schien die Handschrift von Cliffs Mutter zu sein.

Wie aufs Stichwort erschien Frau Ball.

«Willkommen, Sabine. Spreche ich deinen Namen richtig aus?» Frau Ball streckte ihr die Hand entgegen.

Frau Ball zeigte sich bald laut und schrill und mehr als nur ein wenig nervös. Dennoch war sie die perfekte Gastgeberin, mit einem angemessenen, nie verschwindenden Lächeln.

Cliff hatte ihr bereits erzählt, dass das ganze Leben seiner Mutter aus Partys bestand. Aus Partys, die sie selbst veranstaltete, und auch aus den Partys anderer. Sabine versuchte, Vaters Worte über die reichen Nichtstuer zu vergessen.

Ihr fiel auf, dass Frau Ball eine funkelnde Diamantkette trug, die sehr teuer aussah.

«Das ist ein schönes Schmuckstück, Frau Ball.»

«Natürlich trage ich nur ein Duplikat – eine Sonderanfertigung, meine Liebe», kicherte Frau Ball, während sie mit dem Finger die Halskette entlangfuhr. «Das Original bleibt sicher im Safe verschlossen.»

Welch ein Paradox, dachte Sabine. Die Reichen können sich fabelhaften Schmuck leisten und tragen dennoch unechte Halsketten! Werde ich Cliffs Welt je verstehen?

Als Cliff die ausgiebige Tour durch sein Zuhause beendet hatte, war Sabine benebelt. Sie hatte angenommen, dass er wohlhabend war, aber sie hatte keine Ahnung gehabt, *wie* wohlhabend. Wie musste es bloß für einen kleinen Jungen gewesen sein, in diesem Palast aufzuwachsen?

Cliff erzählte ihr, dass sein Vater wegen seiner geschäftlichen Verpflichtungen nur selten zu Hause gewesen war.

Kein Wunder, dass er immer weg war, bei deiner Mutter …, sprach Sabine beinahe laut aus. Dann schob sie diesen verurteilenden Gedanken beiseite. *Ich werde Cliffs Eltern respektieren,* beschloss sie, *so wie ich meine respektiere.*

Abgesehen von kleinen Mängeln als Vater war Herr Ball ein enorm erfolgreicher Geschäftsmann. *Cliff wird nie auch nur einen Tag in seinem Leben arbeiten müssen,* dachte Sabine. Dann verdrängte sie auch diesen Gedanken. Sie durfte nicht an Cliffs mangelnden Ehrgeiz denken. Es war nicht seine Schuld, dass ihm seine Eltern alles so leicht machten. Außerdem hatte seine Mutter wahrscheinlich jeden Eigenantrieb, den Cliff hatte, unterdrückt. Kein Wunder, dass er sich durchs Leben treiben ließ. Er war liebenswürdig, charmant und unbekümmert. Sie konnte diesen Mann lieben. Und wenn nicht, würde sein Reichtum sicherlich die Leere in ihrem Herzen wettmachen.

Als Cliff sie in den Quarterdeck Club zurückbrachte, war sie immer noch unentschlossen.

Sollte sie diesen Mann heiraten oder nicht?

Die einsame Stimme der Vernunft kam aus den Briefen ihres Vaters. «Mach keine Kompromisse mit der Wirklichkeit!», beschwor er sie und wiederholte, was er in Deutschland gesagt hatte.

Aber es gab noch eine andere Stimme, die Sabine ebenfalls zuflüsterte. Sie sagte: *Tanze, Sabine! Tanze! Denk nicht so viel darüber nach. Nimm's leicht, du hast es verdient.* War Cliffs Heiratsantrag nicht eine Einladung zum Tanz?

Während sie die Entscheidung immer noch hinauszögerte, verbrachte sie viele glückliche Tage mit Cliff. Nach und nach gewöhnte sie sich an seine Familie. Und doch fand Sabine ihre Gespräche oberflächlich, als ob sie leicht an der Realität vorbeigingen, wie eine Brise von der Biscayne Bay.

«Bezaubernd! Du siehst wieder einmal großartig aus.» Sabine gewöhnte sich an die nie aufhörenden Komplimente.

«Das Essen ist einfach wunderbar», parierte sie im üblichen «Freundlichkeitswettbewerb». Wer in der blumigsten Rede sprach, gewann. Wenn sie dagegen ein nur annähernd ernstes Thema anschnitt, wurde sie mit missbilligenden Blicken gestraft.

Sabine lernte immer schnell und passte sich dem neuen oberflächlichen Lebensstil an. Immer wenn sie sich nicht sicher war, ob sie die richtigen Benimmregeln kannte, lächelte sie strahlend. Oft reichte das aus, um alle zu bezaubern, mit denen sie zusammen war.

Immer öfter gingen sie und Cliff mit seinen Eltern aus. Cliffs Mutter führte bald ein Ritual ein. Bevor sie das Haus verließen, legte Frau Ball Sabine eine teure Nerzstola um den Hals. Es war ziemlich albern, in Florida Pelz zu tragen – sogar im Winter. Sabine wusste, dass Frau Ball dies tat, um ihre Akzeptanz in der Gesellschaft zu erhöhen.

Sabine gewöhnte sich an die Runde der Clubs und Restaurants. Wenn der Chauffeur der Balls ihr die Tür aufhielt, stieg sie aus der Limousine und fühlte sich irgendwie wichtig. Sogar mit ihrer preiswerten, im Schlussverkauf erworbenen Kleidung wurde sie von den Gesellschafts-Kennern verehrt. Sie war eine fremde Schönheit. Cliff bemerkte die bewundernden Blicke und platzte fast vor Stolz.

Warum sollte sich Sabine für diesen Lebensstil schämen?

War es schlecht, nur weil alles prächtig und einfach war? Sie hörte zunehmend auf die innere Stimme, die ihr zuflüsterte: *Tanze durchs Leben, Sabine! Tanze!*

Und so schob Sabine ihre Bedenken beiseite und traf eine Entscheidung. Sie würde Clifford Ball heiraten.

Sie feierten ihre Hochzeit an einem Nachmittag im März. Es war eine kleine, vertraute Runde im Garten der Balls, in der Nähe des Yachthafens. Sie hatten eine Band aus dem La Gorce Country Club angeheuert, während ihre Gäste mit Getränken in der Hand herumliefen. Etwa fünfzig Gäste waren anwesend, die meisten enge Verwandte, Freunde und bedeutende Geschäftspartner.

Sabine versuchte ihre Traurigkeit darüber zu vergessen, dass nur eine Handvoll ihretwegen da waren. Keiner aus Deutschland war in der Lage gewesen zu kommen – weder ihre Eltern noch ihr Bruder. Auch Janine nicht.

Niemand bemerkte, dass die für die Braut wichtigsten Personen fehlten. Wer dachte bei einem Sechs-Gänge-Menü und sehr teurem Champagner, «dem teuersten in Amerika», wie Frau Ball betonte, schon an die Familie der Braut?

Nur Sabine spürte den tiefen Schmerz. Selbst als sich ihre Augen mit Tränen füllten, verstanden die anderen sie nicht. «Seht nur, wie bewegt sie ist!»

Da alle in Deutschland noch immer damit zu tun hatten, sich vom Krieg zu erholen, konnten sich ihre Eltern die teure Reise nicht leisten. Aber sie hätten sich in dieser Umgebung ohnehin nicht zu Hause gefühlt. Sie kamen aus einer anderen Welt.

Tief in ihrem Herzen wusste Sabine, dass Geld kein Thema gewesen wäre. Cliff hätte die Reise ihrer Eltern ohne Probleme bezahlen können. Aber etwas hielt sie davon ab, darum zu bitten. In den Wochen vor der Hochzeit wartete sie darauf, dass Cliff oder seine Eltern erkennen würden, wie sehr sie sich wünschte, dass ihre Familie zu ihrer Hochzeit kam. Sicher würde jemand an sie denken!

Keiner tat es.

Während des Empfangs nahm Sabine ihren Mut zusammen und rief zu Hause an. «Es ist der schönste Tag meines Lebens», hauchte sie in das weiße Telefon, während ihr die Tränen über das Gesicht flossen.

Am anderen Ende der Leitung sagte ihr Vater: «Wir denken den ganzen Tag an dich. Wir wünschen dir alles Gute!»

Obwohl sie nicht lange miteinander sprachen, erinnerte der Anruf über den Ozean Sabine daran, wie sie ihre Familie vermisste. *Oh, wie sehr wünschte ich mir, sie hätten an meinem Hochzeitstag hier sein können!*

Im Laufe des Abends vergaß sie jedoch ihre Traurigkeit. Sie genoss die Feier, wie es eine Braut tun sollte. Sie war nicht mehr Sabine Koritke. Stumm formte sie die Worte mit ihrem Mund: *Ich bin Frau Sabine Ball!* Sie war ganz oben, so wie sie es sich beim Anblick der Wolkenkratzer von Manhattan erträumt hatte. Sie hatte das Ziel erreicht, von dem sie so lange geträumt hatte.

14.
Seht euch an, wie die Lilien auf den Wiesen blühen!

Ihre Flitterwochen waren ein einziger Traum: eine Reise nach Europa mit der *Queen Elizabeth*. Sabine mochte das Schiff. Es war ein Luxus-Ozeandampfer mit Ballsälen und eleganten Prunkräumen. Sie liebte es, an Cliffs Arm die große Treppe hinunterzugleiten und sich unter die anderen Gäste in Smoking und Ballkleidern zu mischen. Das Schiff war ganz anders als die Schiffe, auf denen sie zuvor gesegelt war.

Aber nicht alles war wunderbar. Sie stellte zum Beispiel fest, dass ihre Ehe nicht auf Leidenschaft gegründet war. Sabine wartete darauf, dass Cliff sich ihr öffnete, ihr näherte. Aber das tat er nicht. Stattdessen blieb er in sich zurückgezogen. Etwas fehlte.

Und außerdem waren sie auf ihrer Hochzeitsreise nicht allein! Cliffs Eltern bestanden darauf, mit ihnen um die halbe Welt zu reisen. Sabine war nicht in der Lage, es ihnen zu verbieten, und Cliff versuchte es nicht einmal.

Aber die Erziehung der Familie Koritke setzte sich durch. Sie hatte eine treue Ehefrau zu sein, ihrem Ehemann zu Diensten. Gegen ihn oder seine Familie zu handeln war undenkbar.

Nachdem sie am Hafen angekommen waren, reisten sie mit dem Zug nach Paris, Barcelona, Rom und Venedig. Sie übernachteten immer nur in den besten Hotels. Nach mehreren Wochen kamen sie in Düsseldorf an, wo sie ihre Familie besuchen wollten.

Als ihr Wagen mit Chauffeur vor dem in einer ruhigen Seitenstraße liegenden Haus ihrer Eltern vorfuhr, hielt Sabine den Atem an. *Was werden sie voneinander halten?* Sie lebten in verschiedenen Welten, weit mehr als nur Tausende Kilometer lagen dazwischen.

Vater begrüßte sie an der Tür und schüttelte Herrn Ball mit einer leichten Verbeugung die Hand. Er führte sie in ihr bescheidenes Haus und stellte sie erst Mutter, dann Hans vor.

Entgegen allen Befürchtungen verlief alles reibungslos. Sabine atmete auf. Es war so schön, ihre Familie wiederzusehen, ihre Umarmungen zu spüren. Der Besuch ging rasend schnell vorbei, und ehe sie sich versah, war es Zeit zu gehen.

Bei der Verabschiedung klammerte sich Sabine an Vater und weinte sich an seiner Schulter aus. Sie fühlte sich innerlich zerrissen. Der Chauffeur wartete am Bordstein.

Als sie gingen, sagte Frau Ball: «Wir würden uns sehr freuen, wenn Sie uns besuchen würden.»

Sabine wusste, dass diese Worte hohl waren. Wie konnte sich ihre Familie jemals eine Reise nach Amerika leisten? Aber Mutter antwortete: «Oh, wir können es kaum erwarten!» Bei ihrem Kurzbesuch hatte Mutter bereits die Sprache der Balls gelernt.

In der Limousine dachte Sabine darüber nach, wie sehr sich dieser Besuch von ihrem letzten unterschied. Vater hatte diesmal seine Zunge im Zaum gehalten und darauf verzichtet, sie zu belehren. Sie konnte jedoch an seinem Gesichtsausdruck erkennen, dass er ihre neuen Schwiegereltern durchschaut hatte.

✦ ✦ ✦

«Zum Wohl, Sabine!» Ihre neuen Nachbarinnen in Miami hoben die Cocktailgläser.

«Auf euer Wohl! Es ist eine Ehre, euch in unserem Haus begrüßen zu dürfen», erwiderte Sabine.

Die fünf Frauen tranken. Am Ende eines jeden Nachmittags kamen die Nachbarinnen nach ihrer Einkaufstour vorbei, um schnell einen Cocktail zu trinken, bevor sie sich für die nächste Party zurechtmachten.

«Sabine, du musst uns von eurer Kreuzfahrt nach Europa erzählen. Wir wollen alles wissen!», meinte eine braungebrannte Blondine.

Sabine beschrieb die Höhepunkte für sie: Paris, Rom, Venedig. Manchmal war ihr, als seien ihre Nachbarinnen etwas zu interessiert an ihrem Privatleben. Ihre Fragen begannen immer harmlos, aber dann bohrten sie weiter.

«Wo genau ist Cliff heute?», fragte eine andere Frau.

Sabine wand sich ein wenig. Sie wusste die Antwort auf diese Frage nicht. «Weg, um unseren Reichtum zu vermehren», antwortete sie leichthin und nahm einen Zug von ihrer Zigarette. Die Frauen lachten, als hätte sie etwas schrecklich Lustiges gesagt.

Sabine trank einen Schluck ihres Martini. *Wo ist Cliff?* Diese Frage stellte sie sich in den kommenden Wochen immer wieder. Bald nach der Rückkehr von ihren «Gruppenflitterwochen» fing Cliff an, ohne Erklärung abwesend zu sein. Er hatte keinen Job. Abgesehen von seiner Ausbildung an der Militärakademie und seiner Zeit am College musste er in seinem Leben keinen einzigen Tag arbeiten. Seine einzige Verantwortung bestand darin, den Reichtum zu verwalten, in den er hineingeboren worden war.

Nach und nach fand ihr Eheleben einen Rhythmus. Man erwartete von ihnen, dass sie beinahe jeden Abend eine Party besuchten. Sie schlossen sich dem einen oder anderen Freund an, um zu feiern – was sie feierten, war dabei unwichtig. Sabine lernte bald, dass die Soiréen eines gemeinsam hatten: Die Partygäste konsumierten eine enorme Menge Hochprozentiges.

Morgens schlief Sabine lange. Wenn sie aufwachte, küsste sie Cliff, der ebenfalls keinen Grund hatte, aufzustehen. Sie kuschelte sich an ihn und fand es unglaublich. Jeder Tag war wie ein Sonntag. Dann schlief sie wieder in seinen Armen ein.

Der Hauptunterschied zu ihrem früheren Leben bestand in der Sicherheit, in die sie eingeheiratet hatte. Cliff würde sie niemals absichtlich verletzen. Es gab nichts, worüber man sich Sorgen machen musste, am wenigsten über Geld. Sicherlich waren die Warnungen ihres Vaters stark übertrieben gewesen.

Am Morgen nach der Hochzeit gab Cliff ihr ein Scheckbuch und eine Kreditkarte. Er sagte zu seiner Braut: «Mach dir keine Sorgen. Gib aus, so viel du willst.»

Sabine ging viel einkaufen. Im Gegensatz zu ihrer Schwiegermutter kaufte sie nichts Protziges. Sabine behielt ihren deutschen Sinn für Understatement bei.

Sie wusste nicht, wie viel Geld ihre neue Familie hatte. Was Sabine faszinierte, war der nie versiegende Geldfluss.

Cliff und Sabine hatten keinen Chauffeur wie seine Eltern. Cliff fuhr einen Cadillac. Natürlich hatte er immer das neueste Modell – meist, bevor es offiziell auf den Markt kam. Alle zwei Jahre erwartete man von Sabine, dass sie sich ein neues Auto aussuchte. Jedes Mal wählte sie ein Oldsmobile-Cabriolet. Cadillacs fand sie ein wenig zu auffällig.

Einige Wochen nach der Hochzeit beschloss Sabine, eine weitere Reise nach Deutschland zu unternehmen. Zum ersten Mal reiste Sabine nicht mit dem Schiff, sondern mit dem Flugzeug. Cliff konnte sich ihr nicht anschließen. Aber sie wollte ihre Eltern wiedersehen, ebenso wie eine alte Schulfreundin – Monique, die jetzt in Frankfurt lebte.

Was ihr in Frankfurt passieren würde, hätte Sabine nie erwartet. Es würde ihr Leben verändern.

✦ ✦ ✦

Es war ein herrlicher Frühlingsabend. Sabine und Monique waren auf dem Weg zu einer Geburtstagsfeier für Herrn von Stein, einem bekannten Frankfurter Architekten.

Die jungen Frauen verbrachten einen guten Teil des Nachmittags damit, sich zurechtzumachen. Die Elite der Frankfurter Gesellschaft würde bei der Feier sein.

Als sie den Aufzug betraten, sah sich Sabine in dem großen Spiegel an. Sie lächelte und war froh, sich für das schwarze Seiden-Cocktailkleid entschieden zu haben.

Ihr Fahrstuhl fuhr in Richtung Penthouse. Er war mit Messing und Mahagoni ausgestattet und verfügte über beleuchtete Knöpfe. Welchen Kontrast bildete dieses stilvolle Gebäude zu den schwarzen Nachkriegsruinen! Es war erstaunlich, wie schnell sich Deutschland erholte.

Sabine hängte sich bei Monique ein, als sie aus dem Fahrstuhl traten. Ein Diener führte sie in einen Salon mit Gewölbedecke, wo sich ein Summen von Gesprächen über die Mozartklänge eines Streichquartetts erhob. Die Gäste standen in kleinen Grüppchen zusammen, während Kellner in Jacketts und Fliegen mit silberfarbenen Tabletts voller Canapés und Champagnergläser ein- und ausgingen.

Bei der Party waren Künstler, Intellektuelle und Geschäftsleute anwesend – die Hauptakteure der deutschen Nachkriegsauferstehung. Schon bald unterhielt Sabine die Menschen mit Erzählungen über das Leben in Amerika. Während sie sich mit ihrem Weinglas in der Hand in die Menge mischte, wurde Sabine von einem beunruhigenden Gedanken befallen: *Sind wir alle Akteure in einer Maskerade? Nein,* sagte sie sich selbst. *Das ist die Realität. So muss es sein.*

Sie sah, wie Monique über die Bemerkung eines Gastes

lachte. Warum konnte sie sich nicht wie ihre Freundin entspannen und diese wunderbare Party genießen? Schließlich waren sie Gäste des angesehenen Herrn von Stein.

Trotzdem konnte sie es nicht abschütteln. Die Szene hatte etwas Künstliches an sich.

Auf jeden Fall war es anders als die extravaganten Partys in Miami. Die Leute hier stellten ihren Reichtum nicht zur Schau. Man konnte ihn lediglich vermuten. Sabine blickte auf ihren dicken Diamantring und drehte den Stein schnell auf die Innenseite ihrer Hand. *Ist Cliffs Verlobungsring ein bisschen zu viel? Und selbst wenn …* Mit ihrem neu gewonnenen Reichtum konnte sie mit jedem Gast auf dieser Party mehr als mithalten. Sie hatte es bis an die Spitze geschafft und bewegte sich unter den Reichsten der Reichen.

Dann durchfuhr sie ein unbequemer Gedanke: *Werde ich genau wie meine Schwiegermutter?* Schnell verdrängte Sabine diesen Gedanken.

Herr von Stein war ein begeisterter Sammler moderner Kunst. Nach ein wenig Ermutigung begann er, seine schönsten Stücke zu zeigen, und führte die Gäste von einem Gemälde zum nächsten, jedes unter einem eigenen dezenten Lichtstrahler.

«Und hier ist mein Lieblings-Picasso», erklärte er.

Sabine trat näher, um besser sehen zu können. Ein Schauer lief ihr über den Rücken. Alles an diesem Bild war kalt – vom Blau im Hintergrund bis zum Rot des kargen Kleides der Frau. Die Farben wirkten auf Sabine eindringlich, ja derb. Kräftige Pinselstriche zeichneten gerade Linien, die sich in gezackten Rändern trafen.

Sie beschloss, dass sie Picasso nicht mochte. Dieses und andere Bilder, die Herr von Stein zur Schau stellte, fand Sabine krass. Die Bilder passten zu der unbehaglichen Künstlichkeit der Party.

Schwerer Tabakgeruch und Parfüm lagen in der Luft. Sabine musste etwas frische Luft schnappen. Sie ging zu einem offenen Fenster, stand dort und atmete die frische Luft ein. Das weiche Licht der Frühlingssonne war noch zu sehen.

Nun, das ist wahre Kunst!, dachte sie. Die letzten Sonnenstrahlen verwandelten den Gras-Smaragd im Innenhof. Sie blickte auf mit jungen Blüten besetzte Bäume. In der Mitte des Hofes stand ein großer Kastanienbaum. Sabine holte tief Luft. Der Baum war auffällig. Aus seinem groben Stamm ragten dicke Äste hervor, die zierliche Zweige mit Blättern und Blüten trugen, welche in der Abendluft tanzten.

Wie viele Jahre hatte dieser Baum hier gestanden? Wie erstaunlich, dass er die Artillerie und die Bomben des Krieges überlebt hatte. Und wie viele Tage würden diese zerbrechlichen Blüten überdauern? Es war ein Bild der Ausdauer, das gleichzeitig flüchtig war.

Sabine konnte ihren Blick nicht abwenden. Das war das Werk des *wahren* Künstlers.

Dann bemerkte sie eine kleine Frau unten im Hof, die einen geflochtenen Korb trug. Sie huschte hin und her und sammelte Wäsche von einer Leine, die sich zwischen dem Baum und einem kleinen Haus erstreckte. Sabine stand wie versteinert da und sah zu, wie sie eine Wäscheklammer nach der anderen abzog und ihre getrocknete Wäsche in den Korb legte.

Sabine nahm jedes Detail auf. Der Kontrast zwischen der verblichenen Schürze der Frau und Sabines seidenem Cocktailkleid hätte nicht größer sein können. Es war wie der Unterschied zwischen guter, ehrlicher Arbeit und … was?

Einen Augenblick lang tat ihr die Frau leid. Die Art und Weise, wie sie lebte – das war sicher kein Leben. Es musste ein erbärmlicher Kampf ums Dasein sein. Sabine hatte alles, was das Leben zu bieten hatte. Sie lebte ein Leben voller Sekt und Konversation, Kaviar und Mozart, Kunst von Picasso in einem Penthouse voller wichtiger Menschen.

Dennoch war sich Sabine unsicher. Ihr Verstand versuchte, eine Wahrheit zu verdrängen, die sie nicht zugeben wollte, nicht einmal sich selbst gegenüber. Der Gedanke blieb so lange bestehen, bis sie sich ihm nicht mehr widersetzen konnte. *Was wäre, wenn ich im Leben als Waschfrau Erfüllung finden würde?*

15.
O Gott, bedenke, dass mein Leben nur ein Hauch ist!

Sabine wich erschrocken zurück. Wie konnte sie nur so etwas denken? *So ein Blödsinn! Nein, nein, nein.* Sie war ganz oben angekommen. Das würde sie niemals aufgeben.

Nein!, wiederholte sie vor sich selbst. *Ein für allemal: Nein!* Tief in ihrem Inneren jedoch sagte eine leise Stimme: *Doch, Sabine.*

Das Abendlicht verblasste, und Sabine konnte sich immer noch nicht von der Wäscherin abwenden. Die rhythmische Arbeit des Wäscheabnehmens zog sie in ihren Bann.

Sabine gab der inneren Stimme nach. *Also gut! Wenn ich das Glück als Waschfrau finde, dann will ich Waschfrau werden.*

Sie stand noch einige Minuten am Fenster, überflutet von

einem unerklärlichen Frieden. Dann klopfte ihr jemand sanft auf die Schulter.

Monique stand hinter ihr. Sabine stellte überrascht fest, dass die elegante Party immer noch im Gange war.

Zunächst fehlten Sabine die Worte. Dann erzählte sie Monique mit gedämpfter Stimme, was gerade passiert war. Sie erzählte vom Geheimnis des Kastanienbaums und der Frau und wie sie eine innere Stimme gehört hatte, die sagte, sie könne als Wäscherin glücklich sein. Und als sie dieser inneren Stimme nachgegeben hatte, hatte sich etwas verändert. Es war, als hätte sie ein heiliges Gelübde abgelegt, obwohl sie nicht wusste, wem sie das Versprechen gegeben hatte.

Monique fasste Sabines Hand. «Wenn du eine Wäscherin sein sollst, dann ist es das, was du werden musst!»

Still gingen die beiden Frauen zurück zur Party. Sie sprachen nicht mehr über Kastanienbäume oder Waschfrauen. Und dennoch wusste Sabine, dass sie an einem Scheideweg in ihrem Leben angekommen war.

Wie sie so in ihrem Designerkleid als Frau eines Millionärs dastand, schien es unvorstellbar. Dennoch wusste sie: Wenn sie durch die Umstände des Lebens eine Waschfrau werden würde, wäre das für sie in Ordnung.

* * *

Sabine lehnte sich an die großen Lederkissen in der ersten Klasse des Pan-Am-Flugzeugs. Diese Reise hatte ihr einen längeren Besuch bei ihrer Familie ermöglicht, worüber sie sich freute. Ihre Gedanken kehrten immer wieder zu der seltsamen Vorahnung zurück, die sie gehabt hatte, als sie von Herrn von Steins Fenster auf den Innenhof hinuntergeblickt hatte.

Würde sie wirklich eine Waschfrau werden? Es war schwer vorstellbar, angesichts ihrer gegenwärtigen Umstände.

Als das Flugzeug zur Landung in Miami ansetzte, erhaschte Sabine einen ersten Blick auf das türkisfarbene Wasser und die weißen Stände voller Palmen. Obwohl sie es sich nicht erklären konnte, flüsterte etwas in ihrem Innern: *Ich könnte all das eines Tages verlassen.*

Cliff holte sie vom Flughafen ab. Es dauerte nicht lange, bis sie wieder in ihr gemeinsames Leben zurückfanden. Es war gut, wenn auch oft oberflächlich. Manchmal wachte sie spät in der Nacht auf und sehnte sich nach mehr. Aber sie wusste nicht, was dieses Mehr sein sollte.

Immer häufiger zierte sie die Panoramaseiten der Zeitungen. *The Miami Herald* hatte an prominenter Stelle Fotos von ihrer Hochzeit abgebildet. Mit ihrer Schönheit und Ausstrahlung erwies sich Sabine für Fotografen und Leser gleichermaßen als unwiderstehlich. Die halbe Küste verfolgte nun Einzelheiten aus ihrem Leben. Sabine Ball wurde schnell zu einer der bekanntesten Frauen in Miami.

In den nächsten Jahren wurden Cliff und Sabine zweifach gesegnet: mit Cliff jr. und Fred – ihren beiden Söhnen.

Clifford Howard wurde am 2. November 1955 geboren. Vom Augenblick seiner Geburt an war er ein gutmütiges, anspruchsloses Baby. Er wuchs zu einem glücklichen kleinen Jungen heran, der seinem Vater wie aus dem Gesicht geschnitten war. Und die Ähnlichkeit war mehr als nur äußerlich. Wie sein Vater war der kleine Cliff ruhig, bedächtig und zufrieden.

Frederick Walter, der am 15. Dezember 1957 das Licht der Welt erblickte, war vom ersten Moment an das pure Gegenteil seines Bruders. Er war wählerisch und schwer zu trösten. Er war eher wie Sabine. Das war wahrscheinlich der Grund, warum ihr Verhältnis im Laufe der Jahre oft angespannt war. Fred wuchs zu einem kleinen Jungen mit lockigem Haar heran, der immer aktiv und spontan, ja unberechenbar war.

Sie stellten ein Kindermädchen ein, das sich um die Kinder kümmerte. Das Kindermädchen zog die Babys an, wickelte sie, fütterte sie und kümmerte sich um all ihre Bedürfnisse. Genauso wie es die Gesellschaft erwartete. Später würde Sabine bedauern, dass sie sich nicht selbst um ihre Kinder gekümmert hatte.

Das Kindermädchen war so tüchtig, dass sich Sabines Leben kaum veränderte, als sie Mutter geworden war. Sie verbrachte ihre Tage weiterhin mit Einkaufen, Cocktails mit Nachbarn und natürlich mit dem nicht enden wollenden Strom von Partys.

Dann schrieb Vater Sabine, dass bei ihrer Mutter Krebs diagnostiziert worden war. Das machte sie traurig. Sie und ihre Mutter hatten sich jedoch nie sehr nahegestanden. Als Vater 1961 anrief, um mitzuteilen, dass Mutter im Sterben lag, beschloss Sabine, nicht an ihr Krankenbett zu fahren.

Sie schob auch ihre eigenen Sorgen beiseite. Sie behandelte sie wie das Warnschreiben ihres Vaters, das er ihr vor der Hochzeit geschrieben hatte. Sie versteckte seinen Brief unten in einer Schrankschublade, wo er viele Jahre blieb. Doch trotz all ihrer Versuche drängte sich ihr immer wieder die eine Frage auf: *Bin ich wirklich glücklich?*

Eine Krankheit kann sich langsam und leise, versteckt ausbreiten. Man geht seinem normalen Leben nach und denkt, man sei gesund, bis sie eines Tages – wie mit einem Schlag – den Körper übernimmt und dabei mit ihrer Grausamkeit schockiert. Man fragt sich, wie es einem nicht bewusst sein konnte, dass da ein Monster in einem heranwächst.

So ist es auch mit der Vergiftung einer Ehe.

⁂

Sabine saß wie ein Häufchen Elend auf dem Wohnzimmerboden, es brach ihr das Herz. Tränen ergossen sich über ihr Gesicht. Ihr Körper zitterte vor tiefen, herzzerreißenden Schluchzern.

Wie lange hatte sie schon geweint? Sie fühlte sich völlig erschöpft. Sie ging hinüber zur Stereoanlage und legte ihre Lieblingsplatte auf. Haydns *Sinfonie Nr. 100 in G-Dur* füllte den Raum. Sie ließ die Melodie auf sich wirken. Sabine fühlte sich leer. Sie hatte so sehr geweint, und so lange war schon nichts mehr da. Sie hatte keine Tränen mehr zu weinen, keine Gefühle mehr – keine Liebe, keine Angst, nicht einmal Hass.

Durch die offene Terrassentür wehte eine abendliche Brise, die den Duft von frisch gemähtem Gras mit sich brachte. Sabine lief barfuß über den Rasen.

Es muss Dienstag sein, dachte sie und grub ihre Zehen ins Gras. *Der Gärtner kommt immer dienstags.*

Sie wischte sich über die geschwollenen Augen und ging durch das hintere Tor hinaus. Kleine Boote säumten den Yachthafen und wippten im Wasser der Biscayne Bay. Je näher sie dem Dock kam, desto schwächer vernahm sie die Musik Haydns, bis sie nur noch das Plätschern der Wellen an den Piers hörte.

Sie blickte weit in die Ferne. Der Horizont war ein orangefarbener Fleck. Die ersten Sterne des Abends blinkten am violetten Himmel. Und nach und nach lichtete sich der Nebel in ihrem Kopf.

Sie erreichte das Bootshaus und ruhte sich, an ein Geländer gelehnt, aus. Sie griff in ihre Tasche und entfaltete den Brief ihres Vaters. Heute war sie mutig genug, ihn erneut zu lesen, nachdem sie ihn nach Jahren aus der Schublade geholt hatte.

Nun glättete sie das Papier und erkannte die sorgfältige Schreibkunst ihres Vaters wieder.

«Mach keine Kompromisse mit der Wirklichkeit», sprang es ihr entgegen. Sie schloss die Augen, konnte aber seine Worte nicht ausblenden. Sie wiederholten sich immer wieder in ihrem Kopf.

«Sei ehrlich zu dir selbst!», beschwor sie ihr Vater in seinem Brief.

Vor zehn Jahren hatte er diesen Brief geschrieben und vor dem oberflächlichen Leben der Reichen gewarnt. Damals hatte sie sich ihm gegenüber verschlossen. Jetzt verfolgten sie seine Worte. Sie faltete Vaters Brief sorgfältig zusammen und steckte ihn wieder in ihre Tasche. Sie war bereit, ehrlich zu sein. Frische Tränen kamen ihr, als sie sagte: «Vater, du hattest recht. Du hattest so sehr recht.»

Das letzte Licht verblasste. Heute war ein sehr harter Tag gewesen. Am Morgen hatte Cliff seine Taschen gepackt und war gegangen, mit versteinerter Miene. Er würde nicht wiederkommen.

16.
Wer sich betrinkt, wird niemals weise!

Sabine verließ den Yachthafen nur ungern. Eine warme Brise wehte vom Atlantik, und Sabine verschränkte die Arme vor dem Körper. *Wie konnte es so weit kommen? Was ist los mit mir, dass ich mit so einem gutmütigen Mann wie Cliff nicht zurechtkomme?*

Sie waren einmal glücklich gewesen. Doch jetzt, da sie ehrlich zu sich selbst war, wusste sie, dass sie sich nie in ihn verliebt hatte. Aber er hatte ihr etwas bedeutet. Sie waren gute Freunde gewesen.

Er hatte sie nie klein gemacht. Cliff war in der Tat ein zufriedener Mensch. Er war anspruchslos und nicht gerade von großen Ambitionen beseelt.

Sie war diejenige mit Ansprüchen. Sie wollte immer mehr, ganz nach oben und dann noch weiter. Cliff wollte bleiben, wo er war. Er war weder ein Mann mit Zielen noch mit Visionen. An seiner Seite fühlte sie sich gefangen, im Stillstand.

«Ich wollte für dich da sein», flüsterte sie in die Nachtluft, «nur für dich da sein.»

Sie starrte auf das dunkle Wasser. Cliff war so abgeklärt, und das hasste sie. Er rang nicht wie sie darum, Erfüllung zu finden. Er hatte genug, aber sie wollte immer mehr. Aber gab es da noch mehr? Mehr als das, was sie bereits hatten? Mehr als Millionen?

Auf jeden Fall konnte sie sich nicht von Tag zu Tag treiben lassen, wie sie es in den letzten zehn Jahren getan hatte. Sie hatte es satt, von Party zu Party, vom Wohltätigkeitsball zum Opernball, von einem sozialen Engagement zum nächsten zu gehen. Und vor allem von Cocktail zu Cocktail.

Ja, die Cocktails! Für sie war das jetzt Teufelsgebräu.

Sie sah auf ihre Hände herab. Sie hatte sie so sehr zu Fäusten geballt, dass ihre Finger weiß wurden. *Alkohol. Wenn es einen Schuldigen in unserer Ehe gab, dann war es Alkohol.*

Das Trinken hatte eine vorherrschende Rolle gespielt. Bei jeder Party, jedem Empfang, jedem gesellschaftlichen Anlass, in jedem Club … immer wurden Drinks angeboten. Und jedes Mal nahm Cliff gerne einen Drink.

Es dauerte Jahre, bis sie bemerkte, dass die Cocktails mehr als nur Heiterkeit brachten. Trinken war ein akzeptierter Teil des täglichen Lebens. Und an den seltenen Tagen, an denen sie nicht zu einer Party eingeladen waren, trank Cliff allein. Gegen Mittag war sein Atem schwer vom Alkohol. Sabine glaubte nicht, dass er aus Frust zum Trinken getrieben wurde. Es war schiere Langeweile.

Sabine erinnerte sich an den Tag, an dem sie ihn deswegen zur Rede gestellt hatte. «Cliff, wir trinken zu viel», hatte sie gesagt. Sie gab sich Mühe, ihre Stimme liebevoll, aber bestimmt klingen zu lassen.

«Vielleicht hast du recht, Liebes», war seine schlagfertige Antwort, und dabei füllte er sein Glas wieder auf.

«Hey, ich meine das ernst: Du solltest nicht mehr so viel trinken, hörst du?»

Cliff sah überrascht aus. Sabine meinte es ernst.

«Wenn du meinst …» Grinsend kippte er sein Glas in eine Topfpflanze.

✦ ✦ ✦

Am Geländer des Bootshauses lehnend erinnerte sich Sabine an diese erste Konfrontation. So oft hatte sie danach die gleichen Worte wiederholt. Sie hatte geweint und gebettelt, und er hatte immer geantwortet: «Ich weiß, Liebes. Ich weiß.»

Im Laufe der Zeit verhärtete sich seine Haltung. Er wurde

resistent, unfähig, Scham zu empfinden. Mit der Zeit war Cliff nicht mehr bereit, auch nur daran zu denken, mit dem Trinken aufzuhören. Und damit einhergehend verlor er allmählich den Respekt seiner Frau.

Sabine war eine altmodische Frau. Als sie heirateten, wollte sie ihre Tage im Dienst ihres Mannes verleben. Genau das hatte sie jahrelang getan. Aber jetzt verachtete sie Cliff. Sie konnte nicht mehr so weitermachen wie in den letzten zehn Jahren.

Sabine begann trotz der Wärme der Abendluft zu zittern. Sie sprach in die Dunkelheit: «Du wolltest es nicht anders, Cliff. Du warst es. Du hast alles versaut!»

Sie war allein auf dem Steg. Niemand antwortete ihr. Nur die Wellen schlugen an die Mole.

«Cliff, du bist schuld. Du allein!», schimpfte sie weiter, die Fäuste fest geballt. Jahre der Wut kochten bis an die Oberfläche.

Sie erinnerte sich, wie Cliff versucht hatte, seine Sucht zu verbergen. Erst räumte er die Flaschen aus, die in der Wohnzimmerbar standen. Dann begann er, seinen Alkohol zu verstecken – auf der Yacht, in der Garage und im Keller. Immer wieder stolperte Sabine über seine Verstecke.

Über ein Jahr lang wiederholte sie ihre Ermahnungen. Schließlich stellte sie ihm ein Ultimatum: «Wenn du noch einmal trinkst», betonte sie jedes Wort, «dann muss ich dich verlassen.»

Cliff starrte sie an, seine Augen rot und geschwollen.

«Hörst du mich? Ich werde dich verlassen!»

Er sagte kein Wort. Aber kurz danach änderte sich sein Verhalten drastisch. Es war, als ob ein Dämon in ihm erwachte.

Zum ersten Mal in ihrer Ehe wurde er sehr wütend. In einem Wutanfall schlug er sie sogar.

Da Cliff weiterhin stark trank, rief Sabine seine Eltern an. «Ich werde Cliff verlassen, wenn er das Trinken nicht aufgibt», sagte sie ihrer Schwiegermutter.

Zu ihrer Überraschung war Frau Balls Reaktion kühl und scheinbar unbekümmert. Bevor Sabine auflegte, flehte sie Cliffs Eltern an, zu kommen und ihr zu helfen.

«Aber natürlich, Sabine. Wir kommen», versicherte ihr Frau Ball. Was für ein schrecklicher Abend das wurde …

Cliffs Eltern kamen auf der Stelle. Als Sabine jedoch die Tür öffnete, um sie hereinzulassen, hörte sie Cliff aus einem anderen Zimmer rufen: «Hallo Papa! Darf ich dir einen Drink einschenken?»

Er antwortete, als gäbe er seine Bestellung bei einem Barkeeper auf: «Ja, Bourbon und Wasser.»

Für den Rest des Abends sprachen sie kein einziges Mal über die Eheprobleme, wie sich das Sabine gewünscht hatte. Stattdessen verbrachten sie den Abend mit Trinken. Sabine beobachtete sie und knirschte mit den Zähnen. Sie wartete die ganze Zeit darauf, dass Cliffs Eltern den eigentlichen Grund für ihren Besuch vorbrachten. Sie war sogar wütend auf sich selbst – warum konnte sie nicht den Mut aufbringen, etwas zu sagen?

✦ ✦ ✦

Es gab keine Möglichkeit, umzukehren und etwas zu ändern. Sabine blieb in der Marina. Dieser Abend der Nichteinmischung war der Anfang vom Ende gewesen. Er hatte das Schicksal ihrer Ehe besiegelt. Sie steuerten auf die Scheidung zu. Auch wenn ihre Ehe noch ein halbes Jahr lang dahindümpelte, sie war zum Scheitern verurteilt. Und heute war Cliff ausgezogen.

«Jetzt ist es vorbei. Alles ist vorbei», sagte Sabine laut zu niemandem. Sie seufzte und richtete sich dann auf. *Es ist schrecklich, aber irgendwie fühle ich mich frei.*

Vaters Worte hallten in ihr wider. «Sie kennen keine wahren Werte», hatte er über die Superreichen geschrieben. «Sie haben keine Ahnung, was ein gutes Leben ausmacht.»

Sabine drehte sich um und ging zurück zum Haus. Die Platte von Haydn hatte längst aufgehört zu spielen. Sie dachte an ihre Jungen. Inzwischen müsste ihr Kindermädchen sie ins Bett gebracht haben.

Sie fand die beiden fest schlafend vor. Sie stand an ihren Betten und blickte auf den achtjährigen Clifford und den fünfjährigen Frederick herab. *Sie sind das Beste in meinem Leben!* Eine tiefe Liebe erfüllte sie, und sie berührte Fredericks Locken, die noch feucht vom Baden waren.

Sie sah sich im Kinderzimmer um und betrachtete die Regale und Fächer mit den neuesten Spielsachen und den begehbaren Schrank mit Kinderkleidung von Top-Designern. Sie sah das alles mit neuen Augen. *Wir haben ihnen viel zu viel gegeben. Es ist übertrieben!* Und dann hatte sie die Erkenntnis: *Das Einzige, was wir ihnen nicht gegeben haben, sind Werte.* Stattdessen wuchsen Clifford und Frederick in einem goldenen Käfig auf.

Sie erinnerte sich an den Affen auf der Veranda während dieser Party vor einiger Zeit. Ihr nächster Gedanke kam wie ein Schock: *Auch ich habe in einem vergoldeten Käfig gelebt!*

17.
Ich stehe dir bei! Ich behüte dich, wo du auch hingehst

Sie musste ihre Kinder schnappen und weg von hier. Nicht nur aus der Villa, sondern auch aus Miami. Aber wohin sollten sie gehen? Jahrelang hatte sie gedacht, sie habe alles. Aber nun wurde ihr klar, dass sie sehr wenig hatte.

Tante Mary! Erleichtert fiel ihr die herzliche, temperamentvolle Freundin ihrer Mutter ein. Sie hatten in den letzten Jahren nicht viel Kontakt gehabt, aber sie wusste, dass Tante Mary sie willkommen heißen würde. Vor ein paar Jahren war sie von New York an die Westküste gezogen. «Der schönste Ort Amerikas», so beschrieb Tante Mary Santa Barbara, Kalifornien.

Sabines Scheidung war ein drastischer sozialer und finanzieller Rückschritt. Sie packte alles in ihr Oldsmobile: Kleidung, Geschirr, Töpfe und Pfannen sowie Schmuck. Es dauerte Tage, alles ganz Florida entlang und dann quer durchs Land zu fahren. Nachdem sie in Kalifornien angekommen war, schickte Cliff die Jungs mit dem Flugzeug hinterher.

Während des Scheidungsverfahrens hatte Cliff gespöttelt: «Du bist mit nichts gekommen und wirst mit nichts gehen.»

Sie erinnerte sich an die eigenartige Vorahnung, die sie in Frankfurt gehabt hatte, als sie den Kastanienbaum im Hof betrachtet hatte. Sie hatte keine Angst davor, arm zu werden wie diese Waschfrau.

Aber dazu kam es nicht. Als alles besiegelt war, ging Sabine mit 28.000 Dollar in der Tasche nach Hause. Außerdem wurde gerichtlich angeordnet, dass Cliff monatlich siebenhundert Dollar zahlen müsse, zur Hälfte für die Jungen und zur Hälfte für Sabine. Es würde ausreichen, um ein eigenes kleines Haus zu finden – genug, um ein neues Leben zu beginnen.

Tante Mary hieß Sabine und die Jungen mit offenen Armen in Santa Barbara willkommen.

Für Sabine und die Jungen war Santa Barbara eine wunderbare Stadt, eine Art sicherer Hafen. Der Ort war traumhaft. Weniger als 160 Kilometer nördlich von Los Angeles erstreckte er sich entlang einer herrlichen Bucht am Pazifischen Ozean. Eine andere Art von Palmen, ägyptische Königspalmen, raschelten über Straßen und Stränden. Endloses Meer und Berge umgaben die Stadt. Häuser im spanischen Stil mit dickem, weißem Stuck und roten Ziegeldächern schmiegten sich in die vielen Hügel der Stadt. Und fast jedes Haus bot einen atemberaubenden Blick auf den Pazifik.

Sabine und die Jungen lebten sich in einer Wohnung ein und stellten fest, dass das Klima weniger schwül war als in Florida. Die Luft war erfrischend, aber nie zu kühl. Entzückend. «Der schönste Ort Amerikas», genau wie Tante Mary gesagt hatte.

Ihr neues Leben war eine große Umstellung. Das Leben ohne Kindermädchen war definitiv stressiger. Aber Sabine wollte sich um ihre Söhne kümmern. *Sie sind meine Hauptaufgabe,* rief sie sich in Erinnerung. Dennoch fand sie es sehr hart, alleinerziehende Mutter zu sein.

Cliff und Fred fühlten sich in der neuen Schule wie Außenseiter. Und Fred entpuppte sich als alles andere als ein Musterschüler. Er kämpfte mit dem Lesen. Sabine versuchte, ihm Nachhilfe zu geben, aber oft brachen sie ihre Unterrichtseinheiten aus lauter Frust ab. Sabine hatte einfach keine Geduld.

Eines Tages war es einfach zu viel. Sie hatte Fred gebeten, einen Satz laut vorzulesen. Er stotterte weinend vor sich hin.

«Verstehst du denn überhaupt nichts!?», brüllte sie ihn, ohne nachzudenken, an.

Schließlich engagierte sie einen Nachhilfelehrer für ihn. Er unterrichtete Fred ein paar Stunden die Woche, und zu Sabines Überraschung kamen die beiden richtig gut miteinander aus. In Kürze machte Fred Fortschritte beim Lesen.

Warum bin ich nicht mit Fred zurechtgekommen?, fragte sich Sabine.

Weihnachten 1963 rückte näher – das erste Weihnachten ohne Cliff. Sabine kaufte Kerzen und platzierte sie auf Tischen und Ablagen, wie ihre Mutter es immer gemacht hatte. Als die Dezembertage kürzer wurden, kam ein Berg von Geschenken aus Florida an.

Der Postbote schwankte unter dem Stapel an Geschenken für Clifford und Frederick. Am Weihnachtsmorgen fiel ein Spielzeug nach dem anderen aus seiner Verpackung. Es waren alles teure Sachen – typisch für die Balls. Sabine war entsetzt. Der Vater der Jungen und seine Eltern hatten eine Invasion an Spielsachen geschickt, die ihre Wohnung zum Überlaufen brachte. Es reichte für ein ganzes Waisenhaus.

Eine gute Idee, dachte Sabine.

Sie versuchte, die Gier der Jungen zu besänftigen. «Wie wäre es, wenn wir jedes zweite Geschenk nehmen, es neu einpacken und den Kindern bringen, die gar keine Geschenke bekommen haben?»

Cliff und Fred, die nicht einmal über ihren Berg von Paketen blicken konnten, nickten eifrig. Sie waren großzügige Kinder.

«Das gebe ich auch einem der armen Kinder!», kündigte Cliff an, als er ein Modellauto auspackte – einen schnittigen, weißen Cadillac, wie ihn sein Vater fuhr. Je länger er das Auto jedoch ansah, desto weniger begeistert war er davon, es wegzugeben.

«Du kannst es behalten», lächelte Sabine und verwuschelte ihm die Haare.

Cliff strahlte: «Ich verschenke stattdessen das hier!» Er zeigte auf eine Spielzeugyacht, die er vorher ausgepackt hatte.

Sabine beobachtete die Jungen ruhig. So wollte sie ihre Kinder erziehen. Sie sollten auch an andere denken. Und sie wollte so sein wie ihr Vater, immer weise und gerecht.

Am nächsten Tag fuhr sie mit ihrem mit Schätzen gefüllten Oldsmobile in ein Kinderheim in Santa Barbara. Die Kinder warteten in einem Halbkreis. Fred und Cliff kamen mit den Armen voller Spielzeug herein, und die Augen der Kinder leuchteten.

«Das ist wie die Yacht meines Vaters», sagte Cliff, als er das Modell einem kleinen farbigen Jungen übergab.

«In Wirklichkeit ist sie viel größer», fügte er hinzu, «aber mir gefällt sein Cadillac besser.»

Der Junge nahm das Boot entgegen und sah es verwirrt an.

«Ja, du kannst es behalten», sagte Cliff und ging zum nächsten Kind.

Wärme durchströmte Sabine. Was für eine mächtige Erfahrung, zuzusehen, wie ihre Söhne anderen etwas schenkten! Dann, wie aus dem Nichts, traf eine Traurigkeit ihr Herz. *Was habe ich falsch gemacht? Warum müssen meine Jungs Weihnachten ohne ihren Vater verbringen? Mussten wir uns wirklich scheiden lassen?*

Sie versuchte, diese anklagenden Gedanken beiseitezuschieben.

Sie verabschiedeten sich von den Kindern im Waisenhaus und stiegen in ihr Auto. Sabine fuhr den Canyon entlang zurück nach Hause und stritt mit sich selbst. *Nein. Es hatte keine Möglichkeit gegeben, die Scheidung zu verhindern.* Sie erfüllte immer ihre Pflichten als Ehefrau. Sie organisierte ihre Hausangestellten bis zur Perfektion. Sie kümmerte sich darum, dass die Mahlzeiten zur richtigen Zeit auf dem Tisch standen. Sie sah zu, dass die Kinder angezogen und rechtzeitig in der Schule waren. Verlässlich und pünktlich – das war sie gewesen. Die perfekte Ehefrau.

Doch etwas nagte an ihrem Gewissen. Was sie als Erfolg ansah, war genau das, was Cliff verärgerte. Seine Schwächen waren im Vergleich zu ihren Stärken eklatant. Je mehr seine Sucht wuchs, desto stärker erschien Sabine. Jedes Wort und jede Geste sagten ihm: «Verstehst du denn nicht? So sollst du leben.» Oder vielleicht: «Siehst du nicht, was für eine gute Ehefrau ich bin und was für ein Schwächling du bist?»

Sie hoffte, er würde sich zusammenreißen. Vielleicht würde er sich an ihr ein Beispiel nehmen und angespornt werden, gegen den Alkohol anzukämpfen, für seinen Ruf und für sie zu kämpfen.

Das Gegenteil war jedoch der Fall. Je mehr sie ihn unter Druck setzte, desto schwächer wurde er. Mit jedem Tag verlor sie an Respekt gegenüber ihm, bis sie begann, ihn zu verachten. Und sie ließ ihn ihre Verachtung spüren.

Im Auto, den Hügel hinauf, auf dem Weg zu ihrer Wohnung, wurde ihr klar, dass sie ihn tiefer in den Abgrund getrieben hatte.

Du bist schuld, Sabine. Du bist schuld.

Sie schloss die Haustür auf und betrat das Haus. *Nein! Cliff ist schuld. Cliff allein. Dieser elende Säufer!*

Sie sank in einen Ohrensessel und erinnerte sich daran, was

ihr Vater gefragt hatte, als sie ihm von der Scheidung erzählt hatte: «Was hast du in dieser Ehe falsch gemacht?»

Das war Vaters erste Reaktion gewesen. Er hatte nicht mit ihr sympathisiert. Er hatte nicht über Cliff gesprochen. Er gab nicht seinem Trinken die Schuld. Er verurteilte nicht einmal die Superreichen, von denen er behauptete, sie hätten keine wahren Werte. Nein. Das Erste, was er gefragt hatte, war, was *Sabine* falsch gemacht hatte.

Vater hatte eine so irritierende Art, die Wahrheit zu benennen. Bis zu diesem Moment war sie nicht bereit gewesen, seine Worte zu berücksichtigen.

Ihre Freunde in Miami hatten ihr zugestimmt. Cliff war schuld. Sie wiederholte ihre Zusicherungen immer wieder vor sich selbst. Doch tief im Inneren wusste Sabine, dass sie nicht ehrlich war.

18.

Jeder Mut hat sie verlassen, sie sind unruhig wie ein aufgewühltes Meer im Sturm

Bei einem Elternabend lernte Sabine ihre erste Freundin in Santa Barbara kennen, Chris Brainard. Die beiden Frauen verstanden sich gut.

Chris lud Sabine sofort zu sich ein. Sabine fand Chris' Zuhause geschmackvoll und vielfältig dekoriert. Was sie jedoch am meisten mochte, war die Offenheit. Chris war regelmäßig Gastgeberin einer vielschichtigen Gruppe von Menschen.

Die Atmosphäre war anders als bei den Cocktailpartys in Miami. Bei Chris fanden Zusammenkünfte statt, die nicht so künstlich, die ehrlicher waren. Sabine fühlte sich sofort wohl.

Und die Freunde, die Chris eingeladen hatte, prahlten nicht mit ihrer Kleidung oder materiellem Besitz. Stattdessen sprachen sie über Psychologie, Kultur, Theater und Kunst. Das war für Sabine eine neue, inspirierende Welt.

Chris war diejenige, die Sabine mit Marc bekannt machte.

Er war in seinen Vierzigern und Ingenieur. Marc war freundlich und trug immer Lederstiefel. Er sah nicht besonders gut aus und fuhr ein ganz bescheidenes Auto. Sabine fand ihn gerade wegen seiner Anspruchslosigkeit anziehend. Er war selbstbewusst und hatte eine ungewöhnlich tiefe Stimme.

Bald ließ der Duft von Nelken Sabine an Marc denken, weil er ihr bei jedem Treffen einen Blumenstrauß mitbrachte. Sie hatte einen Freund gefunden, der ein Gentleman war, einen selbstsicheren Mann, der ihr half, wieder in die Dating-Welt einzutreten. Wenn sie ihre Kinder einem Babysitter anvertraute und sich bei ihm einhängte, flüchtete sie vor ihrer Vergangenheit, insbesondere vor ihren Schuldgefühlen bezüglich der Scheidung.

Sie verliebte sich nicht in Marc, aber sie vermisste körperliche Intimität sowieso nicht. Sabine sehnte sich nach Sicherheit, Liebe und sogar einer Art Pflicht. Sie wollte gebraucht werden, für jemanden da sein und für ihn sorgen. Und es schien, als bräuchte Marc ihre Fürsorge.

Nach ihrer Scheidung fühlte sie sich leer und ausgelaugt. Sie dachte ohnehin, dass sie nie den perfekten Mann finden würde. Warum also nicht mit Marc ausgehen?

Ihr Leben verlief planlos, ohne Richtung und Ziel. Sie war ein Blatt, vom Wind verweht. Sie fühlte sich innerlich betäubt, weder glücklich noch traurig, weder gut noch schlecht. War dies das Geheimnis eines zufriedenen Lebens? Nichts zu fühlen?

Eines wurde im Laufe der Zeit deutlich. Sie liebte Marc nicht. Als sie die Beziehung abbrach, war er untröstlich. Aber sie konnte sich nicht an ihn binden.

Als Chris sie das nächste Mal zu sich einlud, schenkte sie Sabine eine Tasse dampfenden Kaffee ein und kuschelte sich dann in ihren Designer-Sessel. «Also ist es aus mit Marc?»

«Ja. Es ist Schluss.» Als sie das sagte, spürte Sabine Erleichterung. «Männer machen das Leben so kompliziert», fuhr sie fort. «Mir geht es gut ohne sie. Vielleicht sollte ich allein bleiben.»

«Komm schon, Sabine. Sag nichts, was du nicht meinst.» Chris zwinkerte und stellte ihre leere Tasse auf den Beistelltisch. «Außerdem habe ich dir Hans noch nicht vorgestellt.»

Sabine antwortete nicht, also beeilte sich Chris zu sagen: «Du musst ihn unbedingt kennenlernen. Er ist ein wirklich toller Typ. Und er ist *Deutscher.*»

Sie sagte das so, als ob Sabine sich Hals über Kopf in ihn verlieben müsse, nur weil er Deutscher war.

«Spar dir das Verkuppeln», meinte Sabine. «Ich meine es ernst. Männer sind für mich kein Thema mehr.»

«Aber er ist Deutscher! Ich schick ihn dir irgendwann mal vorbei.»

«Wenn du meinst. Aber mach dir keine Hoffnung.»

Die Tage wurden länger und wärmer, als der Frühling seinen Zauber über Santa Barbara legte. Eines Nachmittags saß Sabine mit Fred und Cliff in ihrer Küche und malte Ostereier an. Warme Luft wehte durchs Fenster herein und trug den Gesang eines Distelfinken und von irgendwo weiter weg das Summen eines Rasenmähers mit sich.

Sabine blickte aus dem Fenster und sah einen kleinen schwarzen Triumph, der die Straße entlangsauste, scharf bremste und vor ihrem Wohnhaus zum Stehen kam. Die Autotür knallte zu. Sie beeilte sich, einen genaueren Blick zu erhaschen, aber der Fahrer war bereits verschwunden, als sie das Fenster erreichte.

Es klopfte an der Tür.

Sabine warf ihre Schürze beiseite und rief: «Hallo! Hallo, wer ist denn da?»

«Hier ist Hans», kam die verblüffende Antwort.

Sabine öffnete die Tür und sah einen blonden Riesen von einem Mann. *Wow!*, dachte sie.

Hans sagte nichts. Er stand da und prüfte sie mit den Augen von Kopf bis Fuß. Nach einer ganzen Weile sagte er auf Deutsch: «So habe ich Sie mir nicht vorgestellt.»

Ohne zu zögern antwortete Sabine: «Das ist völlig klar, mein Herr. Und wenn Sie glauben, dass ich so eine bin, können Sie gleich wieder verschwinden!» Sie war von sich selbst überrascht. So hatte sie noch nie jemanden begrüßt.

Hans stand da und schaute perplex drein.

«Entschuldigen Sie ... ich ... ähm ... Ich bin Hans. Ich wollte nicht unhöflich sein.»

«Komm rein», sagte Sabine nachgiebig.

Hans folgte ihr in die Küche und nahm auf einem geschnitzten Eichenstuhl mit hoher Rückenlehne Platz. Sabine hatte dem sperrigen Stück den Spitznamen «Beichtstuhl» gegeben.

Es erwies sich als prophetisch. Dies war der erste von vielen Besuchen, bei denen Hans vorbeikam und im Beichtstuhl Platz nahm, wobei er ihr jedes Mal von einem neuen Abenteuer erzählte.

Er redete, und sie hörte zu, während sie weiter mit ihren Kindern Eier färbte. Bald brachte er Sabine und ihre Söhne zum Lachen.

Nach ein paar Wochen wurde Sabine klar, dass Hans ein echter Casanova war – ein Lehrbuchbeispiel, wenn es überhaupt eines gab. Er war ein liebenswerter Spinner, der nicht einmal sich selbst verstand. Aber er zog Frauen an wie Blumen Bienen. Er stürzte sich von einer Beziehung in die nächste und ließ jedes Mädchen welker und unglücklicher zurück als das Mädchen vor ihr. Bald schon war sein Weg gepflastert mit tief enttäuschten Frauen.

Zugleich hatte Sabine selten jemanden getroffen, der so offen und ehrlich war wie Hans. Sie hörte ihm zu, versuchte, ihn zu verstehen, und ließ ihn einfach reden. Er kam immer wieder, flüchtete vor seinen Frauen und vor sich selbst in Sabines Beichtstuhl.

✦ ✦ ✦

Sabine wusste, dass sie und die Jungen ein richtiges Zuhause brauchten. Nachdem sie fast ein Jahr lang gesucht hatte, fuhren sie und ihr Makler auf einen der Hügel von Santa Barbara. Sie kamen in einer Sackgasse vor einem weißen Anwesen aus der spanischen Kolonialzeit zum Stehen. In dem Moment, als sie es erblickte, wusste Sabine, dass dies das richtige Haus für sie war. Es war etwas vornehm, aber dennoch gemütlich. Hoch oben auf dem Hügel, mit separaten Balkonen zu allen Seiten, bot das Haus einen herrlichen Blick auf den Pazifischen Ozean.

Als sie hinter das Haus ging, jauchzte Sabine vor Freude. Ein großer, abgelegener Garten war hinter einer efeubewachsenen Mauer versteckt. In der Mitte des Gartens versprühte ein Springbrunnen klares Wasser, während das Sonnenlicht Regenbögen entstehen ließ. Sabine stand dort und nahm alles in sich auf. Es hätte nicht perfekter sein können.

Sie gingen von einem Zimmer zum nächsten. Das Erdgeschoss war zu einer separaten Wohnung umgestaltet worden. Deren Vermietung würde bei der Rückzahlung des Kredits helfen. Ihr, Cliff und Fred blieben noch drei Schlafzimmer im Obergeschoss.

Sie unterschrieb die Verträge, und bald zogen sie ein.

Am ersten Morgen betrat Sabine den Balkon, der sich von ihrem Schlafzimmer aus öffnete. Sie wickelte ihren Bademantel fester um sich und sah zu, wie die Stadt allmählich aus ihrem Schlummer erwachte. Am Rande der Stadt schlugen die Wellen des blauen Pazifiks an Land. Sie atmete die salzige Luft tief ein.

«Es ist ein Traum», flüsterte sie verzückt. Mehr noch, es war ihr Traum. Sie lebte ihren eigenen Traum.

Das Haus kostete vierunddreißigtausend Dollar – ein stattlicher Preis im Jahr 1964. Es war jedoch jeden Cent wert, ein Zuhause zu haben, das sie liebte und in dem sie ihre Kinder aufziehen konnte.

Es war leicht, den ersten Mieter zu finden – Tom, ein Engländer, der an der Universität studierte. Und noch besser war, dass ihre Söhne sich bald für ihn begeisterten. Sie folgten ihm überall hin und wetteiferten um seine Aufmerksamkeit. Er half auch, den großen Garten zu pflegen. Im Gegenzug lud Sabine ihn ein, mit ihnen zu Abend zu essen.

Oft brachte Tom Freunde aus der Universität mit an ihren Tisch. Sabine hieß sie willkommen, weil sie das Leben einer alleinerziehenden Mutter oft einsam fand. Sie wollte aber auch nicht, dass man sie ausnutzte. Daher verlangte sie von jedem einen Dollar. Toms Freunde hielten das für ein gutes Angebot für eine selbstgekochte Mahlzeit.

Es fühlte sich gut an, mit den jungen Leuten zu lachen und sich mit ihnen zu unterhalten. Sie liebten ihre Geschichten über Deutschland und den Krieg und ihre Erzählungen über die High Society in Miami. Sie erzählte, wie sie alles hinter sich gelassen hatte, und sogar die seltsame Geschichte vom Kastanienbaum und der Wäscherin im Hof. Die Studenten ihrerseits öffneten Sabine die Augen für neue Ideen und Standpunkte.

Schließlich gesellte sich selbst Hans, ihr blonder Riese von einem Freund, jeden Abend zum Essen zu ihnen. Er bezahlte gerne, genau wie die Studenten, einen Dollar fürs Essen.

Auch durch Hans lernte Sabine interessante Menschen kennen. Sie waren gewiss anders als die Leute aus Miami. Da waren Marlen, eine eingebürgerte Amerikanerin aus Syrien, und Arvid, ein Computerspezialist. Ihre neuen Freunde bildeten eine zusammengewürfelte Gruppe aus Zeitungsverlegern, Psychologen und Ingenieuren, um nur einige zu nennen. Und wie Toms Freunde von der Universität konfrontierten auch diese Menschen Sabine mit neuen Sichtweisen.

Viele Male trank sie bis spät in die Nacht Tee und diskutierte philosophische Fragen. Hans, der im Baugewerbe arbeitete, langweilte sich bei diesen Diskussionen. Aber Sabine war fasziniert davon.

Sie fing an, sich selbst in Frage zu stellen. *Wer bin ich wirklich? Bin ich Sabine Koritke? Sabine Ball? Oder einfach nur Sabine?*

Um Antworten zu erhalten, wandte sie sich an eine ihrer neuen Freundinnen, eine Frau mittleren Alters namens Judy Brown, die mit einem Psychologen verheiratet war. Er arbeitete unter dem renommierten Dr. Fritz Perls, der für seine Gestalttherapie berühmt war. Seine Ideen darüber, wie Geist, Körper und Emotionen vereinigt werden können, erfreuten sich wachsender Beliebtheit. Die Leute nannten ihn «den neuen Sigmund Freud». Er bot nun Workshops am Esalen-Institut in Big Sur, weiter nördlich an der kalifornischen Küste, an. Scharen strömten zu seinen Workshops.

«Sabine, du musst nach Big Sur fahren», meinte Judy immer wieder.

Alle Freunde von Sabine stimmten dem zu. Und so wuchs in Sabine die Idee, zum Esalen-Institut zu reisen. Hans war der Einzige, der nicht auf diesen Zug aufsprang. Er konnte sich nichts Faszinierendes an einem «Seelenklempner» vorstellen.

Sabines Chance kam im nächsten Sommer, als Cliff und Fred ihren Vater in Miami besuchten. Es würde Sabine neu und unerwartet herausfordern.

19.
Sucht, und ihr werdet finden!

Ein paar Wochen später fuhr Sabine nach Big Sur. Um sich an die neue Umgebung zu gewöhnen, fuhr sie einen Tag, bevor der Workshop mit Perls beginnen sollte, los.

Bei der Fahrt dachte sie immer wieder über das Thema Nacktbaden nach. Die Kurse des Arztes waren für ihre Liberalität bekannt. Unter anderem badete man im Esalen-Institut nackt. Während Sabine ihr Oldsmobile auf dem Highway 1 vorsichtig um jede Haarnadelkurve lenkte, fragte sie sich: *Darf ich mich so etwas trauen?*

Am Anfang des Tages war ihre Antwort noch eindeutig gewesen. Sie würde bei so etwas nicht mitmachen! Sie würde sich nie nackt in der Öffentlichkeit zeigen – erst recht nicht vor einem fremden Mann. Und nun, da sie Big Sur immer näherkam, bröckelte ihre Entschlossenheit.

Etwas am Nacktbaden reizte Sabine. Allein der Gedanke daran ließ es in ihr kribbeln. Eine angenehme Wärme breitete sich in ihrem ganzen Körper aus.

Sie schüttelte den Kopf. *Ich werde es nicht tun, und dabei bleibt es!*

Und dennoch, wie würde sie damit klarkommen, nicht mitzumachen? Würde es nicht unangenehm sein, wenn alle anderen es taten? Außerdem, was, wenn es eine zentrale Erfahrung für den Kurs wäre und sie diese verpassen würde?

Die Oldsmobile-Reifen rauchten bei einer weiteren schwierigen Kurve, und Sabine trat auf die Bremse. *Andererseits, ist öffentliche Nacktheit nicht unmoralisch?* Einen Augenblick lang erschien das Gesicht ihres Vaters vor ihren Augen. Sie verdrängte sein Bild und konzentrierte sich auf die kurvenreiche Straße.

Die Aussicht entlang der Küste war atemberaubend. Hohe Klippen säumten die Straße zu ihrer Rechten, während zu ihrer Linken weit unten Felsen in die neblige Brandung stürzten. Sie ließ sich Zeit, und das nicht nur, weil diese Strecke «die schönste Panoramastraße der Welt» genannt wurde. Es erforderte ihre ganze Konzentration, um die gefährlichen Kurven zu fahren.

Hinter jeder Kurve verbarg sich eine weitere fantastische Aussicht. Sabine hielt an einem der Aussichtspunkte an. Sie stieg aus ihrem Cabrio aus und stellte sich an die Leitplanke, um die Schönheit der Landschaft in sich aufzusaugen. Der tiefblaue Ozean erstreckte sich bis zum Horizont. Obwohl die Sonne brannte, erfrischte sie eine feuchte Brise. Der Wind blies durch ihr braunes Haar, das seit diesem Jahr mit ersten silbernen Strähnen durchzogen war.

Eine Sehnsucht, die tief aus ihrem Inneren kam, überraschte Sabine. «Ich möchte frei sein. Frei!», rief sie laut, hoch oben über den krachenden Wellen.

In dem Moment bemerkte sie einen Pelikan, der auf einem aus dem Meer ragenden Felsbrocken saß. Plötzlich stieg der unansehnliche Vogel zum Himmel auf. Und es sah unglaublich anmutig aus, wie ihn die Luftströmungen mit sich trugen. Er glitt über die Wellen, um sich dann auf einem anderen Felsen niederzulassen.

Sabine streckte ihre Arme von sich und schloss die Augen. Was, wenn sie so frei sein könnte, um sich einfach vom Schicksalswind mitreißen zu lassen? *Nur wer springt, lernt fliegen,* dachte sie, bevor sie wieder in ihr Auto stieg.

Als sie beim Esalen-Institut ankam, war Sabine begeistert. Wenn Santa Barbara das südkalifornische Paradies war, dann begann das nördliche Paradies in Big Sur. Am Rande eines Nationalparks und über einem zerklüfteten Strand gelegen, war das Gelände des Esalen-Instituts mit einem dichten Redwood-Wald bewachsen. Ein Bach aus höher gelegenen Stellen in den Bergen von Santa Lucia floss durch das Grundstück.

Bei einem Spaziergang über das Gelände des Esalen-Instituts entspannte sich Sabine. Sie hielt auf einer Steinterrasse über dem Meer inne. Obwohl die Luft deutlich kühler war als in Santa Barbara, war es angenehm auf der Terrasse. Ein Windschutz schirmte die frische Seeluft ab, und die Sonne erwärmte die Terrassensteine und Holzbänke.

Als Sabine die zum Ufer führende Treppe hinunterstieg, sah sie das erste von mehreren Thermalbädern. Obwohl sie versucht hatte, sich darauf vorzubereiten, schockierte sie der Anblick eines splitternackten jungen Paares in einem Pool. Sie unterhielten sich angeregt und schenkten Sabine wenig Aufmerksamkeit. Sie schienen sich ihrer Nacktheit nicht bewusst zu sein. Es war, als würden sie in einem Straßencafé sitzen und ein Stück Kuchen essen.

Sabine schaute schnell weg, aber das Bild des Paares brannte sich in ihren Kopf ein. Sie eilte in die entgegengesetzte Richtung, stieß aber auf noch mehr Whirlpools.

«Schau einfach niemandem in die Augen, Sabine», flüsterte sie sich selbst zu und versuchte so zu tun, als sei es die natürlichste Sache der Welt, Schwimmbecken und Zedernwannen voller Menschen zu sehen, die so nackt waren wie am Tag ihrer Geburt.

Ich muss hier weg!

Die Idee, sich dem Nacktbaden anzuschließen, reizte sie jedoch. Sie spürte wieder das warme Kribbeln.

Nun, es gibt keinen besseren Zeitpunkt als jetzt! Und alle Zweifel beiseiteschiebend, schälte sie sich aus ihren Kleidern. Sie krümmte ihren Körper ein wenig und sah sich um, ob jemand zusah. Niemand warf ihr einen Blick zu. Im nächsten Pool saß ein drahtiger Japaner.

Er sieht aus, als käme er von weit her. Vielleicht ist es mir angenehmer, mit ihm nackt zu sein. Eine sanfte Brise stahl sich auf die Terrasse, und sie bekam am ganzen Körper Gänsehaut. Sie war es nicht gewohnt, nur von Meeresluft umhüllt zu werden. Hastig schlüpfte sie in das heiße, sprudelnde Salzwasser.

20.
Nehmt euch vor falschen Propheten in Acht

Einmal im Pool, raste Sabines Herz. *Was tue ich hier?,* fragte eine Stimme in ihrem Kopf, immer und immer wieder. Doch als sich die Wärme in ihr ausbreitete, gab sie auf, und die Stimme verstummte.

Das ist ausgezeichnet!, dachte sie, plötzlich überflutet von Frieden und Glück. Sie legte den Kopf zurück und sah zu, wie der Wind die Wolken über den Himmel trieb. Während sie den Blick aufs Meer genoss, entdeckte sie einen weiteren Pelikan. Sie verfolgte den Vogel, bis er ins Meer abtauchte.

Sabine blieb eine gute Stunde im Pool und hatte das Gefühl, dass mit der Welt alles in Ordnung sei. Schließlich kletterte sie hinaus und trocknete sich gemächlich ab. Für ihre Nacktheit schämte sie sich nicht mehr. Sie fühlte sich so frei wie der Pelikan, den sie ins Meer hatte tauchen sehen.

Am Montagmorgen betrat sie den Speiseraum, um zu frühstücken, und erblickte das junge Paar, das sie Stunden zuvor im Pool gesehen hatte. Sie konnte nicht anders, als leicht zu grinsen. Sie verdrängte das Bild ihrer nackten Körper und setzte sich an einen anderen Tisch.

Plötzlich wurde es still im Raum. Ein Mann trat ein, und alle schauten augenblicklich zu ihm. Mit seinem langen Mantel und dem rauschenden weißen Bart sah er fast wie ein Zauberer aus. *Oder ein Prophet aus dem Alten Testament,* dachte Sabine, obwohl sie schon lange nicht mehr in der Bibel gelesen hatte. *Das muss der große Dr. Fritz Perls sein.*

Es war so lange still, bis er sich hinsetzte.

Bereits jetzt hatte er Sabine tief beeindruckt. Später an dem

Tag versammelte sich ihre Gruppe an Tischen in einem behelfsmäßigen Klassenzimmer.

Fritz Perls kam herein, ging hin und her, um die Neuankömmlinge freundlich zu begrüßen. Als er Sabine gegenüberstand und ihr intensiv in die Augen blickte, wurde sie von Ehrfurcht ergriffen. Sofort fühlte sie sich von ihm, von seinem Charisma, in den Bann gezogen. Es war, als könne er tief in Menschen hineinsehen.

Sie hatte noch nie jemanden getroffen, der so viel Autorität, solch geheimnisvolle Kraft besaß. Als er ihr in die Augen blickte, kommunizierte er irgendwie, ohne zu sprechen, und versprach, sie zu Wahrheit und Freiheit zu führen.

Sie glaubte ihm.

Dann nahm er seinen Platz an der Vorderseite des Klassenzimmers ein und ging während des Sprechens auf und ab. Plötzlich zeigte er zu einer Frau an einem der Tische. «Komm vor und erzähl deine Geschichte», sagte er mit einem leichten deutschen Akzent.

Gehorsam ging die Frau nach vorne. Zaghaft begann sie, Kindheitserlebnisse über ihre Mutter zu erzählen. «Sie hat mich immer angeschrien», berichtete sie, kaum hörbar.

Dr. Perls lehnte sich zu ihr und fragte sanft: «Wie hat sie dich angeschrien?»

«Sehr laut.» Sie schluckte, als die Erinnerung erwachte. «Und ihre Augen waren so wütend, als sie mich ansah.»

«Wie hat sie dich angeschaut? Zeig es mir!»

Als die Frau zögerte, stellte Dr. Perls einen Stuhl vorne hin. «Das ist jetzt der Stuhl deiner Mutter. Setz dich, bitte.»

Die Frau willigte ein.

Seine Stimme erhob sich, und er sagte: «Du bist jetzt deine Mutter, okay? Zeig mir, wie sie dich ansieht.»

Die Frau zögerte und schaute die Gruppe an.

«Zeig es uns allen», verlangte Perls, seine scharfen Augen auf sie gerichtet.

Nach und nach versetzte sich die Frau in die Rolle ihrer Mutter.

Viel lauter sagte er: «Zeig uns, wie es wirklich war. Zeig uns, wie laut sie war!»

Inmitten der drängenden Rufe des Arztes versetzte sich die Frau weiter in die Rolle. Schließlich schrie sie aus vollem Halse.

Mit einem Schwung seines Armes unterbrach sie Dr. Perls. Dann änderte er schlagartig seinen Ton. Er flüsterte fast. «Jetzt spiel dich selbst. Zeig uns, wie du dich als kleines Mädchen gefühlt hast.» Er stellte einen zweiten Stuhl gegenüber dem «Mutterstuhl» auf.

Die junge Frau sah ihn fragend an. Ihr Gesicht war rot vom Schreien. Sie stand auf und setzte sich auf den anderen Stuhl.

«Deine Mutter schreit dich an», beharrte er, schwere Augenbrauen über seinen durchdringenden Augen aufgetürmt. «Wie fühlst du dich jetzt? Zeig es uns!»

Die Frau schlüpfte leicht in die Rolle des kleinen Mädchens, des Kindes, das sie einmal gewesen war. In Tränen ausbrechend, heulte sie und versank in sich selbst.

Sabine war wie verzaubert – von dem Drama gefangen. «Meine Güte», wiederholte sie immer wieder, Tränen liefen ihr über die Wangen. Sie war nicht allein. Fast alle weinten inzwischen.

Judy Brown hatte Sabine oft von «psychodramatischer Gruppeninteraktion» erzählt. Jetzt sah sie es mit eigenen Augen. *Wie mutig die Teilnehmer waren, nach vorne zu gehen und wortwörtlich aus sich herauszukommen!*

Gleichzeitig dachte sie: *Ich werde nie da vorgehen und so etwas machen.* Welche Szene würde sie überhaupt nachspielen? Die Unterhaltungen mit Cliff? Wie sie die Schnapsflaschen in der Garage entdeckt hatte? Wie sie ihn dafür zur Verantwortung gezogen hatte?

Sie war viel zu schüchtern, um im Klassenraum nach vorne zu gehen. Nacktbaden war eine Sache, aber ihre Seele zu entblößen? Sie könnte das niemals.

Bis zum Mittwoch, der Hälfte der Kurszeit, war ihre Gruppe gut miteinander warm geworden. Am Abend saß Sabine an der Bar des Institut-Restaurants und unterhielt sich mit einer anderen Frau aus dem Workshop.

Da kam Fritz Perls herein. Sein Auftreten brachte inzwischen nicht mehr alle zum Schweigen. Mittlerweile hatten sich alle an seine Anwesenheit und die ihn umgebende Aura gewöhnt.

Er bewegte sich durch den Raum und hielt hier und da an, um zu plaudern. Dann leuchteten seine Augen auf, als er Sabine sah, und er kam auf sie zu. Sie fühlte, wie ihre Hände klamm wurden.

«Sabine, wie geht es dir?» Dr. Perls blickte sie an.

«Gut, danke», antwortete sie. Das stimmte in der Tat. Sie fühlte sich so gut wie lange nicht.

Fritz Perls legte seinen rechten Arm um ihre Schultern, schaute ihr ununterbrochen in die Augen und fragte: «Bist du wirklich frei, Sabine?»

«Ja, das bin ich.»

Der Lehrer legte dann seinen linken Arm um die Schultern der anderen Frau und fragte sie dasselbe. Sie hatte schon an vielen seiner Kurse teilgenommen. Sie nickte ruhig.

Er stand mit den Frauen im Arm da und befahl dann: «Sabine, küss sie!»

Sabine küsste sie flüchtig auf die Wange.

«Nein, Sabine. Auf den Mund», befahl er.

Sie hielt inne und schaute die Frau an. Sabine beugte sich vor, küsste sie auf die Lippen und wich sofort wieder zurück.

Perls' Arm lag immer noch schwer auf ihrer Schulter. Er schüttelte den Kopf. «Küss sie leidenschaftlich.»

Den Tränen nahe, schrie Sabine: «Das kann ich nicht!»

Der Meister ließ die Arme fallen, trat einen Schritt zurück und nahm seinen sanften Ton wieder auf. «Solange du das nicht kannst, bist du noch nicht frei.»

Er drehte sich um und ging.

21. Behüte dein Herz

Sabine war am Boden zerstört. Sie fühlte sich, als wäre sie durch eine wichtige Prüfung gefallen – als prangte eine große rote Sechs auf ihrer Arbeit. Sie war in sich selbst gefangen, offensichtlich ein hoffnungsloser Fall. Sie hatte den Mann enttäuscht, den sie in nur drei Tagen zum Idol erhoben hatte. Warum konnte sie nicht tun, worum er sie gebeten hatte? Welche Blockaden waren da noch in ihr?

«Solange du dich wohl damit fühlst, ist alles erlaubt», hatte Perls gesagt.

Wie kann ich nur so … konservativ sein? Der Begriff hing in ihrem Kopf wie ein schmutziges Wort. Konservativ. Nein. Wirklich, sie wollte alles tun, was er von ihr verlangte.

Ihre alte Schwäche für starke Männer kam ihr in den Sinn,

dieses Gefühl der Ohnmacht ihnen gegenüber. Wenn sie einem Mann mit Autorität gegenüberstand, wurde sie klein, sehr klein. Genauso wie sie sich vor vielen Jahren Adolf Hitler gegenüber gefühlt hatte. Ein mächtiger Mann machte sie bereit zu gehorchen, zu folgen und zu dienen. Wenn Hitler wie Perls physisch vor ihr gestanden hätte, wer weiß, was sie getan hätte?

Vor allem aber wollte Sabine frei sein. Frei von anderen und frei von sich selbst. War das Esalen-Institut der richtige Ort, um Freiheit zu finden?

✦ ✦ ✦

Noch lange nach ihrer Rückkehr nach Santa Barbara ließ Fritz Perls' letzter Rat sie nicht los: «Spiel ein neues Spiel, Sabine!»

Im Laufe der Zeit begann sie, ihre Faszination für Fritz Perls und seine Lehre einzuordnen. Und sie hörte Gerüchte über ihn. Sein Sexualleben sei ziemlich ausschweifend, hieß es. Doch wie es der Natur von Gerüchten entspricht, kannte niemand die vollständigen Fakten.

Trotz der Charakterfragen forderten seine Worte sie weiterhin heraus.

«Du musst nicht bleiben, was du schon immer warst», hatte er gesagt.

Und vielleicht fühlte sie sich so stark mit ihm verbunden, weil er ursprünglich aus Deutschland stammte. Sie fragte sich, ob er wirklich das gefunden hatte, was sie so sehr suchte: Freiheit.

«Spiel ein neues Spiel», flüsterte sie sich eines Nachmittags zu, als sie das Summen von Hans' Triumph erkannte, der vor ihr Haus fuhr und dort parkte.

Sekunden später hörte sie ihn die Treppe hinaufdonnern. Wie üblich platzte er in ihre Küche, ohne anzuklopfen, und nahm sie zur Begrüßung fest in die Arme. Dieses Mal war es jedoch anders. Er schlang seine Arme um sie und ließ nicht mehr los.

Sabine spürte seine Kraft, die kräftigen Muskeln seiner Oberarme und seiner Brust, als sie einander festhielten. Hans neigte den Kopf nach unten und sah ihr in die Augen. Zum ersten Mal sah sie sein Verlangen. Sie brachte ihr Gewissen zum Schweigen und gab sich ihrem Körper hin.

Sie neigte ihren Kopf zu ihm hinauf. Seine Lippen fühlten sich wie Feuer an, als sie die ihren trafen. Sie standen für eine Ewigkeit in dieser Position, bevor er sie hochhob und ins Schlafzimmer trug.

✦ ✦ ✦

Sabine hatte immer gesagt: «Wer sich in diesen Mann verliebt, ist selbst schuld». Sie wusste, dass eine Beziehung mit Hans unweigerlich zu einem gebrochenen Herzen führte. Er war ein leidenschaftlicher Liebhaber, der schon viele Frauen für sich gewonnen und wieder fallen gelassen hatte. Immer wieder ließ er seinen Gefühlen freien Lauf und führte ein weiteres Mädchen in die Irre. Sobald sie sich in ihn verliebte, wurde sie zu abgestandener Ware.

So stark, wie er eine Frau begehrte und sie leidenschaftlich liebte, so kalt und gefühllos war er, wenn er sie fallen ließ. Er verachtete sich selbst dafür, aber er war ein Sklave seiner Gefühle.

Zugleich war er ein ehrlicher Mensch. Sabine konnte nicht anders, als das zu bewundern. Er log nie. Er machte niemandem etwas vor. Oft warnte er die Frauen sogar, bevor er mit ihnen schlief, und sagte, er würde sie am Ende verletzen. Niemand hörte ihm zu. Das machte ihn nur noch attraktiver. Mit seinem fabelhaften Aussehen und seinem Charme übte er einen Zauber aus, dem keine Frau widerstehen konnte.

Sabine wusste das alles. Wie oft war er gekommen und hatte in ihrem Beichtstuhl gesessen und sich die Augen ausgeweint. Während jeder Sekunde, in der sie sich liebten, dachte sie: *«Ich tue das, wovor ich andere gewarnt habe. Dies wird auf schreckliche Weise enden. Es wird so sehr wehtun.»*

Und auf der anderen Seite hatte Fritz Perls ihr gesagt, sie solle neue Dinge ausprobieren. «Spiel ein neues Spiel, Sabine!»

Ich spiele, hörte sie ihren Körper antworten. Sie sagte sich, dass sie ihr Herz nicht verschenken würde. *Ich werde es ganz festhalten,* versprach sie.

Hans und Sabine verliebten sich sehr stark ineinander. Sie konnten nicht ohne einander leben. Oft, noch bevor ein einziges Wort gesprochen wurde, nahmen sie die Gedanken des anderen vorweg. Sabine hatte noch nie eine solche Liebe gekannt. Sie war glücklicher, als sie es je in ihrem Leben gewesen war.

Manchmal hörte sie ein warnendes Flüstern: *Es ist zu schön, um von Dauer zu sein.* Aber sie schob den Gedanken schnell beiseite.

Nach fast einem Jahr war Sabine immer noch glücklich. Und obwohl winzige rote Fähnchen vor ihr zu wehen begannen, weigerte sie sich, darauf zu achten. Sie versuchte, ihre Sorgen abzustreifen. *Es ist alles in Ordnung. Hans liebt mich. Machen nicht alle Beziehungen schwierige Phasen durch?*

Bald konnte sie es nicht mehr leugnen: Er wurde ihrer überdrüssig. Die Anzeichen waren subtil. Er lächelte sie weniger oft an. Er wollte nicht mehr so viel Zeit mit ihr verbringen. Ihr Misstrauen wuchs, bis sie es nicht mehr abstreiten konnte.

Am schmerzlichsten war es, Hans selbst zu sehen. Es war traurig, zuzusehen, wie das Feuer in ihm erlosch.

Eine schreckliche Angst überkam sie. *Hans wird mich verlassen.* Wenn sie ehrlich zu sich selbst war, hatte sie von Anfang an Angst davor gehabt. Jetzt wuchs ihre Angst zu einer riesigen, sie verzehrenden Flamme. Sie kannte seine Vorgeschichte. Und doch hatte sie sich vorgemacht, dass es bei ihr anders sein würde.

Nie würde sie den Tag vergessen, an dem sie entdeckte, dass Hans in eine andere Frau verliebt war.

Es war ein sonniger Nachmittag. Sie beschloss, Hans mit einem kurzen Besuch auf seiner Baustelle zu überraschen. Als sie dort ankam, stieg sie aus ihrem Oldsmobile-Cabriolet aus und blieb abrupt stehen.

Hans war ins Gespräch mit einer jungen Frau vertieft. Es hatte etwas mit der Art und Weise zu tun, wie sie so nah beieinanderstanden. Die Art, wie sie einander ansahen. Die Frau warf ihr blondes, gewelltes Haar hin und her und lachte. Schon von Weitem konnte Sabine sehen, wie sie flirteten. Das Blut gefror ihr in den Adern.

Dann schaute Hans auf und erblickte sie. Panik ergriff ihn, und Sabine war alles klar. Irgendwie behielt sie die Fassung und ging auf die beiden zu. Hans stellte ihr die bezaubernde Leslie vor. Erst danach, als Sabine die Sicherheit ihres Fahrzeugs erreicht hatte und wegfuhr, brach sie in Tränen aus. Sie musste am Straßenrand anhalten und weinen.

Sie wartete eine ganze Woche, bevor sie ihn konfrontierte – eine Woche, in der sie darum rang, was sie sagen sollte. Würde er so tun, als liebte er sie noch immer? Oder schlimmer noch, würde er verkünden, dass er Leslie liebte?

Am Ende schwieg Hans vor allem, unfähig zu leugnen, dass

er sich in eine andere verliebt hatte. Sabines Herz zerbrach, und eine schreckliche Dunkelheit sickerte in ihre Seele.

Eines Nachmittags lief sie weinend in ihrem Schlafzimmer auf und ab. *Ich werde nie wieder jemanden lieben!* Warum hatte sie sich ganz hingegeben? Hatte sie sich nicht versprochen, ihr Herz zu beschützen? Jeder Teil ihres Lebens war mit seinem verflochten, und nun zerriss er es in Stücke.

Sie stand da und schaute aus ihrem Fenster auf den Garten hinunter. Ihr Blick fiel auf den Gartenbogen, den Hans gebaut hatte. *Wohin ich auch blicke, alles erinnert mich an ihn!*

Auf ihrer Zunge lag ein bitterer Geschmack. Ihr Verstand beschuldigte sie. *Unsere Liebe beruhte nur auf Leidenschaft.* Sie hatten ein Jahr lang von der Leidenschaft gelebt, und nun waren die Flammen erloschen. Sie hatte keine Tränen mehr zu vergießen. Nur ein dumpfer Schmerz zog ihre Brust zusammen. Sie warf sich auf ihr Bett, und mit einer schrecklichen Gewissheit wurde ihr klar: *Man kann eine Beziehung nicht auf Leidenschaft gründen. Es muss auch Verbindlichkeit geben.*

Jetzt wusste sie es. Ohne wahre Liebe gibt es nur Schmerz. Sie stopfte ihr Gesicht in ihr Kissen und erlebte diesen Schmerz aus erster Hand. Zum ersten Mal in ihrem Leben wollte sie sterben.

22.
Deine Weisheit und Kunst hat dich verleitet

Nach einer Weile schleppte sich Sabine in die Küche, um Abendbrot für die Jungs zu machen. Sie würden bald von der Schule wiederkommen. Eine weitere Erinnerung traf sie hart: die Jungs zusammen mit Hans! Ein entspannter Nachmittag im Sommer am Strand blitzte vor ihrem inneren Auge auf, und frische Tränen liefen ihr übers Gesicht. Sie stand gequält am Waschbecken.

Cliff und Fred verehrten Hans. An diesem Sommertag hatten sie ihn überredet, im kühlen Meer baden zu gehen. Sabine saß am Strand und sah zu, wie Hans und ihre Söhne durch die Wellen tobten. Ihr Lachen wurde durch den Wind zu ihr zurückgetragen.

✦ ✦ ✦

Nun griff sie nach einem Geschirrtuch, vergrub ihr Gesicht darin und gab sich dem Schluchzen hin. Wenn sie doch nur die Zeit zurückdrehen könnte!

Sabine musste zugeben: Nicht alle Erinnerungen waren glücklich. Sie erinnerte sich an eine katastrophale Reise nach Mexiko, kurz vor dem Ende ihrer Beziehung. Die Reise begann gut, denn sie fuhren in ihrem Cabriolet mit offenem Verdeck und sangen zur Musik im Radio. Die Dinge begannen sich zu trüben, als sie in einem Restaurant zum Abendessen anhielten. Hans verbrachte den Abend damit, kühn mit ihrer Kellnerin, einer üppigen Brünetten, zu flirten.

«Hör auf, Hans!», klagte Sabine. Aber das machte ihn wütend. Damit war auch der Ton für den Rest der Reise gesetzt.

Erschwerend kam hinzu, dass sie in Mexiko einen Verkehrsunfall hatten. Das machte Hans noch wütender. Ihr Auto musste repariert werden, bevor sie zurück nach Kalifornien fahren konnten. Hans ließ Sabine einfach allein in Mexiko und fand einen anderen Weg nach Hause.

✦ ✦ ✦

Als sie am Waschbecken stand, gab sie zu, dass sie Ausreden für seinen Egoismus gefunden hatte. Sie hätte erkennen müssen, dass ihre Romanze vorbei war. Aber sie liebte ihn so sehr.

In den nächsten Wochen hatte sie starke Schmerzen. Manchmal tat allein das Atmen weh. War dies die Frucht ihrer sogenannten Freiheit? Fritz Perls hatte sie gedrängt, ein neues Spiel zu spielen. Geht das Spiel so zu Ende? Sie erinnerte sich an den Kehrreim, den sie in Big Sur gelernt hatte: «Solange du dich wohl damit fühlst, ist alles erlaubt.»

Ihre Beziehung zu Hans war wunderbar gewesen, aber jetzt war ihr Herz ein raues, klaffendes Loch. So konnte das Leben unmöglich gemeint sein.

Einige ihrer Studentenfreunde behaupteten, das Leben habe keinen Sinn. Das war eine der neuen Ideen, von denen sie Sabine am Esstisch erzählten. Hatten sie recht?

Jemand schenkte ihr ein Buch von Albert Camus. Er war einer der Philosophen, zu deren Lektüre ihre Freunde sie gedrängt hatten. Pflichtbewusst las sie sein Buch, weigerte sich aber, das Gelesene zu glauben. Das Leben musste einen Sinn haben! Sie sehnte sich danach. Sie beschloss, danach zu suchen, bis sie ihn fand.

In der Zwischenzeit würde sie sich als besserer Mensch erweisen. Nachdem sie Camus beiseite gelegt hatte, nahm sie sich Papier und Stift und schrieb einen Brief an Hans.

Sie schrieb stundenlang, bis sich ihre Handmuskeln verkrampften und sie nicht mehr weiterschreiben konnte. Sie sagte ihm, dass sie ihn liebte und ihm alles Gute wünschte. Sie beendete ihren Brief, indem sie ihn und Leslie herzlich zum Abendessen einlud. Sie hätte wissen müssen, dass damit eine Katastrophe vorprogrammiert war.

An dem Abend, als Hans und Leslie kamen, saßen sie zusammen in dem Pavillon, den Hans für Sabine gebaut hatte. Es war ein warmer kalifornischer Abend. Sie nippten an ihrem Wein, als die Sonne ihren nächtlichen Tauchgang in den Pazifik begann. Obwohl sie versuchte zu lächeln, brach es Sabine das Herz. Jedes Mal, wenn Hans Leslie berührte, war es ein weiterer Schlag. Er legte seine Hand auf Leslies Bein und streichelte unbekümmert ihr Knie.

Wie typisch für Hans, dass er sich nicht die Mühe machte, seine Leidenschaft zu verbergen. Es war, als hätte er sich nie etwas aus Sabine gemacht.

Sie hielt ihren Mund. Immer wieder schimpfte sie schweigend über sich selbst. *Ich war so ein Narr.*

Hans saß einfach nur da und starrte in sein Glas.

Der schmerzhafte Abend endete schließlich, als er und Leslie in seinen Triumph stiegen. Sabine stand da und sah zu, wie sein Sportwagen den Hügel hinunter verschwand. Was hatte sie sich davon erhofft, sie einzuladen? Ihn zu beschämen für das, was er ihr angetan hatte? Oder vielleicht die schöne, junge Leslie zu warnen?

Sie schüttelte den Kopf und ging hinein. Nein, Leslie war überzeugt, dass sie die wahre Liebe gefunden hatte. Aber sie würde das gleiche Schicksal ereilen wie all die Frauen, die vor ihr gekommen waren.

✦ ✦ ✦

Es sollte nicht lange dauern, bis Sabines Sinnsuche eine drastische Richtung einnahm. Doch zunächst litt sie weiter unter der Trennung von Hans.

Mein Leben ist vorbei. Ich werde nie wieder glücklich sein, sagte sie sich im Laufe der Wochen. Den Jungs gegenüber setzte sie ein tapferes Gesicht auf, aber in dem Moment, als sie zur Schule gingen, brach sie wieder vor Trauer zusammen. Jede Nacht lag sie wach und tränkte ihr Kissen mit Tränen. Als sie endlich schlief, träumte sie, sie sei in Hans' schützenden Armen. Als sie aufwachte, stellte sie sich der neuen Realität und schloss für immer mit ihm ab.

Sie ahnte, dass es auch für Hans und Leslie nicht gut lief. Mehrere Male hörte sie jemanden durch ihren Garten schleichen und wusste sofort, dass es Hans war. Einmal hörte sie ihn sogar schluchzen, als er im Pavillon saß. Es war verlockend, hinauszueilen und ihn zurückzuholen. Aber Sabine verhärtete ihr Herz. Sie verwehrte sich sogar einen Blick aus dem Fenster. Hans hatte sie verraten. Sie würde ihm nie wieder vertrauen.

In den kommenden Monaten baute sie ihr Leben wieder auf, aber es ging langsam und war schmerzhaft. Sie verbrachte mehr Zeit mit ihren Söhnen. Doch selbst dabei war sie unzufrieden. Sie musste zugeben, dass das Muttersein für sie nicht so erfüllend war wie für andere Frauen. Ihr Geist sehnte sich nach mehr. Aber wonach?

Sie begann zu nähen, um ihre leeren Stunden zu füllen. Und bald verkaufte sie ihre Kreationen in Esalen. Sie fuhr oft die malerische, aber mühsame Strecke nach Big Sur. Es fühlte sich so gut an, wieder mit den Menschen dort zu tun zu haben – eine bunte Truppe aus Künstlern, Schauspielern und Aussteigern, die das ganze Jahr über am Institut blieben. Es schien, als hätten sie den Sinn gefunden, nach dem sie sich sehnte.

Sabine suchte in einer anderen Richtung. Sie nahm ihre Söhne in eine unitarische Kirche mit. Diese Kirche lehrte, dass Gott eine einzige Einheit sei, und lehnte die Idee von Vater, Sohn und Heiligem Geist ab. Im Laufe der Zeit nahm Sabine jedoch immer weniger an den Gottesdiensten teil. Obwohl sie es den Jungen gegenüber nicht zugeben wollte, fand selbst sie die Treffen langweilig.

Auf Drängen ihrer Studentenfreunde meldete sich Sabine für einige Vorlesungen an der Universität an. Die Vorlesungen über Philosophie und östliche Religionen forderten sie heraus. Sie konnte es kaum erwarten, jeden Abend beim Abendessen mit den Studenten über das zu reden, was sie gelernt hatte.

Sie überredeten sie sogar, an Demonstrationen gegen den Vietnamkrieg teilzunehmen.

«Natürlich bin ich gegen den Krieg», stimmte sie zu. Sie marschierte für den Frieden, war sich aber nicht sicher, was sie wirklich darüber dachte.

An einem warmen Frühlingsabend im Jahr 1967 musste Sabine eine wichtige Entscheidung treffen. Sie stand in ihrer Küche und bereitete das Abendessen vor. Der einladende Duft von Knoblauch und Oregano wehte durch die Küche. Sie war gut gelaunt. Ihre Freundin Donna würde mit ihnen zu Abend essen.

Sabine war gerade dabei, etwas mehr Würze in einen großen Topf mit Tomatensauce zu geben, als das Telefon klingelte. Sie erkannte Donnas Stimme sofort.

«Hey Sabine, ich will mich nicht aufdrängen. Aber ich habe gerade erfahren, dass einige meiner Freunde in der Stadt sind. Könnte ich sie zum Abendessen mitbringen?»

Sabine zögerte nicht. «Aber natürlich! Ich koche immer mehr.» Bei den Studenten wusste sie nie, wer alles auftauchen würde. Sie fügte der Sauce etwas mehr Basilikum hinzu. «Wen bringst du mit?»

«Alte Freunde aus San Francisco. Drei Anwälte, um genau zu sein.»

«Das ist gut! Vor allem, wenn wir uns in Schwierigkeiten bringen!», sagte Sabine und lachte ein wenig.

«Eine Sache noch», fügte Donna hinzu. «Sie sind alle Junggesellen.»

Sabine runzelte die Stirn. «Du weißt, dass ich daran absolut kein Interesse mehr habe.» Seit ihrer katastrophalen Trennung von Hans wollte sie nichts mehr mit Männern zu tun haben.

«Nun, sag niemals nie. Auf jeden Fall werden wir bald da sein.»

Wenige Minuten später hörte Sabine ihre Türklingel läuten. Trotz ihrer Proteste beschleunigte sich ihr Puls, als sie die Tür öffnete und die drei gutaussehenden Anwälte sah.

23.
Eine weise Frau sorgt für Haus und Familie

Donna stellte die drei Besucher als Lawrence, Michael und Jonathan vor. Die drei arbeiteten zusammen in einer Anwaltskanzlei in San Francisco.

Sabine bot ihnen kalte Getränke in ihrem Wohnzimmer an. Sie unterhielten sich darüber, dass Santa Barbara genauso malerisch gelegen sei wie San Francisco.

Jonathan meinte: «San Francisco! Die Stadt der glücklichen Hippies.»

Alle lachten, nur Sabine nicht. Sie fragte: «Die Stadt der was?»

«Hippies!»

Als Sabine immer noch verdutzt dreinblickte, fragte Donna: «Hast du noch nie einen Hippie gesehen?»

«Man kann sie nicht übersehen», meinte Jonathan. «Sie laufen barfuß und tragen lange, wallende Kleidung und Blumen in den Haaren.»

«Oh, die Typen mit den langen Haaren?», rief Sabine. «Ich schätze mal, dann habe ich Hippies gesehen. Ich wusste nur nicht, wie sie genannt werden. In Big Sur gibt es viele davon.»

Daraufhin befassten sie sich in ihrer Unterhaltung mit den neuesten Frisuren. Sabine fand lange Haare bei Männern nicht so ausgefallen wie die «Pilzköpfe», die die neue Band aus Großbritannien trug. Sie hatte ein Bild auf ihrem Album gesehen und war gar nicht beeindruckt von ihnen. «Diese Beatles sind geschmacklos!», sagte Sabine.

Donna und die neuen Freunde aus San Francisco lachten.

Auf dem Weg zum Esstisch meinte Sabine: «Erzählt mir mehr von den Hippies und ihren langen Haaren.»

«Na ja, nicht nur die langen Haare machen sie zu Hippies», antwortete Lawrence.

Jonathan warf ein: «Es sind auch die Drogen.»

«Drogen?», fragte Sabine.

«LSD, Marihuana, Haschisch …»

Sabine kniff die Augen zusammen. «Was?» Sie hatte diese Worte nie zuvor gehört.

Michael erklärte, dass es Betäubungsmittel seien, bewusstseinsverändernde Substanzen. «Viele Leute werden davon abhängig. Sie sind gefährlich», sagte er und nahm sich noch ein Stück Knoblauchbrot.

«Aber das ist ja schrecklich!» Sabine legte ihre Gabel nieder. «Unternimmt denn niemand etwas, um ihnen zu helfen?»

Ihre Reaktion schien die anderen zu überraschen. «Ich weiß es nicht», meinte Jonathan nachdenklich. «Ich habe von niemandem gehört, der das tut.»

Michael versuchte vergeblich das Thema zu wechseln. Aber Sabine ließ nicht locker. Sie brachte das Gespräch immer wieder auf die Hippies und ihr Drogenproblem. Und so erzählten die drei Anwälte im Laufe des Abends alles, was sie wussten.

Es sei eine Jugendbewegung, die hauptsächlich aus Studenten bestand. Sie lebten zusammen in Kommunen und rauchten Haschisch. «Sie wollen Frieden auf die Erde bringen», meinte Jonathan etwas sarkastisch. Er fügte hinzu, dass sie in San Francisco in Haight-Ashbury zusammenkämen, einem Bezirk in der Nähe des Golden Gate Parks.

«So viele werden abhängig und brechen die Uni ab», sagte Michael.

Lawrence nickte. Seinem Gesichtsausdruck nach zu urteilen, beeindruckte ihn die Hippie-Bewegung nicht.

Sabine war schockiert. All diese jungen Leute nahmen Drogen, und niemand tat etwas, um ihnen zu helfen!

Während sich die anderen weiter unterhielten, schwieg Sabine für den Rest des Abends. Sie konnte den einen Gedanken nicht verdrängen: *Wer hilft den Hippies?*

Noch lange nachdem ihre Gäste gegangen waren, lag Sabine mit vielen Fragen im Kopf im Bett. Das Mondlicht schien durch ihr Fenster. Sie würde heute nicht schlafen können. Sie fragte sich: *Was geschieht dort draußen in der Welt? Dinge, von denen ich nichts weiß? Menschen am Abgrund … durch Drogen! Und keiner tut etwas dagegen. Das ist nicht nur äußerst unverantwortlich, sondern gefährlich.*

Als die Uhr im Flur Mitternacht schlug, gab Sabine den Schlaf auf. Sie schlug die Bettdecke zurück und lief im Schlafzimmer auf und ab. Dabei wurde sie immer aufgewühlter. *Das ist nicht richtig! Warum tut keiner etwas?* Der Jugend Amerikas geschah Unrecht, und niemanden kümmerte es!

Vielleicht sollte Präsident Johnson etwas unternehmen, vielleicht ein Regierungsprogramm einrichten. Aber was ist mit den einfachen Bürgern? Würden nicht auch sie als gute Menschen den Jugendlichen in Schwierigkeiten helfen?

Hmm, gute Menschen? Sie blieb am Fenster stehen und starrte auf die Schatten im Garten. *Ist irgendjemand wirklich gut?*

Sie ging die Menschen in ihrem Leben durch. Sie waren alle sehr nett. Aber lebte irgendwer von ihnen ein aufrichtiges Leben? Ihre Augen blickten auf den in Mondlicht getauchten Gartenbogen. *Hans, zum Beispiel.*

Erst hatte sie nur seine guten Eigenschaften gesehen. Jetzt wusste sie, wie gedankenlos und grausam er sein konnte.

Plötzlich erkannte sie ein wiederkehrendes Schema. Ihre Ehe mit Cliff, ihre Faszination für Fritz Perls, ihre Affäre mit Hans – immer wiederholte sich das Gleiche. Zuerst sah sie nur das Gute, aber dann wurde sie enttäuscht und verletzt.

War sie dazu verdammt, dieses Schema immer und immer wieder zu erleben? Würde sie immer im Stich gelassen werden? Vielleicht hatten die Studenten recht. Vielleicht war alles sinnlos. Vielleicht gab es keinen Gott.

Aber was ist mit mir, Sabine Ball? Bin ich ein guter Mensch? Die Frage kam aus dem Nichts und raubte ihr den Atem. In der dunklen Einsamkeit ihres Schlafzimmers kannte sie die Antwort. *Ich bin nicht besser als andere. Ich bin sogar schlimmer! Ich enttäusche die Menschen in meinem Leben.*

Sie stand regungslos da. Es war sehr still im Haus. Anschuldigungen kamen in ihr hoch. *Ich habe auf meinem Weg ebenfalls lauter verletzte Menschen zurückgelassen!* Sie hatte ihren Vater enttäuscht, seinen Rat ignoriert und in die High Society geheiratet. Sie hatte ihren Ehemann abgelehnt und sich geweigert, ihm noch eine Chance zu geben. Und sie war nicht zu Hans gegangen, als er voll Qualen in ihrem Garten geweint hatte. Und was war mit Cliff und Fred? Behandelte sie ihre Kinder gerecht?

Sie riss sich vom Fenster los und lief wieder hektisch durch das dunkle Zimmer. Was war ihr Leben? Nichts als ein Schwindel! Sie sah ihr schemenhaftes Spiegelbild im Ankleidespiegel. Ihr Haar war zerzaust, und ihre Augen sahen verzweifelt aus.

«Eine Illusion. Mein Leben ist nichts als eine Illusion», sagte sie zu der Fremden im Spiegel. *Werde ich verrückt?* Sie bemerkte, wie ihr Tränen die Wangen hinunterliefen. *Warum bin ich hier? Werde ich nach achtzig oder neunzig Jahren in der Erde begraben werden, ohne ein Leben von Bedeutung gelebt zu haben?*

Verzweiflung packte sie, und ihr Atem ging schwerer. Wenn ihr Leben umsonst war, wenn alles bedeutungslos war, was war dann der Sinn des Lebens? Was sollte sie davon abhalten, ihr Leben hier und jetzt zu beenden?

Sie erinnerte sich an die Dose mit verschreibungspflichtigen Tabletten in ihrem Medikamentenschrank. Wie viele davon müsste sie nehmen? In wenigen Minuten würde alles vorbei sein. Würde sie endlich Frieden finden?

«Es wären nur ein paar Tabletten nötig», flüsterte sie dem Geist im Spiegel zu. Sie wandte sich von ihrem Spiegelbild ab. Der rationale Teil ihres Gehirns warnte: *Komm, Sabine, geh schlafen. Morgen wird die Welt schon anders aussehen. Mach dich nicht lächerlich wegen ein paar verrückter Hippies …*

Die Hippies! Da waren sie wieder. Schlagartig drehten sich ihre Gedanken wieder um die Hippies. *Wer hilft ihnen? Wer sorgt für Gerechtigkeit? Wer übernimmt Verantwortung?*

Dann traf es sie wie ein Schlag: *Vielleicht brauchen die Hippies mich! Vielleicht ist das mein Lebensinhalt.* Wenn sonst niemand dazu bereit war, war es vielleicht ihre Berufung, ihnen zu helfen.

Plötzlich war das alles zu viel zum Nachdenken. Sie kletterte zurück ins Bett, und innerhalb weniger Augenblicke schlief sie tief und fest. Den Rest der Nacht träumte sie von einer Menge verlorener junger Menschen mit Blumen in den langen Haaren.

24.
Es ist den Kindern gleich, die auf dem Markt sitzen

In den nächsten Tagen konnte Sabine an nichts anderes denken als an die Hippies. Sie dachte ununterbrochen an deren Probleme – ob sie mit ihren Söhnen im Park war oder ob sie Besorgungen machte. Sie tauchten sogar in ihren Träumen auf. Sie dachte ständig an sie. Was konnte sie tun, um ihnen zu helfen?

Die Antwort war: Sie musste sie kennenlernen, sich mit ihnen anfreunden und sehen, wie sie lebten.

Um nach der Trennung von Hans einen Neuanfang zu machen, verkaufte sie ihr silbernes Cabriolet und tauschte es gegen einen nagelneuen gelben Pick-up. Damit fuhr sie nach San Francisco.

Ihre Reise hatte ein Ziel: Hippies zu treffen und mehr über sie zu erfahren. Sabine hatte nur eine vage Vorstellung davon, wie sie das anstellen sollte. Ihr Plan war zunächst, den Bezirk Haight-Ashbury zu suchen. Sobald sie die Hippies tatsächlich gefunden hatte, würde sie dem Weg folgen, der sich ihr auftat.

Zumindest hatte sie einen Platz zum Übernachten. Ihre Studenten hatten ihr David vorgestellt, einen Homosexuellen, der in San Francisco lebte. David hatte sie freundlicherweise eingeladen, bei ihm zu übernachten. Und da ihre Söhne unterwegs waren, um ihren Vater in Miami zu besuchen, hielt sie nichts zurück.

Wenn sie jetzt nur noch Haight-Ashbury finden könnte. Sie lenkte ihr Auto durch den Verkehr von San Francisco, wobei sie einen Aussichtshügel nach dem anderen befuhr. Die Karte gab ihr eine grobe Vorstellung, wohin sie musste. Sobald sie in der Nähe war, konnte ihr sicher jemand die genaue Richtung zeigen.

Als Sabine die Dolores Street entlangfuhr, sah sie zwei verzierte Türme – einen hohen und einen niedrigeren. Beim Näherkommen erkannte sie eine prächtige Basilika im spanischen Stil. Auf einem Holzschild davor stand «Mission Dolores». Dass sich diese berühmte Kirche in der Nähe von Haight-Ashbury befand, wusste Sabine. Ihr ursprünglicher Name war *Mission San Francisco de Asís,* benannt nach dem Heiligen Franz von Assisi. Und die Stadt war nach dieser auf die Spanier zurückgehenden Mission benannt.

Dort hielt sie und parkte ihr großes Auto. Sie stieg aus und erinnerte sich an die Worte eines der Anwälte. «Haight-Ashbury ist ein gefährlicher Ort. Geh nicht allein. Wenn du dorthin musst, bleib in deinem Auto mit verschlossenen Türen und hochgekurbelten Fenstern.»

Sabine schlug seinen Rat in den Wind. Wie konnte sie Hippies kennenlernen, wenn sie in einem verschlossenen Fahrzeug vorbeifuhr? Sie musste aussteigen, herumlaufen und mit ihnen reden.

Sie hielt eine ältere Frau auf dem Bürgersteig an. «Entschuldigen Sie, gnädige Frau. Könnten Sie mir bitte sagen, wie ich nach Haight-Ashbury komme?»

Die Frau sah Sabine an. «Sind Sie sicher, dass Sie dorthin wollen?»

Sabine nickte.

«Es ist hinter diesem Hügel», zeigte sie. Dann fügte sie hinzu: «Ich weiß ja nicht, was Sie da wollen, meine Liebe, aber das ist kein sicherer Ort.»

«Danke», sagte Sabine schnell. «Ich schaffe das schon.»

Die Frau schüttelte den Kopf und lief weiter die Straße entlang.

Sabine ging zu ihrem Auto zurück, nahm eine Jacke und ihre kleine Handtasche heraus und schloss zu. «Bis morgen», flüsterte sie ihrem neuen Pick-up zu.

Nach einer halben Stunde Fußmarsch erreichte sie die Haight Street. Als Sabine das Straßenschild sah, wurde es plötzlich real. *Was um alles in der Welt mache ich hier?* Ihr Herz begann lauter zu pochen. War es dumm gewesen, als alleinstehende Frau hierher zu kommen? *Es ist nicht zu spät, umzudrehen und nach Hause zu fahren,* flüsterte ihr eine Stimme in ihrem Kopf zu.

Nein, ich kann jetzt nicht umdrehen!, entgegnete Sabine. Sie lief weiter.

Dreistöckige viktorianische Gebäude bestimmten das Viertel, jedes in einem anderen Stadium des Verfalls. Eine trutzige Mischung aus Läden säumte die Haight Street: grelle Kunstgalerien, Boutiquen mit bestickten Jacken und Bauernröcken, Umhängetaschen und exotischem Schmuck, Geschäfte mit Musikinstrumenten und Trommeln, esoterische und okkulte Buchhandlungen, Teeläden und ein Laden mit dem seltsamsten Pfeifensortiment, das Sabine je gesehen hatte, darunter eine hohe Wasserpfeife wie aus *Tausendundeiner Nacht.* Neugierig ging Sabine ans Fenster und hielt ihre Hände ans Gesicht, um in den abgedunkelten Laden zu spähen. *Was für ein seltsamer Ort!*

Sabine trat über eine mit Müll übersäte Gosse. Als die Nachmittagsschatten länger wurden, begann sich die Straße mit Menschen zu füllen. Das erinnerte sie an Straßenfeste in ihrer Heimat Deutschland. Nur schienen die Menschen hier aus einer anderen Zeit zu stammen.

Sabine ging zwischen ihnen entlang und bemerkte die Blumen im Haar der Mädchen. Einige trugen eine einzige Blüte, andere Girlanden. Sabine erinnerte sich daran, dass Hippies auch «Blumenkinder» genannt wurden.

Ihre helle Kleidung wehte frei umher, und Sabine bemerkte, dass die Mädchen nichts darunter trugen. Die jungen Männer faszinierten Sabine. Ihr Haar hing lang und frei herunter, und die meisten hatten Bärte. Fast alle liefen barfuß.

Sabine ging an vielen Clubs vorbei, aus denen der Klang von Gitarren, Trommeln und Lachen drang. Über dem Gestank von Alkohol und abgestandenem Rauch wehte ein süßlicher Geruch durch die Luft – eine seltsame Art von Tabak.

Sie stieß auf einen Kreis junger Leute, die auf Teppichen saßen, die direkt auf dem Bürgersteig lagen. Sie summten zusammen und sahen etwas verklärt aus. Sabine war beeindruckt, wie entspannt alle waren.

Auf der anderen Straßenseite verkaufte ein Mann Kleidung, Handtücher und Decken, die auf einem Klapptisch übereinandergestapelt waren. Drei Mädchen wühlten sich durch die Kleidung. Plötzlich zog sich eins der Mädchen – vielleicht war es sechzehn – ihr Kleid über den Kopf. Sabine dachte: *Wenigstens trägt sie einen BH und einen Slip!*

Das Mädchen schlüpfte lässig in eins der Kleider, die der Mann verkaufte.

Nun denn! Sabine stand wie angewurzelt da. Im Esalen-Institut hatten die Leute mehr Nacktheit gezeigt. *Aber das ist eine Straße mitten in der Stadt!* Sie hatte es hier mit einer Kultur zu tun, in der die Menschen keine Scham kannten.

Sie dachte an ihre ehemalige Schwiegermutter – in der High Society von Miami. Sabine war nun definitiv in einer anderen Welt und war davon fasziniert.

Sie näherte sich denjenigen, die im Kreis saßen, und fragte: «Wie geht es euch allen?»

«Uns geht's wunderbar! Setz dich doch zu uns.»

Als Sabine sich zu ihnen auf den Fußweg setzte, umgab sie der schwere Geruch von Schweiß, Moschus und Patschuli. Die jungen Leute waren begierig darauf, von ihren Überzeugungen zu erzählen. Und sie beantworteten nicht nur ihre Fragen, sondern nahmen Sabine mit offenen Armen auf. Bevor sich der Kreis auflöste, luden sie Sabine ein, mit ihnen zu essen.

Sie ging mit ihnen in den Dolores-Park, wo auf einem Picknicktisch die Zutaten für Sandwiches ausgebreitet wurden. Beim Essen erzählten sie Sabine ihre Ziele: Frieden in der Welt, ein einfaches Leben führen, ihre Gemeinschaft erhalten und Zeit füreinander haben. Sabine fühlte eine Verbindung.

Im Park dämmerte es, und Sabine setzte sich auf eine der Decken, die sie auf dem Rasen ausbreiteten. Sie nahm einen Bissen von ihrem Käsesandwich. Nicht alles an den Hippies war großartig. Der größte Nachteil war, wie schmutzig sie waren. Sie versuchte, nicht an ihre nachlässige Hygiene beim Zubereiten der Brote zu denken.

Aber letztendlich wollte sie genau das, was sie wollten. Ein

Leben mit Sinn. Ihre offene, ehrliche Art berührte sie ebenfalls. Ihr revolutionärer Geist, ihr Wille, die Welt zu verändern, ihre Kühnheit, für das einzustehen, was sie glaubten – all diese Dinge bewunderte sie.

Sie beobachtete, wie einige direkt im Park Drogen kauften und verkauften, das schockierte sie. Obwohl sie von Frieden und Liebe sprachen, wurde Sabine klar, dass sie Drogen nahmen, um der Realität zu entfliehen. Mehrere sagten ihr, sie kämen aus wohlhabenden Familien. Ein junger Mann meinte: «Ich musste einfach aus dem goldenen Käfig ausbrechen, weißt du?»

Sie wusste genau, was er meinte.

Später am Abend traf sich Sabine am vereinbarten Treffpunkt mit ihrem Gastgeber David. Sie folgte ihm in ihrem Pick-up und fuhr zu seinem Haus, einem dreistöckigen viktorianischen Gebäude. Doch im Gegensatz zu den schäbigen Häusern im Hippie-Viertel war Davids Haus ordentlich hellblau und weiß gestrichen.

Er stellte Sabine einigen seiner homosexuellen Freunde vor. Diese Begegnung öffnete ihr die Augen. Sie erfuhr, dass David und seine Freunde Teil einer großen Schwulen-Gemeinschaft in San Francisco waren. Sie mochte sie sofort. Sensibel, kreativ und gebildet, waren es alles interessante Männer. Sabine hielt ihre sexuelle Neigung für unnatürlich, aber das hinderte sie nicht daran, sich ihnen zu nähern. Tatsächlich fühlte sie sich in ihrer Nähe sicher.

Sabine blieb ein paar Tage bei David. Sie verbrachte ihre Zeit mit Besuchen bei den Hippies, die sie an ihrem ersten Abend in San Francisco kennengelernt hatte. Sie luden sie in ihr Gemeinschaftshaus ein, wo sie mit ihnen zusammen Mahlzeiten zubereitete und einnahm.

Eines Tages aßen sie eine herzhafte Gemüsesuppe auf dem durchhängenden Boden eines einstmals stolzen Familienspeisezimmers, als Sabine eine Idee hatte.

«Was ihr braucht, ist eine Aufgabe», sagte sie. Sie befürchtete, dass die Hippies ohne einen Job und ohne das Gefühl, tägliche Ziele zu erreichen, in Verzweiflung verfallen würden.

«Ihr seid so begabt …», fuhr sie fort. Sie hatte über die Kunst, die sie herstellten und verkauften, gestaunt. «Wenn man euch eine Chance gäbe, könntet ihr es weit bringen!»

Niemand antwortete ihr. Aber als sie später zurück nach Santa Barbara fuhr, musste sie immer wieder daran denken, wie sehr die Hippies einen Platz brauchten. Irgendwo außerhalb der Stadt. Und Werkzeuge. Wenn sie an einen Ort auf dem Land kämen und an etwas Erfüllendem arbeiten würden, bräuchten sie vielleicht keine Drogen mehr.

25.
Aber ich habe dich am Leben gelassen, um dir meine Macht zu zeigen

Als sie in ihre Einfahrt einbog, hatte sie sich entschieden. Sie würde sich nach einem passenden Stück Land in der Nähe von San Francisco umschauen.

Cliff und Fred waren immer noch in Miami, und Sabine war es im Haus viel zu ruhig, also schloss sie alles ab, um den Rest des Sommers in Big Sur zu verbringen.

Dort verliebte sie sich in ein reizvolles Mietobjekt, ein kleines Holzhäuschen auf dem Grundstück des Landschaftsarchitekten Doug Madson. Sie mochte alles an dem Häuschen und seiner Umgebung – es war eines von vielen, die über Madsons großes Grundstück verteilt waren. Von jedem Haus aus hatte man einen spektakulären Blick aufs Meer. In der Mitte des Grundstücks war eine Wiese mit Swimmingpool.

Der einzige Nachteil war Doug selbst. Es war nicht, weil er schwul war. Sabine war tolerant, wie alle in Big Sur. Aber die enge Gemeinschaft war sich einig, dass sie Doug nicht mochten.

Er vermietete die Häuser kostengünstig an junge Leute. Im Gegenzug erklärten diese sich bereit, ihr Häuschen zu renovieren. Nachdem sie es jedoch mühevoll hergerichtet hatten, vertrieb Doug sie, um es als Ferienhaus zu vermieten. Es war kein Wunder, dass er so unbeliebt war.

Sabine fand jedoch immer etwas Gutes, auch bei unsympathischen Menschen. Von Anfang an kamen sie und Doug gut miteinander aus. Sie half ihm, sein großes Haus zu dekorieren, ging sogar einkaufen und kochte für ihn. Doug erwies sich seinerseits als begnadeter Designer. Sie hatten einen ähnlichen Geschmack. Er beeindruckte Sabine mit seinem Sinn für Qualität. Er stattete seine Redwood-Mietshäuser mit Perserteppichen, Tierhäuten und handgewebten Decken aus und schuf so eine einladende, erdige Atmosphäre. Vor den Häusern pflanzte er einen Rosengarten mit einer skurrilen alten Badewanne, die zwischen den Blumen platziert war.

An einem Sommerabend spazierte sie durch die Wildblumen auf der Wiese in der Mitte von Madsons Grundstück. Die Nachmittagssonne fing das Blau der Lupinen, das Orangerot des Habichtskrauts und das Gelborange des Mohns ein und ließ die Farben zum Leben erwachen. Eine perfekte Zeit zum Träumen.

Sabine sinnierte: *Wenn ich Land kaufe, auf dem die Hippies leben können, möchte ich, dass es genauso ist wie dieses hier.*

Aber Moment einmal. Was dachte sie sich überhaupt dabei? Glaubte sie, dass sie, eine alleinstehende Frau, solch einen Ort gründen könnte? Und wären die Hippies bereit, ihre Drogen für ein neues Leben hinter sich zu lassen?

Sie blieb stehen. *Ist das der Sinn meines Lebens?*

Es war eine Frage, die Sabine immer mehr beschäftigte. Aber es bedurfte einer gefährlichen Begegnung, um sie darin zu bestätigen.

Sie hatte einen Lieblingsplatz für gemütliche Abende gefunden, das Restaurant *Nepenthe*. Es thronte 250 Meter über dem Pazifik, ein Treffpunkt für Künstler, Intellektuelle und zur Freude von Sabine auch für Hippies.

Eines Abends kleidete und schminkte sie sich in der Vorfreude auf einen weiteren Abend im Nepenthe. Sie sang eine Melodie vor sich hin, die sie von den Blumenkindern auf der Haight Street gelernt hatte. «Purple haze all around, don't know if I'm comin' up or down …»

Vorsichtig trug sie etwas Lidschatten auf und hielt dann inne, um sich im Spiegel zu betrachten. Sabine gefiel, wie ihre bestickte Bluse und ihr Bauernrock ihren Körper umschmeichelten. Obwohl sie Mutter von zwei Söhnen und in den Vierzigern war, sah sie immer noch schön aus. Sie konnte beim Betreten eines Raumes noch so manchem Mann den Kopf verdrehen.

«Ich hab's immer noch drauf!» Sie zwinkerte ihrem Spiegelbild zu, nahm ihre Handtasche und verließ das Haus.

Sabine ahnte nicht, dass sie noch in dieser Nacht in großer Gefahr sein würde. Sie ließ ihr Auto vor dem Restaurant stehen. Nach einem gleißenden Sonnenuntergang kam eine Meeresbrise auf, und ihre Arme bekamen eine Gänsehaut. Sie ließ sich auf einen Hocker an der Bar gleiten und bestellte ein

Glas Weißwein. Der Beginn eines weiteren entspannenden Abends unter Menschen, die sie mochte.

Drei Hocker weiter saß ein stämmiger, dunkelhaariger Mann. Sabine sah ihn sich näher an. Er trug blaue Jeans und ein kariertes Flanellhemd, dessen hochgekrempelte Ärmel eine massive Tätowierung enthüllten, die sich über seinen Arm schlängelte. Der Mann war riesig. Seine Hände waren groß und stark und ließen einen eisernen Griff vermuten.

Er ist ein bisschen wie Hans, dachte Sabine. Dann: *Nein, das stimmt nicht. Niemand ist wie Hans.*

Nach etwa zwei Minuten sah er zu ihr herüber und lächelte sie an.

«Hallo!», sagte er gedehnt und klang dabei ein wenig wie John Wayne.

Sabine lächelte zurück, aber nicht in der provokativen Art und Weise, die sie über die Jahre verfeinert hatte. Sie wollte nicht mehr mit den Gefühlen der Männer spielen. Nicht, nachdem sie von Hans abserviert worden war. Alles, was sie wollte, war ein freundliches Gespräch.

Trotz ihrer offenkundigen Zurückhaltung nahm der Mann ihr Lächeln als Einladung. Er rutschte auf den Hocker neben ihr.

«Allein hier?»

«Nein. Ich bin nicht allein. Um mich herum sind lauter nette Leute!» Sabine grinste frech.

Der Mann stellte sich als Daniel, Klempner aus Big Sur, vor. Sabine merkte bereits beim ersten Satz, dass er etwas betrunken war. Er sprach leise und schien den Schnaps als Mutmacher zu benutzen.

Innerhalb weniger Minuten erzählte er ihr seine gesamte Lebensgeschichte. Mit fünfzehn Jahren war er von zu Hause in Houston, Texas, weggelaufen. Sein Vater hatte ihn oft geschlagen. Daniels Augen wurden traurig, als er erzählte, wie sein Vater auch seine Mutter geschlagen hatte.

«Ich konnte es einfach nicht mehr ertragen», sagte er, «ich musste da raus.» Er trampte den ganzen Weg von Texas nach Kalifornien. «Ich habe wohl die Freiheit des Westens gesucht.» Er zuckte mit den Achseln.

«Und? Hast du sie gefunden?»

Daniel lachte laut auf und prostete ihr mit seinem Glas zu: «Nein, ich habe mir einen Job besorgt. Ich verlege Wasserleitungen und repariere verstopfte Toiletten.» Er gab ein hohles Lachen von sich. «Verdammte Freiheit!» Er nahm einen kräftigen Schluck und schlug mit seinem Glas auf den Tresen.

Sabine wusste nicht, ob seine Geschichte wahr war oder nicht, aber sie erkannte eine verletzte Seele. Sie erzählte ihm, sie käme auch aus dem Osten.

«Ziemlich weit aus dem Osten, nehme ich an?» Sabines Akzent war immer ein verräterischer Hinweis.

Sie erzählte ihm von ihrer Kindheit in Deutschland, dann vom Leben in Miami und erwähnte beiläufig, dass sie geschieden sei. Daniel war neugierig auf Hitler und wollte wissen, wie es während des Krieges gewesen war. Er hörte aufmerksam zu, als Sabine von Dresden und Dessau, von Luftangriffen und Phosphorbomben und Hitlers großer Lüge erzählte.

Sie beendete ihre Geschichte mit dem Wegzug aus Miami. «Ich beschloss, für einen Neuanfang in den Westen zu kommen.»

«In den Westen, hm?» Daniel grinste und entblößte gelbe Zähne. «Ja. In den Westen», bestätigte Sabine. Das war es, was sie verband: ein neues Leben im Westen.

Sie verbrachten den Abend mit Reden, Trinken und Rauchen. Es war keine besonders anspruchsvolle Unterhaltung. Das Gespräch mit ihm war nur eine Möglichkeit, einen ansonsten stillen Abend in Gesellschaft zu verbringen.

Nachdem jeder von ihnen seine Rechnung bezahlt hatte, schlug Daniel vor, in eine weitere Bar in der Nähe zu fahren. Sabine willigte ein, mit seinem Truck mitzufahren, und ließ ihren gelben Pick-up am Restaurant stehen. Die *Anyway Bar* war nur ein paar Straßen weiter.

Als er die Bar betrat, bestellte er ein deutsches Bier. «Zu Ehren von Sabine», sagte er in seinem texanischen Akzent und grinste sie an.

Eine leise Männerstimme hinter ihr überraschte Sabine.

«Was für eine Überraschung! Guten Tag, Sabine.»

Als sie sich umdrehte, entdeckte Sabine einen alten Freund aus dem Kurs von Fritz Perls in Esalen. «Hallo», lächelte sie und nahm eine schnelle Umarmung und ein Küsschen auf die Lippen entgegen.

Sie konnte den Blick nicht sehen, der sich in ihren Rücken bohrte. Daniel explodierte. Seine Faust schoss an ihrem Kopf vorbei und traf die Schulter ihres Freundes.

«Das ist meine Frau!», brüllte er und zerrte den Mann aus der Bar nach draußen. Daniel warf ihn zu Boden und schrie vor Wut, während er die ganze Zeit auf sein Gesicht und seine Brust einschlug. Sabines Freund wehrte sich, und eine heftige Schlägerei begann.

Die Männer waren überrascht von der jeweiligen Kampffähigkeit des anderen. Die Stärke des Klempners glich sein Gegner durch seine Schnelligkeit aus. Inzwischen waren die Stammgäste der Bar alle vor die Tür getreten und sahen sich den Kampf an. Aber niemand wagte es, sich zwischen die schlagenden Fäuste zu stellen.

«Bitte, Daniel, hör auf!», schrie Sabine immer wieder, ohne Erfolg. Er war so gut wie taub und kämpfte wie ein verwundeter Bär. Jemand rief die Polizei, die den Kampf beendete. Nachdem die Polizei die Daten aufgenommen hatte, schickte sie die beiden Männer nach Hause und fuhr mit dem Streifenwagen wieder davon.

Sabines Freund trat einen überstürzten Rückzug an und ließ Daniel auf dem Bordstein sitzen. Ein paar Schaulustige boten an, Sabine nach Hause zu fahren, aber stattdessen setzte sie sich neben Daniel auf den Boden.

«Du willst nicht mehr mit mir nach Hause fahren, oder?», murmelte Daniel mit gesenktem Kopf.

«Nein, nein. Ich werde mit dir fahren», sagte Sabine. Die Schaulustigen sahen überrascht aus. «Hast du überhaupt keine Angst vor mir?»

«Nein, hab ich nicht», antwortete Sabine, ohne den leisesten Zweifel. Etwas in ihr sagte zu ihr: *Sabine, du musst für diesen Mann da sein.* Sie wollte ihm zeigen, dass sie ihm immer noch vertraute. Wenn sie ihn auf dem schmutzigen Bordstein sitzen ließe, würde etwas in ihm sterben. Sie wollte ihn beruhigen, ihm buchstäblich auf die Beine helfen.

Sie stand auf und griff dann nach seiner Hand. «Komm schon, Daniel! Wir fahren zusammen nach Hause.» Daniel sah aus, als ob sie ihm ein kostbares Geschenk machte und ihn mit einer Würde behandelte, die er nicht verdient hatte. Tränen schossen ihm in die Augen, und er stand auf.

Sabine hoffte, dass er nüchtern genug war, um zu fahren. Er lenkte seinen Transporter auf den Highway 1, entlang der Steilküste.

26.
Macht euch keine Sorgen um euren Lebensunterhalt

Die Straße kündigte Gefahr an. Unterhalb der gefährlichen Kurven schlugen Wellen gegen die Felsen. Überirdisch leuchtete der Mond über dem Meer.

Sie fuhren, ohne etwas zu sagen. Sabine versuchte, sich einen Reim auf den verrückten Kampf vor der Bar zu machen. Plötzlich bog Daniel vom Highway 1 auf eine verlassene, in die Berge führende Straße ab.

Schockiert nahm Sabine die Veränderung in ihm wahr. Es war, als hätte jemand in seinen Kopf gegriffen und einen Schalter umgelegt. Seine Dankbarkeit für ihre Vergebung nach dem Kampf war weg. Stattdessen überkam ihn eine große Härte. Sie konnte es daran sehen, wie er das Lenkrad umklammerte. Und er atmete kurz und schwer.

Ihr Herz begann zu rasen.

Daniel hielt den Wagen an einem Aussichtspunkt neben einem Abgrund an. Sabine erkannte ihn als einen von vielen Aussichtspunkten, an denen tagsüber Touristen anhielten, um Fotos zu machen. Nachts war er menschenleer.

Er stellte den Motor ab. Absolute Stille erfüllte das Fahrzeug. Mondlicht strömte durch die schmutzverschmierten Fensterscheiben, und Sabine konnte den Wahnsinn in seinen Augen sehen.

«Ich werde dich vergewaltigen», sagte er mit eisiger Stimme.

Seine Worte schnürten ihr die Kehle zu, aber im selben Moment sah ihr Geist alles ganz klar. Sie wusste genau, wie sehr sie in Schwierigkeiten steckte. Gleichzeitig fühlte sie sich von einer ungewöhnlichen Ruhe umhüllt. Sie hatte seit Jahren nicht mehr an Gott gedacht, aber in dem Moment umgaben sie Friede und Liebe.

Sie dachte an einen Fluchtversuch, wusste aber, dass sie ihm niemals entkommen könnte. Sie konnte sich nicht gegen diesen mächtigen Mann wehren.

Daniel ergriff die Handbremse des Transporters. Seine Augen glitten an ihren Körper entlang, an ihrem weichen, weißen Hals, dann fokussierte er sich auf ihre Brüste. In wenigen Sekunden würde er ihr Kleid herunterreißen.

«Ich weiß, dass du es willst», sagte er schmutzig. «Du bist nichts als eine dreckige Schlampe. Ich werde dich vergewaltigen!», sagte er noch einmal. Seine Worte erschütterten sie bis ins Mark.

Und dann wusste sie plötzlich genau, was zu tun war. Mit einer Standhaftigkeit, die sie selbst überraschte, sah sie Daniel in die Augen und sagte leise: «Nein. Du wirst mich nicht vergewaltigen.» Sie legte ihre Hand auf seine, die immer noch die Handbremse umklammerte, schaute ihm direkt in die Augen und zwang ihn, sie anzusehen.

Nach einer langen Minute ließ Daniel langsam die Handbremse los. Es war, als sei ein Dämon aus ihm gewichen. Sabine spürte, wie seine rasende Lust in tiefe Scham umschlug.

Tränen flossen ihm über die Wangen, und er sackte in sich zusammen. Er war wie gelähmt.

«Ich kann dir nichts tun», brabbelte er. «Was ist das für eine Macht, die du über mich hast?»

«Steck den Schlüssel in die Zündung und fahr mich sofort nach Hause», befahl Sabine.

Daniel gehorchte. Sie sprachen erst wieder, als sie ihr kleines Häuschen auf dem Grundstück von Doug Madson erreichten. Als sie nach der Tür griff, um aus dem Wagen zu steigen, drehte sie sich ein letztes Mal zu ihm um. Ihre Worte erstaunten sie selbst: «Ich würde dich gerne wiedersehen.»

Seine Augen weiteten sich schockiert. Damit hatte er nicht gerechnet. Aber Sabine wusste im Innersten ihrer Seele, dass Daniel einen Freund brauchte.

Daniel presste die Lippen zusammen und sagte leise: «Okay.»

Sabine lächelte, berührte für eine flüchtige Sekunde seine Hand und flüsterte: «Auf Wiedersehen, Daniel.» Bevor sie die Gelegenheit hatte, die Tür vollständig zu schließen, fuhr er bereits davon. Das Donnern seines Transporters verschwand in der Nacht. Sie sah ihn nie wieder.

In dieser Nacht lag sie in ihrer Hütte und konnte nicht schlafen. Die Fragen, die sie den ganzen Sommer schon plagten, kamen wieder auf und wurden um eine neue ergänzt: *Kann ich andere davon abhalten, Böses zu tun?*

Daniels Worte wiederholten sich in ihrem Kopf. *Was hast du für eine Macht?* Sie war mit der niederträchtigsten, bösesten Seite von Daniel konfrontiert worden. Und irgendwie hatte sie einen viel größeren Mann allein mit Worten überwältigt. Sie hatte einen Weg gefunden, seinen Wahnsinn zu stoppen, an den Teil in ihm zu appellieren, der gut war.

Dann, selbst in der Sicherheit ihres Bettes, lief ihr ein heftiger Schauder über den Rücken. «Ich werde dich vergewaltigen.» Seine Worte gingen ihr immer wieder durch den Kopf. Sie hatte gerade dem Teufel in die Augen geschaut, nicht wahr? Und sie hatte ihn mit einfachen Worten vertrieben! War das nicht so etwas wie eine Berufung?

Plötzlich setzte sich ein Gedanke durch: *Wenn ich Daniel vor dem Bösen bewahrt habe, kann ich auch den Hippies helfen.*

Eine Woche später, das Trauma von der Begegnung mit Daniel verblasste langsam, arbeitete Sabine im Rosengarten vor ihrem Häuschen und schnitt verblühte Blüten ab. Da sah sie einen Mann, der im Swimmingpool baden ging. Er kam ihr bekannt vor. Sie hatte ihn ein paar Mal im Nepenthe gesehen.

Es war ein heißer Tag, und als sie sich über ihre Rosenbüsche beugte, sah sie, wie er sich ganz auszog und in den Pool sprang. Als er nach Luft schnappte, entdeckte er Sabine und winkte kurz, bevor er wieder untertauchte.

Nachdem sie den Kurs in Esalen besucht hatte, war Sabine nicht mehr so schockiert über öffentliche Nacktheit. Tatsächlich fand sie dieses unbekümmerte Verhalten natürlich und ziemlich aufregend. Sie lag oft nackt in der heißen Sonne auf Madsons Terrasse. Da sie wusste, dass ihr Vermieter schwul war, fühlte sie sich sicher. Sie war froh, dass sie die Hemmungen und Schamgefühle von einst abgelegt hatte.

Sie beschnitt weiter ihre Rosen, schaute aber immer wieder zu dem großen Mann, der sich im Wasser vergnügte. Er hatte dicke schwarze Haare, die über seinen breiten Schultern hingen, und trug einen dichten Bart. Nach dem, was sie im Nepenthe gehört hatte, war er eine Art Guru unter den Hippies in Big Sur – ein natürlicher Leiter.

In aller Ruhe kletterte der Mann aus dem Pool, trocknete sich ab und zog sich wieder an. Er ging zu Sabine hinüber.

«Hi, ich bin Gus.» Er lächelte sie an.

In dem Moment trat eine junge Frau in einem fließenden weißen Gewand durch das Gartentor. Sie hatte langes braunes Haar, und Sabine sah sofort, dass sie schwanger war.

«Das ist meine Frau Mary», sagte Gus mit sichtlichem Stolz und legte den Arm um sie.

Die drei setzten sich ins Gras neben den Rosenbüschen

und verbrachten den Rest des Vormittags im Gespräch. Gus und Mary beeindruckten Sabine. Sie sahen beide unglaublich gut aus. Mary erzählte Sabine, dass Gus «ein angesehener Jäger und Angler» sei. Außerdem war er ein guter Zimmermann und arbeitete gelegentlich für Doug Madson.

Sabine fand Mary bezaubernd. Sie war ebenso liebenswürdig wie hübsch. Ihre sanfte Schönheit erinnerte Sabine an Prinzessinnen in deutschen Märchen.

Sie erfuhr, dass Gus und Mary in einem Tipi lebten, wie sie in Western-Filmen vorkommen. Gus hatte es nach dem Vorbild der Tipis amerikanischer Ureinwohner gestaltet. Ihr Tipi stand am Rande des Redwood-Waldes.

Sabine hörte begeistert zu, als sie von ihrem Leben und von anderen Künstlern, Töpfern und Malern erzählten, die Big Sur ihr Zuhause nannten. Ihr idyllisches Leben faszinierte sie und sprach etwas in ihr an.

So möchte ich auch leben! Die Worte sprudelten aus ihrem Herzen, nachdem Gus und Mary gegangen waren. *Ich möchte mit den Blumenkindern leben.*

Sie wusste mit absoluter Sicherheit: Wenn die Hippies überhaupt eine Chance haben sollen, dann mussten sie die Stadt verlassen. In der Stadt wurden sie in Drogen und andere Gefahren hineingezogen. Wenn sie ein einfaches Leben lebten, draußen auf dem Land, in der Nähe zur Natur, würden sie Freiheit finden. Und während sie ihnen dabei half, würde auch sie den wahren Sinn und Zweck ihres Lebens entdecken.

Als der Sommer zu Ende ging, verabschiedete sich Sabine traurig von ihrem Holzhäuschen und ging zurück nach Hause. Aber etwas Neues stand bevor.

Sabine holte Cliff und Fred an dem kleinen Flughafen in Santa Barbara ab. Sie waren aus Florida zurückgekommen und hatten viel zu erzählen. Die Jungs berichteten abwechselnd von der Yachtfahrt mit ihrem Papa auf dem Atlantik.

Sie traute ihren Augen kaum, als ihre prallen Koffer aus der Gepäckabfertigung kamen. Sie sahen aus, als würden sie gleich platzen! Sabine wusste, dass die Koffer voll mit extravaganten Geschenken der Großeltern waren.

Gemeinsam schleppten sie alles nach draußen zu ihrem gelben Pick-up. Als sie auf die Hollister Avenue fuhr, fragte sich Sabine, wie sie ihnen erklären sollte, dass sie ihr schönes Haus in den Hügeln von Santa Barbara verkaufen würde.

27.
Ich bringe dich heil wieder in dieses Land zurück

Sabine konnte jetzt nur noch an den Neuanfang auf dem Land denken. Im Frühjahr hatten sie die drei Anwälte auf die Idee gebracht, mittlerweile war daraus ein großer Traum geworden. Alles – von ihrer Reise nach San Francisco über das Aufspüren der Hippies, die ihre Hilfe brauchten, bis hin zu ihrer dramatischen Begegnung mit Daniel – lief auf eine Sache hinaus: Sie war überzeugt, dass sie Menschen von bösen Taten abbringen konnte. Gus und Mary inspirierten sie zu einem einfachen und zufriedenen Leben.

Aber zuerst verlief das Leben wieder in gewohnten Bahnen. Die Jungs gingen zur Schule. Sabine kochte für die Studenten. Ihre Träume wurden auf die lange Bank geschoben.

Dann, eines Tages im Herbst 1967, hörte sie von einer neuen Hippie-Oase. Die Hippies strömten nach Mendocino, einem abgelegenen Fischerdorf etwa 240 Kilometer nördlich von San Francisco. Sie musste dorthin fahren, um zu sehen, was dort geschah. Nachdem sie ihre Söhne bei einem zuverlässigen Babysitter untergebracht hatte, fuhr sie mit ihrem Pick-up von Santa Barbara circa achthundert Kilometer nördlich.

Bei ihrer Fahrt durch die Redwood-Wälder nach Mendocino erkannte Sabine, dass sie einen weiteren Schatz entlang des kalifornischen Highway 1 gefunden hatte. Seine raue Schönheit riss sie mit. Auf einer Landzunge gelegen, zu drei Seiten der Pazifik, war die Landschaft einfach traumhaft. Wind und Meeresströmungen hatten vor langer Zeit Formationen geschaffen, die nun aus dem Meer emporragten. Sie sahen aus wie ausgehöhlte Brücken, Kegel und glatte Pyramiden.

Der Ort hatte Läden mit Holzfassade, die wie die Kulissen eines Western-Films aussahen. Blumenkinder waren bereits in die Kleinstadt gezogen, einige teilten sich alte Häuser, andere lebten in neu gegründeten Kommunen.

Sabine stellte fest, dass Mendocino zwar nicht das klassische Flair von Big Sur hatte, aber ein reizender und angenehmer Ort war. Die Luft war salzig und kühl, die Großstadt weit weg, und vor allem waren die Preise erschwinglich.

Als sie nach Santa Barbara zurückfuhr, fragte sie sich: *Soll ich nach Mendocino ziehen? Ist das das nächste Kapitel in meinem Leben?*

Die Entscheidung fiel ihr schwer. Schließlich hatte sie vor noch nicht allzu langer Zeit gesagt, sie würde den Rest ihres Lebens in Santa Barbara verbringen. Und ihr Leben hier war sicher, sie hatte gute Freunde und ein gemütliches Zuhause.

Etwas in ihr drängte sie jedoch, nach ihren Träumen zu greifen. Sie sehnte sich nach einer Herausforderung, die sie vereinnahmte und ihr Sinn und Bedeutung gab. Sie würde es für immer bereuen, wenn sie diese Gelegenheit verpasste. Wie sollte sie mit sich selbst leben, wenn sie sich weigerte, etwas zu verändern?

So entschloss sie sich, wieder einmal ihre Zelte abzubrechen und etwas Neues in Angriff zu nehmen. Einen Großteil der Wintermonate verbrachte Sabine damit, sich auf den Umzug vorzubereiten. Stundenlang tauschte sie sich mit Freunden darüber aus. Alle ermutigten sie, ihrem Traum zu folgen. Sie bewunderten ihren Mut, denn sie setzte alles für eine verrückte Idee aufs Spiel.

Inzwischen hatte jeder von den Hippies gehört. Die meisten hegten Sympathien für die neue Bewegung. Doch keiner von ihnen hätte in Erwägung gezogen, alles zurückzulassen, um das zu tun, was Sabine vorhatte.

Sie bot ihr Haus zum Verkauf an und war erfreut, dass es sich schnell zu einem ansehnlichen Preis verkaufen ließ. Außerdem veräußerte sie ihren gesamten Schmuck an eine ehemalige Freundin aus Miami, die auch noch einen Schrank mit Tafelsilber, Besteck, Karaffen und Schalen kaufte. Sabine verkaufte sogar den Verlobungsring, den Cliff ihr geschenkt hatte.

Nun hatte sie nichts mehr, was sie an ihr früheres Leben erinnerte. Diese Luxusgüter waren Relikte aus einer anderen Welt.

Ihre Studenten halfen beim Umzug. Sie luden alle Besitztümer, die Sabine nicht verkauft hatte, in ihren Pick-up und in zwei Autos von Freunden.

Als Sabine mit ihren Jungen losfahren wollte, warf sie einen letzten Blick auf das Haus. Auf der Eingangstreppe stand ein Mann mit einem Strauß weißer Blumen in der Hand. Sie hatte Hans seit mehr als einem Jahr nicht gesehen. Und doch war er da, ein Geist aus ihrer Vergangenheit. Ein Blick in seine roten Augen sagte ihr, dass er geweint hatte.

Sie stieg aus ihrem Fahrzeug und ging die Treppe zu ihm hinauf.

«Sabine, warum hast du nicht gewartet?», fragte er leise.

«Gewartet? Worauf?» Sie ging an ihm vorbei, schloss die Tür auf und ging hinein.

«Auf mich! Bis ich bereit war», sagte er, ihr hinterher eilend. Sabine ging schnell durch das Haus und schaute noch einmal in jedes Zimmer.

Sie überprüfte die Küche. Hinter ihr flüsterte Hans: «Könntest du mich noch lieben?»

«Es ist vorbei, Hans», sagte Sabine scharf und ging in den nächsten Raum. «Das weißt du doch. Wir werden nie wieder zusammen sein.»

Tränen füllten seine Augen. Sie wandte sich ab.

«Aber du gehörst mir», brüllte er und stampfte wie ein trotziges Kind hinter ihr her.

«Es ist jetzt Zeit zu gehen, Hans», sagte sie sanft. Er versuchte, ihr die Blumen in die Hand zu drücken. Sie warf sie auf den Küchentisch.

«Komm schon.» Sie ging zur Haustür. «Es ist Zeit zu gehen.»

Sie konnte die Verzweiflung in seinen Augen sehen. Vor der Tür sank er auf die Eingangstreppe.

Sabine schloss das Haus ab und ging an ihm vorbei. Bevor sie in ihren Pick-up stieg, drehte sie sich noch einmal um und rief: «Auf Wiedersehen, Hans. Lebe wohl!»

Als sie Hans zum letzten Mal sah, saß er schluchzend auf ihrer ehemaligen Eingangstreppe. Sie hatte seine Blumen in der Küche zurückgelassen, wo sie verwelken und sterben würden.

✦ ✦ ✦

«Wartet nur, bis wir in Mendocino sind!», sagte Sabine zu Cliff und Fred, als sie die lange Fahrt antraten. «Es wird euch dort gefallen!» Ihr Pick-up spulte einen Kilometer nach dem anderen auf dem Highway 1 Richtung Norden ab.

Sie erzählte den Jungen von den Wäldern mit riesigen alten Redwoods und vom wilden Meer, wo sie zwischen gigantischen Felsen spielen konnten.

«Und das Beste von allem, Jungs, wir werden mit den Hippies leben!»

Sie schaute zu ihren Söhnen hinüber. Sie waren furchtbar still. «Die Hippies sind sehr liebe Menschen», schob sie hinterher.

Cliff war jetzt ein Teenager, und Fred war elf Jahre alt. Angesichts der drastischen Veränderung hatten sie überraschend wenig Widerstand geleistet. Sabine hatte ihnen, ehrlich gesagt, auch keine Wahl gelassen. Sie hatte sie nicht nach ihrer Meinung gefragt. Sie traf die Entscheidung, und diese war endgültig.

Warum sollte sie ihre Söhne auch fragen? Immerhin war sie ihre Mutter. Sie traf die Entscheidungen. Es war ihre Pflicht, ihrer Mum zu folgen. Außerdem waren sie Kinder – sie würden sich anpassen.

Die Jahre in Santa Barbara waren wie im Flug vergangen. Wie lange würden sie in Mendocino leben? Sabine traute sich nicht mehr, eine Vorhersage zu treffen. Sie hatte gedacht, sie und Cliff würden ein Leben lang verheiratet sein. Aber nach zehn Jahren hatte sie ihn verlassen. Genauso sicher war sie gewesen, dass sie für den Rest ihres Lebens in Santa Barbara leben würde. Und jetzt, nur fünf Jahre später, entwurzelte sie sich selbst und die Jungen erneut.

Dieses Mal ist es anders, sagte sie sich, als sie vom Highway 1 abbog und Richtung Küste fuhr. Jetzt hatte sie ihren Lebenszweck gefunden.

Oder ist das auch eine Illusion?, flüsterte eine Stimme in ihrem Hinterkopf. Sie versuchte, sie zu ignorieren. So viel wusste sie: Sie ging dorthin, wohin der Wind sie blies.

Sabine fand ein kleines Haus in Mendocino, das sie für fünfundsiebzig Dollar im Monat mieten konnte. Es war viel kleiner als ihr spanisches Kolonialhaus in Santa Barbara, sodass es für sie alle eine Umstellung war. Das Haus hatte nur zwei Schlafzimmer. Sabine schlief im Wohnzimmer.

Zu Sabines Erleichterung stellten sich Cliff und Fred schnell darauf ein. Sie liebten die Wälder und verbrachten viele glückliche Stunden in ihnen. Tatsächlich erfüllten die Wälder um Mendocino die Jungen mit Ehrfurcht. Sie waren mit Teppichen aus Farnen bedeckt, und die riesigen Redwoods, die es nur an der kalifornischen Küste gibt, ragten hoch über ihnen auf. Viele waren tausend Jahre alt.

Nach und nach wurde ihr neues Zuhause zu einem Zufluchtsort für die Blumenkinder. Sabine kochte für sie Mahlzeiten, so wie sie es auch für die Studenten in Santa Barbara getan hatte, aber diesmal kostenlos. Sie schickte niemanden fort.

Sabine liebte die unbeschwerte Atmosphäre von Mendocino. Als die Hippies in die Stadt strömten, brachten sie eine belebende Energie mit. Wenn Sabine durch die Straßen des Ortes lief, fühlte sie sich umarmt. Sie liebte die Freiheit und Leidenschaft der Blumenkinder. Sie predigten nicht nur Liebe und Frieden. Sie lebten es. Vielleicht konnten sie die Welt verändern.

28.
Darum verspreche ich, dass ich eurem Elend ein Ende mache

Sie verbrachte viele schöne Abende in der Dorfkneipe *Seagull,* die der Hippie-Treff schlechthin war. Sie tanzten, tranken, rauchten und diskutierten über Philosophie.

Jeden Abend spielte eine andere Band, manche auf selbstgebauten Musikinstrumenten. Sie spielten Gitarre und Schlagzeug, wie Sabine es in Haight-Ashbury gesehen hatte. Ein Typ spielte sogar auf einem Waschbrett. Der mitreißendste Musiker von allen was Gus, der Hippie-Guru, den Sabine in Big Sur kennengelernt hatte.

Gus und Mary waren vor Kurzem aus Big Sur weggezogen. Sie waren Freigeister und verbrachten ihre Zeit abwechselnd in Mendocino und einer Bauernkommune in Oregon. Sie lebten, wo sie ihr Tipi aufschlugen. Sabine lud Gus, Mary und ihr Neugeborenes in ihr kleines Haus in Mendocino ein.

Eines Nachmittags schnappte Sabine im *Seagull* das Gespräch einiger Farmer auf:

«Es ist eine einmalige Gelegenheit», sagte ein Mann. «Sechzig erstklassige Hektar Land für vierzigtausend Dollar! Ich würde es selbst kaufen, wenn ich das Geld hätte.»

Sabine traute ihren Ohren nicht. Das war ein erstaunlicher Preis.

«Was stimmt mit dem Land nicht?», fragte sie. Den Farmern schien es nichts auszumachen, dass sie sich in ihr Gespräch einmischte.

«Nichts, gnädige Frau», antwortete ein sonnenverwitterter Mann. «Es ist ein Stück ruhendes Land. Es ist einfach noch nicht entdeckt worden.»

«Und es ist zu viel Arbeit für den Eigentümer», meinte der andere.

Es klang plausibel, aber Sabine war dennoch misstrauisch. Da musste es einen Haken geben. Der Preis war so niedrig! Sie beschloss, sich selbst davon zu überzeugen. Sie rief vom Telefon des Restaurants den Makler an und machte sich mit ihrem Pick-up auf den Weg. Den Anweisungen folgend fuhr sie auf dem Highway 1 Richtung Süden. Sie durchquerte Albion, ein kleines Dorf nahe dem Highway, und bog dann unmittelbar vor dem Navarro River links ab. Als sie die Navarro Ridge Road hinauffuhr, zitterte sie vor Aufregung.

Kleine Bauernhöfe waren über die Landschaft verstreut, die bald einem dichten Redwood-Wald wich. Hin und wieder tauchte zwischen den Bäumen eine Lichtung auf, von der aus Sabine ein steil abfallendes Tal und den glitzernden Navarro River sehen konnte. Es war atemberaubend.

Gelegentlich fuhr Sabine an geräumten Steilküsten vorbei, auf denen sich Rinder tummelten. Nach etwa drei Meilen zweigte die Straße in einen schmalen Pfad ab, der zu einer Lichtung führte. Sie hatte ihr Ziel erreicht.

In andächtiger Stille lief Sabine über das Grundstück. Sie fühlte sich, als befände sie sich auf heiligem Boden, als erkannte ihr Geist den Ort, den sie gesucht hatte. Sie hatte bereits schönere Grundstücke gesehen. Dennoch war sie fasziniert. Sie wusste: *Ich werde dieses Land kaufen! Ich werde es in einen wunderbaren Zufluchtsort verwandeln.*

Eine Fläche in der Größe dreier Fußballfelder war gerodet worden. Sie war mit massiven Baumstümpfen übersät, Überbleibseln aus alten Zeiten. Einer davon hatte einen Durchmesser von zwei bis drei Metern, und das bedeutete: Er war mindestens dreitausend Jahre alt!

Zwischen den Baumstümpfen schossen winzige neue Pflanzensprossen aus dem Boden.

Nun traf der Makler ein. Er führte Sabine über das Grundstück zu einer großen Wiese. Mitten auf der Wiese verlor eine baufällige Scheune ihren Kampf gegen die Zeit.

«Früher gab es hier einen Bauernhof», erklärte er. «Aber wie man sieht, ist das Bauernhaus vor langer Zeit abgebrannt.»

Zu Sabines Freude füllte der Urwald den größten Teil des Landes – vor allem Redwoods, aber auch Tannen und Fichten. Sabines Herz hüpfte vor Freude. *Ich werde dieses Grundstück kaufen!*

Nachdem sie in die Stadt zurückgekehrt war, erledigte sie alle Formalitäten: Sie holte Gutachten über das Land ein, traf sich mit einem Anwalt und unterzeichnete die Formulare. Aber ihre Entscheidung hatte sie bereits an dem Tag getroffen, an dem sie das Grundstück zum ersten Mal betreten hatte.

Sie verlor keine Zeit und zog mit ihren Söhnen sowie Gus, Mary und deren Baby auf das Land.

✦ ✦ ✦

Eineinhalb Jahre später hatte Sabine sich eingelebt. Sie hatte rund ein Dutzend Hippies eingeladen, mit ihr auf «dem Land» zu wohnen, wie sie die neue Kommune nannte. Aber einer mochte den neuen Lebensstil nicht. Fred war der Hippie-Lebensstil zu chaotisch. In einem Sommer, als die Jungen mit ihrem Vater in Miami waren, weigerte er sich, zurück nach Hause zu kommen.

«Ich möchte bei meinem Vater bleiben!», rief er am Telefon. «Warum haben wir Florida überhaupt verlassen?»

Zu der Zeit war er zwölf. Widerwillig ließ Sabine ihn beim

Vater bleiben. *Es ist besser so,* sagte sie zu sich selbst. In Wahrheit waren sie und Fred immer schwer miteinander klargekommen.

Cliff hingegen gedieh auf dem Land und entwickelte sich zu einem Junior-Hippie.

Sabine und Cliff schliefen im Big House, einem Blockhaus, das die Hippies aus Redwood-Holzbohlen bauten. Es war noch in Arbeit, aber zumindest hatte es bereits ein solides Fundament, vier Wände, eine abgehängte Decke und ein Dach. Sie hatten keinen Strom, also benutzten sie nachts Kerzen und Kerosinlampen.

Die Arbeit ging langsamer voran, als sie erwartet hatte. Einige der Hippies waren versierte Zimmerer und Tischler. Sie zur Arbeit zu motivieren, war jedoch eine andere Sache.

Sabine und ein junger Mann namens Larry sammelten Steine, damit er vor dem Winter eine Feuerstelle bauen konnte. Um dem Big House eine gemütliche Atmosphäre zu verleihen, hängte Sabine kleine Glöckchen und gehäkelte Kreuze auf. Sie hatte die Kreuze von einem der unzähligen Mädchen geschenkt bekommen. Die hatte sie selbst gemacht und viele davon als Talismane an ihrem Rucksack befestigt.

Sabine gefiel das. Sie brauchten gute «Vibes» an diesem Ort.

Die Blumenkinder wohnten in einer alten Scheune. Jeden Abend versammelte sich die ganze Gruppe mit ihren Instrumenten, Kerzen und Öllampen. Sie verbrachten den Abend mit Singen, Trinken und Rauchen. Sabine hatte wiederholt versucht, sie von Haschisch und Gras abzuhalten, aber sie brachten immer neue Drogen mit auf das Land. Und wenn sie mit Regeln anfinge, würde sie die Hippies vertreiben.

Sie lebten zusammen wie eine große Familie. Doch obwohl sie und Cliff bei den Hippies lebten, merkte Sabine schon früh, dass sie selbst keiner war. Sie fühlte sich nicht wie eine von ihnen. Wenn zum Beispiel im Sommer alle nackt auf dem Land herumliefen, tat sie es nicht. Nicht mehr.

Sie mussten lernen, was Ordnung bedeutet. Auch wenn Sabine sich in vielerlei Hinsicht verändert hatte, blieb sie den Prinzipien ihres Vaters treu. Sie hielt es für unziemlich, einander völlig entblößt zu sehen. In Big Sur hatte sie Nacktheit als eine Befreiung erlebt. Nun kam es ihr vor, als gäbe sie mit dem Ausziehen ihrer Kleidung einen Teil ihrer Würde auf.

Nicht, dass sie sich geschämt hätte, vor den anderen nackt zu sein. Aber in der Kommune wollte sie ein gewisses Maß an Autorität vermitteln. Ohne Kleidung ging das nicht.

Sabine trug in vielerlei Hinsicht Verantwortung für ihre Hippies. Sie wollte mit gutem Beispiel vorangehen und zeigen, wie man ein verantwortungsvolles Leben führt. Aus der ehemaligen Millionärin wurde eine Hippie-Mutter.

Sie liebte die Menschen, die auf ihrem Land lebten, aber manchmal war sie beunruhigt, wenn sie wieder einmal ihren Drogenkonsum mitbekam.

Eines Tages hatte sie darum gebeten, etwas Gestrüpp zu entfernen. Stattdessen fand sie einige in der Sonne sitzen und Pfeife rauchen. Sie stellte sie zur Rede, wieder einmal. Doch danach überkam sie die Verzweiflung. *War das alles Zeitverschwendung?* Sie floh über einen Pfad in den Wald. Während sie lief, rang sie innerlich mit sich. *Warum kann ich diese Hippies nicht zum wahren Leben führen?,* fragte sie sich. *Und wie sieht es überhaupt aus, dieses wahre Leben?*

Sie erkannte jetzt, dass ihr eigenes Leben definitiv nicht ideal war. *Was also ist die Wahrheit?*

Schließlich kehrte sie auf die Lichtung und zum Big House zurück. Sie hatte weit mehr Fragen als Antworten, aber sie war nicht bereit, aufzugeben. Noch nicht.

Jeden Tag arbeitete sie schwer auf dem Grundstück. Abends war sie erschöpft. Dann wollte sie nur noch ins Bett fallen. Aber das war nicht so leicht. Ihr Bett stand mitten im einzigen großen Raum des Big House – dem Ort, an dem sich die Hippies nachts versammelten, um zu diskutieren, zu feiern, zu lachen und zu singen. Sie konnte sie nicht rauswerfen. Es waren ihre Gäste.

Grenzen zu setzen war ein großes Problem. Gewiss, die Hippies respektierten und liebten sie. Wenn sie fragte, waren sie immer bereit, bei der Arbeit zu helfen. Wenn ihnen jedoch jemand Grenzen aufzeigte, ging das gegen alles, woran sie glaubten. Hippies wollten frei von Regeln leben – eine Freiheit, die Sabine zunehmend als Belastung empfand.

Eines Nachts, als die Party in vollem Gange war, kroch sie in ihr Bett. Sie schienen den Wink nicht zu verstehen und lachten, sangen und musizierten bis in die frühen Morgenstunden um ihr Bett herum. Sabines erschöpfter Körper aber schrie nach Schlaf.

Verzweifelt nach einer Möglichkeit suchend, das alles auszublenden, schloss Sabine die Augen und stellte sich vor, sie sei eine Königin. *Königinnen werden von Musik begleitet, wenn sie zu Bett gehen. Ich bin einfach eine Hippie-Königin.* Irgendwann fiel sie in den Schlaf.

Sie hörte ihre Gäste an diesem Abend nicht gehen. Aber es muss einige Stunden später gewesen sein, als sie wach wurde und eine schattenhafte Gestalt an ihrem Bett stehen sah. Es dauerte einen Moment, bis sie Phil, einen der Hippies, erkannte.

Er begann zu singen. «Sabine», sang er leise, ohne jede Panik, «die Scheune brennt ...»

29.
Da ist wirklich keiner, der Gutes tut, kein Einziger

Sabine brauchte einige Sekunden, um zu verstehen, was er da sagte. Aber mit einem Mal kam es an. Sie sprang aus dem Bett und rannte zum Fenster. «Oh, nein!»

Der Himmel war in ein seltsames Karminrot getaucht. Die Scheune stand komplett in Flammen. Sabine warf sich eilig einen Mantel über und rannte nach draußen.

Als sie das Feuer erreichte, war sie erleichtert zu sehen, dass es alle Hippies, die in der Scheune schliefen, sicher hinausgeschafft hatten. Sie standen schweigend da, das Spiegelbild der Flammen tanzte in ihren Augen.

Sie kamen definitiv zu spät, um die Scheune zu retten. Das Feuer wütete und verzehrte in rasender Geschwindigkeit das Gebäude. Dann hörte Sabine ein Geräusch. Die Scheune stöhnte. *Genau wie beim Todeskampf,* dachte sie.

Ihr lief trotz der heißen Luft aus dem Inferno ein kalter Schauer über den Rücken. «Es ist so unheimlich ...», flüsterte sie und starrte in die Flammen. Sie dachte an ein anderes Feuer vor langer Zeit zurück, als Feuerflammen die Kleppel-Villa verzehrt hatten.

In diesem Moment fiel ein brennender Balken fast senkrecht herunter. Er wurde von einer Querstange gestoppt. Für einen Moment sah es wie ein riesiges, brennendes Kreuz aus. Dann stürzte die Scheune in sich zusammen.

«Habt ihr das alle gesehen?», fragte Sabine.

«Feuer reinigt alles», antwortete Gus. «Keine Macht der Welt kann ihm widerstehen.» Er saß im Lotussitz auf dem Gras, als ob er meditieren würde.

Sabine schaute sich die schweigende Gruppe an, die sie kennen und lieben gelernt hatte. Sie konnte sehen, dass alle in Ehrfurcht erstarrt waren. Die meisten von ihnen waren, wie sie selbst, nicht religiös. Dennoch empfanden sie in dem Moment vermutlich ähnlich wie Sabine. Hier war eine höhere Macht im Spiel.

Sabine sank auf den Rasen. Das Feuer wütete weiter, aber es war sinnlos, wenn nicht sogar gefährlich, einen Löschversuch zu unternehmen. Sie konnten nichts tun, als dem Brand zuzusehen.

John und Linda Bilderbach saßen neben ihr auf dem Rasen. Sie lebten in einer Kommune in Mendocino, aber sie waren oft Gäste auf dem Land. Sabine war immer froh, sie zu sehen. Sie packten eifrig mit an und halfen beim Bau der Häuser.

Während sie nun alle den Flammen zuschauten, dachte Sabine über John und Linda nach. Als sie zum ersten Mal auf ihr Grundstück gekommen waren, hatte Sabine mitbekommen, dass sie Christen waren. Sie sprachen so über Jesus, als sei er ein guter Freund. John hatte immer eine kleine Bibel bei sich. Bei jeder sich bietenden Gelegenheit holte er sie heraus und zitierte aus ihr. Auch Linda hatte ständig Bibelverse auf den Lippen.

Sabine lächelte leise vor sich hin. Egal, was passierte, die beiden konnten es mit einer Bibelstelle aus dem Alten oder Neuen Testament in Verbindung bringen. Wenn das Essen gut schmeckte, dankte John seinem Gott. «Er gewährt jedem sein Fleisch zur rechten Zeit», sagte er. Wenn etwas für Linda gut lief, gab sie ein lautes «Halleluja!» von sich.

Besonders amüsant fand Sabine, dass Linda dachte, Jesus sei sozusagen der Ur-Hippie!

Während sich das Feuer in einem riesigen Haufen heißer Asche auflöste, dachte Sabine daran, wie sehr sie die beiden mochte. Doch als sie Linda oder John in einem tiefen Gespräch mit den Hippies sah, fühlte sie sich immer unwohl. *Das Letzte, was ich brauche, ist ein Haufen Menschen, die «gerettet werden»,* dachte sie.

John und Linda begannen zu singen und brachen damit das nächtliche Schweigen: «Amazing grace, how sweet the sound ...» Zuerst sangen sie leise, dann etwas lauter: «... that saved a wretch like me.»

Sabine saß und lauschte, die Augen noch immer auf die glühende Asche gerichtet. *Sie klingen wie Engel,* dachte sie.

«I once was lost, but now am found.» Ihre Stimmen durchdrangen die kalte Nachtluft. Einer nach dem anderen stimmte ein, meist summend, die Augen weiter auf das Feuer gerichtet. «Was blind, but now I see.»

War ich auch verloren?, überlegte Sabine.

Bin ich verloren?

Sie blickte ins Feuer und schüttelte den Unsinn ab. John und Linda sangen weiter, ein christliches Lied nach dem anderen. Einige rannten los, um ihre Instrumente zu holen. Gus spielte auf seinem selbstgebauten Kontrabass, den er aus einem Eimer gebaut hatte. Manche spielten Gitarre, andere klapperten mit Löffeln, wieder andere schlugen auf behelfsmäßige Trommeln.

Jesus oder andere biblische Dinge aus den Liedern hielt Sabine von sich fern. *Heute Abend werde ich nur die Melodie der Lieder genießen und nicht auf den Text achten.*

Am Morgen nach dem Brand begutachtete Sabine die Zerstörung. An manchen Stellen glühte die Asche noch immer rot, darunter auch die Reste der Redwood-Baumstämme neben der Scheune. Aus einem verrußten Balken, der in einem Aschehügel lag, strömten Rauchfahnen. Die großen Holzmengen, die sie für den Winter eingelagert hatten, hatten das Feuer noch weiter angefacht.

Sabine betrachtete den Aschehaufen und erinnerte sich. Bevor sie das Big House bauten, hatten Sabine und ihre Söhne in der Scheune gewohnt. Der Dachboden, auf dem sie geschlafen hatte, war vollständig zusammengebrochen. Gus hatte ihn für sie gebaut, direkt über dem Ziegenstall. Sie hatte ihn nur über eine Leiter erreichen können. Auf dem Holzfußboden hatte sie den Perserteppich ausgelegt, den sie aus Santa Barbara mitgebracht hatte.

Sie schlang ihre Jacke noch enger um sich. *Dies ist auch der Ort, an dem ich LSD probiert habe. Nur dieses eine Mal.*

Sabine hatte erleben wollen, was ihre Hippies so faszinierte. Sabine hatte ehrlich geglaubt, LSD würde bei ihr nicht wirken. Doch schon bald hatte sie begonnen, wie wahnsinnig zu lachen. Innerlich hüpfte sie über den Schmerz, den sie erfahren hatte, hinweg – Freds Umzug nach Miami, der Verlust von Hans, sogar ihre zerbrochene Ehe. Und irgendwie war all das unglaublich komisch gewesen.

Nach diesem Abend hasste sie Drogen noch mehr.

Als sie nun durch die verkohlten Trümmer stapfte, dachte sie daran, wie sehr Drogen ihre Gemeinschaft zerstört hatten. Das war viel schlimmer als das Feuer letzte Nacht. In nur achtzehn Monaten hatten sich viele der Hippies in sich selbst zurückgezogen, saßen allein, immer high und in eine andere Welt abgetaucht.

Ihr Blick fiel auf die Aschereste von Büchern. Sie hatten ihre

Bibliothek in der Scheune aufbewahrt. Alle Bücher, die die Hippies auf das Land gebracht hatten, waren verbrannt – Titel von Kafka, Camus, Hesse und Marx. Dann sah sie in der Asche die Überreste einer Bibel und daneben ein kleines Metallkruzifix. Sie hatte beides noch nie zuvor gesehen und fragte sich, wer es wohl in der Scheunenbibliothek zurückgelassen hatte.

Vorsichtig nahm sie zunächst das Kreuz aus der warmen Asche und dann die Bibel. Bei der ersten Berührung löste sie sich auf und rieselte wie Staub durch ihre Finger. Plötzlich kam ein Windstoß auf, der die Asche über die Lichtung wehte. Sabine blickte nach unten: Ein Fetzen der verbrannten Bibel war in ihren Fingern hängen geblieben. Sie las das Fragment: «Alle haben sich von ihm abgewandt und sind dadurch für Gott unbrauchbar geworden. Da ist wirklich keiner, der Gutes tut, kein Einziger.»

Was bedeutet das? Das trifft auf mich nicht zu, oder?, fragte sich Sabine. Hatte sie nichts Gutes getan? Wenn jemand Gutes tat, dann doch wohl sie, die Hippie-Mutter.

Dann fiel es ihr wie Schuppen von den Augen. Am Abend zuvor war Halloween gewesen. Die Scheune war an dem Abend in Flammen aufgegangen, an dem nach altem Glauben Geister durch *das Land* zogen! …

30.

Aus tiefster Verzweiflung schreie ich zu dir

Sabine schüttelte diese lächerlichen Gedanken ab und ging Richtung Big House. *Ich bin doch nicht abergläubisch!*

Ein paar Tage später löste die Polizei das Rätsel um die Ursache des Brandes. Es war derselbe Brandstifter, der in einer nahegelegenen Stadt ein Hotel angezündet hatte. Ein Hippie, der mit Pyromanie zu kämpfen hatte. Sabine erinnerte sich: Er war in der Nacht des Feuers Gast auf ihrem Land gewesen.

Bei der Untersuchung des Brandes machte die Polizei einen weiteren Fund. Ein Beamter führte Sabine zum Garten, nicht weit von der ausgebrannten Scheune entfernt. Er ging zu einer Reihe Pflanzen und riss eine heraus. «Sie müssen die hier entfernen», meinte er und zeigte ihr die Pflanze mit sieben spitzen Blättern. Jemand hatte direkt in ihrem Garten Marihuana angebaut.

Das war ein weiteres Zeichen für Sabine. Ihr Experiment, Hippies aus der Stadt rauszuholen, um sie von Drogen wegzubekommen, war gescheitert.

Sabine musste sich noch mehr eingestehen: Sie hatte alles hinter sich gelassen, und doch hatte sie nicht den Sinn ihres Lebens gefunden. Selbst im Leben einer Hippie-Mutter nicht. Sie wollte mehr.

✦ ✦ ✦

Sabine zitterte vor Aufregung, als sich ihr Flugzeug zum Abflug bereitmachte. Diese Reise sollte sie bis ans Ende der Welt führen. Die Boeing 747 der Lufthansa donnerte die Startbahn in San Francisco entlang und hob ab. Es war der 22. Januar 1971.

Sabine beobachtete durch ihr Bullauge, wie das Flugzeug die Wolken durchbrach. Sie konnte kaum glauben, dass sie auf dem Weg nach Indien und Nepal war! Aber zuerst würde sie ihren Vater in Deutschland besuchen. Zehn Jahre waren seit dem Tod ihrer Mutter vergangen, und er lebte allein, immer noch in derselben Wohnung.

Sie drehte sich auf ihrem Sitz in der Touristenklasse und versuchte, ihren Sitznachbarn nicht mit den Ellbogen zu streifen. *Wenigstens komme ich von den Hippies weg,* dachte sie. Sie gab es nur ungern zu, aber ein positiver Nebeneffekt dieser Reise war, etwas Abstand von den Hippies zu bekommen.

Es war fast zwei Jahre her, dass sie das Land gekauft und für die Hippies geöffnet hatte. Jetzt gingen diese ihr richtig auf die Nerven. Weder gelang es ihr, sie vom Drogenkonsum abzubringen, noch konnte sie sie irgendetwas lehren! *Warum habe ich mir überhaupt die Mühe gemacht?,* fragte sie sich.

Das Fass war endgültig übergelaufen, als die Hippies die ganze Aprikosen-Marmelade aufaßen, die Sabine im letzten Sommer eingekocht hatte. Sie hatte sich sehr klar ausgedrückt. Sie wollte die Marmelade für den Winter aufheben. Aber am Ende des Sommers hatten die Hippies die gesamte Aprikosen-Marmelade verschlungen.

Da riss Sabine der Geduldsfaden. Sie war nur noch frustriert. Sie verlangte immer verzweifelter nach etwas – aber was es war, wusste sie nicht. Vielleicht würde sie im Osten finden, wonach ihr Herz sich sehnte.

Von Deutschland aus würde Sabine mit dem Zug nach Asien reisen. Zu dieser Zeit fuhren viele Tausende auf dem «Hippie Trail» nach Osten – nicht nur Aussteiger, sondern auch Studenten, Intellektuelle, sogar Rockstars und Filmschauspieler. Den größten Teil der Reise würde Sabine auf dem Landweg zurücklegen. Sie suchte das, was alle anderen Reisenden auch suchten: Erleuchtung.

Erst seit Kurzem interessierte sich Sabine für Indien. Sie hatte viele Bücher gelesen und in San Francisco Aschrams besucht – spirituelle Meditationszentren, in denen Gurus ihre Schüler unterrichten. Sie war fasziniert.

Es war, als lebten sie ihr Leben in Zeitlupe. Die Atmosphäre in den Aschrams war geheimnisvoll. Die Anhänger gingen barfuß umher, glitten sanft über Teppiche und andere gewebte Materialien, die ihre Schritte abfederten. Es war absolut still. Niemand sprach. Und wenn sie sprachen, dann ganz leise, lediglich ein paar gehauchte Worte. Im Hintergrund spielte indische Musik, luftig und eindringlich, mit Sitars und Holzflöten gespielt.

Trotz alledem hatte Sabine in den Aschrams keine besondere spirituelle Erfahrung gemacht. Aber die Inder, die sie kennengelernt hatte, beeindruckten sie. Manchmal wirkten sie high, aber ohne Drogen. Sie meinten, sie hätten eine Erleuchtung gehabt. Sie hätten die Wahrheit gefunden.

In einem Aschram hatten sie in ehrfürchtigem Ton über einen tibetischen Mönch namens Thubten Yeshe gesprochen. Je mehr sie über ihn hörte, desto mehr verstärkte sich bei Sabine das Gefühl, dass sie ihn aufsuchen sollte. Er lebte in einem Bergkloster in der Nähe von Kathmandu, in Nepal.

Und deswegen hatte sie diese Reise angetreten. Sie reiste mit leichtem Gepäck – nur ein weicher Seesack lag im Gepäckfach über ihrem Kopf. Darin befanden sich eine Schlafmatte, ein aus einem Jutesack gefertigtes weites Gewand und ein grauer Umhang, den sie aus einer Decke der U.S. Army genäht hatte.

Als sie in Frankfurt landete, empfing sie ihre Freundin Monique mit ihrem Mann. Sie brachten Sabine zur Wohnung ihres Vaters in Düsseldorf. Ihr Bruder Hans war an der Universität. Es war schön, Vater zu sehen. Er war immer noch groß, obwohl er krumm und viel dünner geworden war.

Als sie nebeneinandersaßen und an einem starken Kaffee nippten, überkam sie eine unaussprechliche Traurigkeit. Sie warf einen Blick auf das Bild von Mutter auf dem kleinen Schreibtisch.

Sabine stellte ihre Tasse auf den Kaffeetisch. «Ich habe dir noch nicht gesagt, warum ich wirklich nach Asien reise, Vater.»

Er wartete auf ihre Erklärung.

«Ich reise in ein Kloster, um einem großen Lehrer zu begegnen.»

Vater stellte seine Tasse neben ihre. «Es ist eine gute Sache, nach der Wahrheit zu suchen.» Dann legte er seine Arme um sie, als wäre sie wieder sein kleines Mädchen. «Und es ist gut, dass du sie im einfachen Leben suchst.»

Damit gab Walter Koritke der Suche seiner Tochter seinen Segen. Ihrem wahrheitssuchenden Unterfangen in Asien. Es mochte sich seltsam für ihn anhören, aber er zog dies ihrem Leben in der High Society vor.

Auf dem Bahnhof schlang er seine Arme um sie und küsste sie fest auf beide Wangen. Dann stieg Sabine in den Zug Richtung Osten.

Am 29. Januar erreichte sie Istanbul. Sie gehörte zu Tausenden, vor allem jungen Menschen, die auf ähnlicher Pilgerreise in den Osten unterwegs waren. Sie war froh, dass sie sich für diesen Weg entschieden hatte. Sie hätte sich ohne Probleme ein Flugzeug leisten können, aber mit dem Flugzeug zu einem Kloster zu fliegen, wirkte widersprüchlich.

Doch jetzt, wo sie in dem klapprigen, vollgepackten türkischen Bus saß, überkamen sie Zweifel. Das Fahrzeug stammte wahrscheinlich aus dem Zweiten Weltkrieg! Sie würde Tausende von Kilometern mit ähnlichen Fahrzeugen zurücklegen müssen und unterwegs in Gasthäusern übernachten, oder wo auch immer sie einen Platz zum Schlafen finden würde.

Der Busfahrer begann, mit Höchstgeschwindigkeit über Bergpässe zu rasen. Er überholte andere Fahrer in unübersichtlichen Kurven und wendete gefährlich nahe an steilen Abgründen, nur Zentimeter vom Straßenrand entfernt. *Er hat Todessehnsucht!,* dachte sie, während sie den Seesack auf ihrem Schoß umklammerte.

Als sie es wagte, in einer Kurve nach unten zu schauen, sah sie Hunderte Meter unter sich das rostende Wrack eines Busses, der es nicht geschafft hatte. Bei jeder gefährlichen Kurve hielt sie den Atem an.

✦ ✦ ✦

In den kommenden Wochen stellte sie fest, dass iranische und pakistanische Fahrer die gleichen «Selbstmordneigungen» hatten. Auf ihrer langen Reise nach Fernost freundete sie sich mit einem jungen Kanadier namens John an. Er wollte zusammen mit Sabine reisen, um sich um ihre Sicherheit zu kümmern.

In Karatschi hätte ihre Reise allerdings beinahe ein jähes Ende gefunden.

Eines Nachmittags gingen sie und John durch die Stadt. Der Geruch von fremden Gewürzen und Früchten auf dem Markt vermischte sich mit dem Geruch von Kochfeuern und Menschenmassen. Kurz bevor sie eine Straße überquerten, brach ein pakistanischer Mann direkt vor ihnen zusammen und schrie vor Schmerzen auf. Sein Gesicht verzerrte sich zu einer Grimasse, während er mit Krämpfen in der Gosse lag.

«Der Mann braucht Hilfe!», schrie Sabine und beugte sich über ihn. Bevor sie ihn berühren konnte, stürzten sich einige weiß gekleidete Männer von einem Obststand auf Sabine. Sie hielten ihre Arme fest und riefen wild: «Nicht anfassen! Nicht anfassen!»

Wurde sie zurückgehalten, weil sie eine Frau war? Oder vielleicht, weil sie glaubten, es sei das Schicksal dieses Mannes, hier und jetzt auf genau diese Weise zu sterben? Es gab niemanden, der es erklären konnte. Aber innerhalb von Minuten hörte der Mann auf zu krampfen und verstummte zu ihren Füßen. Er war tot.

Unter Schock kehrten Sabine und John in ihr Hotel zurück. Dort stellten sie fest, dass ein pakistanischer Mann, mit dem sie sich angefreundet hatten, ihnen das Geld für die Fähre nach Bombay gestohlen hatte!

Glücklicherweise bezahlte ein nettes amerikanisches Ehepaar die Fährtickets für Sabine und John. Doch das ganze Erlebnis hinterließ einen bitteren Nachgeschmack. Offensichtlich hatte nicht jeder im Osten Erleuchtung gefunden.

31.
Wer sich einredet: «Gott gibt es überhaupt nicht!», der ist unverständig und dumm

Erleichtert ging Sabine an Bord der Fähre nach Bombay, Indien, wo sich ihre und Johns Wege trennten. Nach ein paar Tagen in Bombay fuhr Sabine mit einem hoffnungslos überfüllten Zug weiter. Die Menschen quetschten sich auf die Sitzplätze und verstopften den gesamten Gang. Manche saßen sogar auf dem Dach des Zuges.

Sie fuhr tagelang, schwitzend auf ihrem Sitz klebend. Es war keine angenehme Fahrt. Ihre romantischen Vorstellungen einer Pilgerreise über Land zerflossen in der sengenden Hitze.

Nach zwölf Tagen erreichte sie Patna am Ganges. Es war der 23. März. Sie war völlig erschöpft, gab ihre ursprünglichen Pläne auf und kaufte ein Flugticket nach Kathmandu.

Sie hätte sich denken können, dass ein indisches Flugzeug in einem ähnlichen Zustand sein würde wie asiatische Busse und Züge. Als das heruntergekommene Kleinflugzeug wackelnd in die Luft aufstieg, überkam sie pure Panik. Sabine war mehr als erleichtert, als die kleine Maschine sicher am Fuße des Himalayas landete.

Ihre Lungen saugten die kühle Bergluft ein, und sie war froh, den letzten Abschnitt ihrer Reise erreicht zu haben. Sie tauchte in die vollen Straßen von Kathmandu ein und bewunderte die Saris der Frauen in Saphirblau, Magentarot und Limettengrün. Alle sahen aus, als hätte der Winter ihre Haut in Leder verwandelt.

In dem Labyrinth aus Pfaden und Gassen kam sie an vielen Tempeln und Schreinen vorbei. So viele Götter! Alle paar Meter stand ein anderer Schrein, meist beteten eine oder zwei Personen davor. Manche Schreine waren wie eine Pagode geformt, auf deren Dach Riesenaugen gemalt waren. Sabine dachte: *Diese Leute scheinen ihr Leben auf spiritueller Grundlage zu leben.*

Sabine fragte ein paar Mitreisende, wie sie zu Yeshes Kloster käme. Sie stieg wieder in einen alten Bus, der sie aus der Stadt heraus zu einem weißgetünchten Gebäude am Rande eines Hügels brachte. Ein Dutzend tibetische Gebetsflaggen, verschiedenfarbige Stoffwimpel, wehten auf dem Dach in der dünnen Bergluft.

Das ist der Ort!, dachte sie. Hier werde ich finden, wonach ich suche.

Dem sollte nicht so sein.

Sabine verbrachte drei Monate im Kloster, von April bis Ende Juni. Sie hielt sich an eine einfache Diät mit Reis, Gemüse und Wasser. Dies sollte den Geist für eine transzendentale Erfahrung frei machen.

Sie gewöhnte sich schnell an den Rhythmus mit fünf Stunden Meditation am Tag. Zusammen mit anderen Schülern saß sie im Schneidersitz auf dem Boden und versuchte, ihren Geist zu klären.

«Ihr dürft an nichts, absolut nichts denken», sagte der Lehrer in der ersten Stunde. «Ihr fühlt komplette Leere in euch … nichts bewegt euch … nichts … nichts …»

Für Sabine war das leichter gesagt als getan. Sie schloss die Augen und versuchte, an nichts zu denken. Aber ihre Gedanken gingen auf Wanderschaft. Sie dachte an den Mann, der auf der Straße in Karatschi gestorben war. Sie dachte an die gefährlichen Busfahrten durch die Berge Asiens. Sie dachte an die Gläser mit Aprikosen-Marmelade, die die Hippies geleert hatten. Sie dachte daran, wie leid sie es war, nur Reis zu essen.

Aber vor allem dachte sie daran, wie sehr ihr Rücken und Po schmerzten! Sie hatte sich noch nicht von der wochenlangen Reise zum Kloster erholt. Ihr Rücken tat bei jeder Meditations-Einheit noch mehr weh.

Im Laufe der Wochen schaffte sie es, ihre Gedanken ein wenig zu steuern. Sie wiederholte das Mantra *Om.* Unfähig, an *nichts* zu denken, gelang es ihr immerhin, an *fast nichts* zu denken.

Während der fünf Stunden Meditation mussten die Schülerinnen und Schüler mit geradem Rücken in der Lotusposition verharren. Wenn Sabines Schultern nach vorne fielen oder sich ihre Wirbelsäule etwas entspannte, gab ihr der Lehrer von hinten einen Schubs in den Rücken.

Am schlimmsten war es allerdings für Sabine, wenn sie hörte, wie andere Schüler von ihren wunderbaren Erfahrungen während der Meditation berichteten. *Was stimmt nicht mit mir?* Sie war nicht wie diese Leute. Mit aller Kraft versuchte sie, Erkenntnis zu erlangen … aber da war nichts! Egal, wie viel Mühe sie sich gab, sie konnte sich nicht dazu bringen, irgendetwas Außergewöhnliches zu spüren. Auf jeden Fall nichts Mystisches.

Als sie endlich Thubten Yeshe kennenlernte, war sie ernüchtert. Er war ein sehr netter Mann. Er sprach sanfte Worte, die eine gewisse Tiefe und Weisheit andeuteten, aber Sabine war enttäuscht.

Mit jeder Woche, die verging, wuchs ihre Frustration. Schließlich konnte sie es nicht mehr ertragen. Nach drei Monaten Meditation, Reis und Wasser verließ sie das Kloster. Es war eine weitere Niederlage. Ihre Pilgerreise war ein Misserfolg.

Sie flog über Neu-Delhi und London nach Hause. Im Flugzeug auf dem Weg nach Kalifornien dachte sie darüber nach, wie nutzlos alles gewesen war. Sabine versuchte, es sich in der Economy Class bequem zu machen, und musste zugeben: Sie war bis ans Ende der Welt gereist und kam mit leeren Händen zurück. Es war alles umsonst. Sie schloss ihre Augen. *Es gibt keine Wahrheit zu finden.*

Ernüchterung überkam sie. Das Leben war letztendlich doch bedeutungslos. Eine schwarze Leere. Und was war mit Gott? *Den gibt es auch nicht.* Auf all ihren Reisen und bei ihrer gesamten Suche hatte sie ihn nicht gefunden.

Sie wusste nicht, was sie als Nächstes tun sollte. Vielleicht sollte sie das Land verkaufen und nach Kanada ziehen? Ein Leben in Einsamkeit führen? Sie glaubte nicht mehr daran, dass sie in der Welt etwas bewirken könnte. Sie war machtlos gewesen, dem sterbenden Mann in Karatschi zu helfen. Und sie war nicht in der Lage gewesen, im Leben der Hippies etwas zu verändern.

Die Flugbegleiter gingen den Gang entlang und erinnerten alle daran, die Sicherheitsgurte anzulegen. Sie würden gleich landen.

Als Sabine nach Hause kam, war ihr Sohn Cliff deutlich größer als sie. Er lächelte und beugte sich herunter, damit sie ihn auf die Wange küssen konnte.

Die Hippies eilten ihr entgegen, als sie auf dem Land ankam. Sie versammelten sich zu einer riesigen Gruppen-Umarmung. Sie fühlte sich ein wenig besser. Als sie in dieser Nacht in ihr Bett im Big House fiel, dachte sie: *Vielleicht gehe ich doch nicht weg. Zumindest nicht sofort.*

32.
Ich bin der Weg, die Wahrheit und das Leben

In den nächsten Tagen bemerkte Sabine die Veränderung auf dem Land. Die größte Veränderung war bei Gus festzustellen. Während ihrer Abwesenheit hatten John und Linda ihn scheinbar so weit gebracht. Er sagte, er «habe sein Leben Christus gegeben». Jetzt war Gus auch so verrückt nach Jesus wie John und zitierte ständig Bibelverse. Es machte sie wahnsinnig!

Es war nicht nur Gus. Sabine war entsetzt, als sie herausfand, dass andere in ihrer Kommune ebenfalls Christen geworden waren. Sie alle trugen jetzt große Bibeln mit sich und nannten sich «Jesus People».

Das ist das Letzte, was ich brauche, dachte sie.

Außerdem schlief Gus jetzt allein in seinem Tipi. Sabine war schockiert zu erfahren, dass Mary ihn, zusammen mit ihrem kleinen Mädchen, verlassen hatte. Nicht wegen seiner Bekehrung, sondern weil er untreu gewesen war.

Gus erzählte Sabine, was passiert war. Sie hatten das *Lighthouse* in Eureka besucht, eine christliche Kommune, wo Gus sich in eine andere Frau verliebte. «Als Mary herausfand, dass ich mit ihr geschlafen habe, verließ sie mich», sagte Gus und klang dabei traurig und beschämt.

«Nette Bekehrung», kommentierte Sabine schnippisch. «Du predigst anderen Leuten über ihre Sünden, und dann betrügst du deine Frau? Die Mutter deines Kindes?»

Gus ließ den Kopf hängen. «Was ich getan habe, war falsch. Ich bin immer noch voller Sünde. Aber Sabine, du bist auch nicht frei. Du musst Gott um Vergebung bitten.»

«Sünde, Sünde, Sünde! Kannst du von nichts anderem reden?»

Sie vermisste den alten Gus. Ein paar Wochen lang beobachtete sie ihn. Der neue Gus brannte. Er schwärmte davon, wie frei er war. Aber sein Verhalten passte nicht zu seinen Worten. Wie konnte er über Liebe und Treue reden und Mary betrügen?

Sabine glaubte die Antwort zu kennen. Er war ein sprunghafter Typ, der jeden Trend mitmachte. Er blieb nie lange bei etwas. Wie die meisten Hippies zeigte er keine Beständigkeit und nahezu keine Verlässlichkeit. Er würde vom Christentum bald genug haben.

Trotzdem stieß sie sich an seiner Bibeleuphorie, besonders an seinem ständigen Gerede über Schuld, Vergebung und Neuanfänge.

Zu Beginn des darauffolgenden Frühlings zog Sabine in ein kleines neues Haus am Rande der Lichtung. Die Hippies hatten es monatelang für sie gebaut. Sie wollten ihr danken für das, was sie für sie getan hatte. Es war zauberhaft. Sie hatten das ganze Haus aus altem Redwood gebaut. Vom Fundament bis zum Dach verwendeten sie keinen einzigen Nagel. Es besaß sogar einen Kaminofen. Sie nannten das Häuschen *Woodbutcher* (Holzfäller).

Cliff war jetzt achtzehn und hatte eine Freundin. Er beschloss, mit den anderen im Big House zu wohnen. Also hatte Sabine die kleine Hütte ganz für sich allein.

Sabine genoss es, ihr eigenes Reich zu haben. Sie musste nicht mehr versuchen zu schlafen, während um ihr Bett herum Party gemacht wurde.

Zu dieser Zeit lebten etwa fünfzig Hippies auf dem Land. Die Anzahl variierte aufgrund ihres flüchtigen freigeistigen Lebensstils. Einer der regelmäßigen Bewohner war Tommy. Auch er hatte sich vor Kurzem zum Christentum bekehrt.

Ursprünglich hatte Tommy laut gegen die «Jesus Freaks» auf dem Land protestiert. Er hatte sogar angefangen, die Bibel zu studieren, um ihren Glauben zu widerlegen. Mehrmals nahm er eine Bibel mit in den Wald, um sich einen ruhigen Ort zu suchen, sie zu lesen und Widersprüche zu finden.

Dort im Wald wurde er überzeugt. Die Bibel war das wahre Wort Gottes. Er beschloss, an Jesus zu glauben. Tommy gehörte nun auch zu den Jesus People, die Sabine mit ihren ständigen Predigten auf die Nerven gingen.

«Es ist die Wahrheit, Sabine. Die Wahrheit», sagte Tommy ihr an einem Nachmittag. Sie saßen zusammen auf einer Bank in der Sonne.

Sabine Ball, 1951

Das zerbombte Dresden, 1945

Sabine (rechts) mit ihrer Schwester Marianne

Sabine 1945 ...

... und neun Jahre später

hzeit mit Clifford Ball, 1953. Die deutsche
ilie konnte bei der Hochzeit nicht dabei sein …

… umso wichtiger war deshalb das Telefonat mit der Heimat und dem geliebten Papa.

len Söhnen Cliff und Fred, 1959

Mr. und Mrs. Ball, 1953

Sabine in Miami, 1950 …

… und viele Jahre später mit den Hippies auf «The Lord's Land»

Vor ihrem «Woodbutcher»-Häuschen, das die Hippies (Jesus-People) ihr 1972 gebaut hatten

Gus and Mary in Big Sur, 1967

Sabines Taufe, vermutlich 1972

Woodstock-Atmosphäre:
Die stolze Landbesitzerin (unten links)
im Kreise ihrer Hippie-Freunde

Die «Jesus-People» tauften «The Land» um

Im «Big House» mit eindringenden Sonnenstrahlen

Mönche und Schüler von Thubten Yeshes Kloster in Katmandu, 1971. Thubten ist der Dritte von rechts.

Sabine (oben, Zweite von rechts, nur der Kopf ist sichtbar) mit Freunden in Brooklyn, 1973

Mit Ralf Knauthe, dem aktuellen Vorsitzenden des Stoffwechsel e.V., 2008

Im «Café Stoffwechsel», 1995

Café Stoffwechsel, 1996

Mit Kids vor dem Café, 1996

In Dresden, 1996

Vor dem Eingang zum Café, 1996

n ihrer Stube mit den Lieblingsblumen, 2004

Sabine wirbt 2009 mit der Bundesministerin Ursula von der Leyen für die bundesweite Kampagne «Zähl Taten, nicht Falten»

«Oh, Tommy, jetzt bist du auch verrückt geworden», seufzte Sabine.

«Aber Sabine, kennst du die Bibel überhaupt?»

Ihr Herz setzte kurz aus. «Nein, ich denke nicht. Es gibt da so vieles, was ich nicht verstehe.»

«Darf ich es dir erklären?» Er lächelte.

Sie war ihm direkt in die Falle gelaufen! Sabine überlegte, wie sie aus dieser Situation herauskäme, ohne seine Gefühle zu verletzten. Außerdem hatte sie Angst, seinen Argumenten nichts entgegensetzen zu können. Er war ein begabter Redner. Sie hatte ihn zu vielen Themen überzeugend argumentieren hören.

Auf der anderen Seite, was würde es schaden, mehr über die Bibel zu erfahren? Sie musste nur standfest in dem bleiben, was sie glaubte, und sich nicht verrennen.

«Okay, erzähl mir von der Bibel», sagte sie und fügte hinzu: «Aber versuch bloß nicht, mich zu bekehren!»

Sie willigte ein, ihm sieben Tage zu geben. Tommy kam jeden Tag zu ihrem kleinen Holzhaus. Sie lasen, im Schneidersitz auf dem Boden sitzend, in der Bibel.

«Die Bibel ist das Wort Gottes», fing er am ersten Nachmittag an. «Sie zeigt uns den Weg zu Gott.»

«Den Weg zu Gott? Wenn er überhaupt existiert, gibt es viele Wege zu Gott. Mehr als nur ein einziger Pfad kann zum selben Ziel führen», antwortete Sabine trotzig. Sie rückte ihr Sitzkissen zurecht.

Seit ihrer katastrophalen Reise nach Indien zweifelte sie immer mehr daran, dass es einen Gott gab. Und wenn es ihn überhaupt gab, war sie sich sicher, dass es nicht der Gott der Christen war. Sie glaubte, dass jede Religion ein Fünkchen Wahrheit enthielt, ein Puzzleteil des großen Mysteriums.

Tommy schien ihre Einwände nicht zu beachten. Er hörte lange zu. Als er dann sprach, diskutierte er nicht.

Er sagte in seiner soften Art: «Sabine, ich habe nicht alle Antworten. Ich kann dir nur von der Freude erzählen, die mein Herz erfüllt. Wie Jesus mein Leben verändert hat.»

Sabine sah über Tommy hinweg aus dem Fenster. Es war ein stürmischer Tag. Die Zweige der Redwoods wurden vom Wind hin und her geweht.

Tommy blätterte durch seine Bibel. «Sabine», sagte er, «Jesus *ist* die Wahrheit, die Wahrheit in Person.»

Eine sintflutartige Wut überkam Sabine. Sie wusste nicht, was sie mehr ärgerte – Tommy und sein Eifer oder Jesus, der behauptete, die einzige Wahrheit zu sein!

Sie konnte sich die meisten christlichen Ideen zu eigen machen. Den Nächsten zu lieben, ja, das sprach sie an. Die Bergpredigt fand sie brillant. Sogar die Zehn Gebote waren notwendig. Ohne sie könnten wir nicht gut leben. Diebstahl, zum Beispiel, muss verboten sein, klar. Sie erinnerte sich daran, wie wütend sie gewesen war, als die Hippies ihre ganze Aprikosen-Marmelade aufgegessen hatten.

Die Vorstellung jedoch, dass Jesus die einzige Wahrheit sein sollte, schloss alle anderen Religionen aus … Es war intolerant zu behaupten, dass andere Religionen falsch wären, dass Jesus der einzige Weg zu Gott wäre … Das störte sie am meisten.

«Worauf gründet Jesus seinen Anspruch?», fragte sie Tommy, schärfer, als sie es beabsichtigt hatte.

«Er nennt keinen Grund. Zumindest nicht mit Worten.» Tommy klang ruhig und zuversichtlich. Er war einen Moment lang still und schaute aus dem Fenster. «Jesus untermauerte seine Behauptung nicht mit Argumenten. Er zeigte durch die Dinge, die er tat, dass er Gott war. Durch Wunder. Und vor allem, indem er für uns starb. Er starb für uns alle, auch für dich, Sabine. Wenn ich ehrlich bin, verstehe ich das alles selbst nicht ganz. Ich bin noch am Lernen. Aber in meinem Herzen weiß ich, dass es wahr ist.»

Sabine sagte nichts.

Tommys Worte hingen im Raum.

Er hielt mit einer Hand seine Bibel, mit der anderen zeichnete er das Kreuz auf dem Umschlag nach. Er schaute Sabine wieder an, und sie sah Tränen in seinen Augen.

«Sabine, weißt du, was die größte Liebe ist? Niemand liebt mehr als derjenige, der sein Leben für seine Freunde gibt. So steht es im Neuen Testament in Johannes 15,13. Und genau das ist es, was Jesus für uns alle getan hat. Er bietet dir dieses kostbare Geschenk an, Sabine. Das Geschenk seines eigenen Lebens.»

Sabine war verwirrt. Sie lauschte dem Wind, der um die Hütte wehte. Es war alles so überwältigend. Sie wusste nicht mehr, was sie glauben sollte.

Könnte das die Wahrheit sein, nach der sie gesucht hatte? Stand sie die ganze Zeit über in der Bibel? War das alles am Kreuz entschieden worden? War der Sohn Gottes wirklich für sie gestorben … als Freund?

Tommy schwieg und wartete.

33.
Jesus ist der Herr

Sabine erkannte: Gleichgültigkeit war keine Option. Der christliche Glaube basierte entweder auf einer Lüge – in dem Fall konnte sie Jesus vergessen und brauchte sich nicht mehr um ihn zu kümmern. Oder er war die Wahrheit. Und wenn er wahr war, dann musste sie ihn mit ganzem Herzen annehmen. Sie konnte sich nicht neutral verhalten. Sie musste eine Entscheidung treffen, eine Entscheidung, die lebensverändernd sein würde.

Sie seufzte. Etwas in ihr wollte Tommy die Bibel aus der Hand reißen und sie ins Feuer werfen. Aber das konnte sie nicht. Sie war wie gefesselt von ihr.

Tommy ging, und Sabine wünschte, sie hätte nicht zu sechs weiteren Tagen eingewilligt. Aber Tommy und sie trafen sich weiter. Ihre Gespräche waren so intensiv wie am ersten Tag. Jedes Mal, nachdem Tommy gegangen war, lief Sabine in den Wald. Sie war innerlich zerrissen.

Nachts wälzte sie sich in ihrem Bett und konnte nicht schlafen. Ihre Gedanken rasten. Es waren die sieben schwierigsten Tage in ihrem Leben. Egal, welche Alltagstätigkeit sie anging, sie konnte sich einfach nicht konzentrieren. Immer wieder dachte sie an Tommys Worte: *Niemand liebt mehr als derjenige, der sein Leben für seine Freunde gibt.* Diese Worte gingen ihr in jedem wachen Moment durch den Kopf.

Am siebenten Tag redeten weder Tommy noch Sabine viel. Sie saßen wieder auf dem Fußboden ihrer Hütte vor dem Fenster und beobachteten, wie die Redwoods sanft im Wind wippten. Dann sagte Tommy etwas, das sie schockierte.

«Sabine, du bist im Dunkeln.»

Sabine bäumte sich auf. *Was für eine Beleidigung! Was denkt er, wer er ist?* Mit sechsundzwanzig wusste er viel weniger als sie mit sechsundvierzig. Sie hätte seine Mutter sein können.

«Tommy, schau mir in die Augen und sag das noch einmal!»

«Du bist im Dunkeln, Sabine», sagte er noch einmal, ruhig, aber bestimmt. Es war, als könnte er in ihr Inneres sehen. Er war klar und überzeugt.

Zu Sabines Entsetzen änderte sich etwas in ihr. Von einer Sekunde zur anderen war ihr Herz verändert. Ohne genau zu wissen, wie und warum, *wusste* sie, dass das, was Tommy die ganze Woche mit ihr besprochen hatte, wahr war. Sie *glaubte daran.*

Es war, als wäre sie ihr ganzes Leben lang blind gewesen, und jetzt konnte sie plötzlich sehen … alles um sie herum … mit absoluter Klarheit.

Tränen füllten ihre Augen und rannen ihr die Wangen hinunter. Sie hatte sich so viele Jahre so viel Mühe gegeben, die Wahrheit zu finden. Aber alles, was sie unternommen hatte, hatte nichts gebracht. Sie hatte gegen die echte Wahrheit gekämpft, gegen jenen Mann am Kreuz.

«Er ist für dich gestorben, Sabine. Alles, was du tun musst, ist, sein Geschenk anzunehmen.» Tommys Stimme war sanft.

Sie fühlte es. Gott gab ihr dieses wunderbare Geschenk, ohne Bedingungen zu stellen. Keine Sprache dieser Welt hätte in Worte fassen können, was sie in diesem Moment empfand. Sie konnte nur noch weinen. Und als die Tränen ihr Gesicht hinunterliefen, rief sie zum ersten Mal in ihrem Leben zu Gott. Sie schluchzte immer wieder: «Mein Gott. Mein Gott.»

Sie schüttete ihr Herz aus und gab die rastlose Ungeduld auf, die sie getrieben hatte. Es war fast zwanghaft gewesen – eine aussichtslose Suche nach einem erfüllten Leben. Sie merkte, wie die angesammelten Schuldgefühle der Jahre von ihr wichen. Ihr war, als spülten ihre Tränen alles weg.

Tommy reichte ihr ein Taschentuch.

Sabine nahm einen tiefen Atemzug. Zum ersten Mal in ihrem Leben fühlte sie sich frei. Ein wunderbarer, warmer Friede umhüllte sie.

Sabine und Tommy saßen weiter mit geschlossenen Augen und gebeugten Köpfen da. *Gott hat alles für mich gegeben!*, dachte Sabine. Es war so erstaunlich. Eine tiefe Liebe durchströmte sie, und sie empfand eine Ehrfurcht vor Gott wie nie zuvor.

Bevor sie fertig waren, flüsterte sie Gott noch ein weiteres Versprechen zu: «Ganz gleich, was ich tue, von nun an werde ich dir von ganzem Herzen dienen.»

Es war ihr noch nicht klar, dass sich alles verändern würde. Dies war der Beginn eines Lebens, das spannender, erfüllter und herausfordernder sein würde, als sie sich je hätte vorstellen können.

War dies nur ein weiterer Trend? Schwamm Sabine jetzt auf der Jesus-Welle, so wie sie auf der High-Society-Welle geritten war oder auf der Fritz-Perls-Welle oder der Indien-Welle?

Nein. Sabine wusste, dass es anders war. Ganz anders. Sie war ein neuer Mensch geworden. In all den Jahren ihres Lebens, ihrer Suche, hatte sie nichts so tief getroffen wie die Begegnung mit Jesus Christus. Der Mann am Kreuz war ihr Freund. Unfassbar.

Tommy ging schließlich, aber ihr kamen immer wieder die Tränen. So hatte sie sich noch nie gefühlt. Noch nie hatte sich etwas so *richtig* angefühlt.

Sie erinnerte sich an Jim Durken. Er kam oft von Eureka, um Bibelstunden auf dem Land abzuhalten. Er sagte: «Du kannst dich völlig auf Gott verlassen. Er ist verlässlich, ganz anders als Menschen.»

Wenn Sabine ihn das früher hatte sagen hören, war sie genervt gewesen. Jetzt überwältigten sie diese Worte. Sie spürte einen unerklärlichen Frieden.

✦ ✦ ✦

Als Jim das nächste Mal kam, erzählte sie ihm davon. Auf einem Gang durch den Redwood-Wald sagte sie: «Ich fühle jetzt einen solchen Frieden. Es ist, als ob meine ganze Seele zur Ruhe gekommen wäre.»

Sie setzten sich auf einen riesigen Baumstumpf, um sich auszuruhen. Jim sagte: «Vor über tausend Jahren machte Augustinus die gleiche Erfahrung. Er sagte, unsere Herzen bleiben unruhig, bis sie in *ihm* – Gott – Ruhe finden. Sabine, du hast die Ruhe gefunden, von der Augustinus sprach.»

Sabine lächelte und spürte die Wärme der Sonne auf ihrem Gesicht. «Zum ersten Mal habe ich das Gefühl, angekommen zu sein. Ich habe gefunden, wonach ich so lange gesucht habe.» Sie suchte nach Worten und sagte dann: «Ich bin zu Hause.»

Erkenntnis überkam sie. Seit sie vor vielen Jahren ihr Elternhaus in Königsberg verlassen hatte, hatte sie sich nicht mehr zu Hause gefühlt. Jahrzehntelang war sie ständig auf der Suche gewesen, nie zufrieden. Sie wollte mehr. Mehr als Millionen von Dollar. Mehr als ein einfaches Leben in ihrem eigenen Haus. Mehr als eine religiöse Erfahrung. Und ja, mehr als Ideale, die sich als Illusionen entpuppten.

Sie hatte etwas gefunden, das die Sehnsucht stillte. Aber es war mehr als das. Sie hatte Gott gefunden. Und indem sie ihn fand, hatte sie endlich sich selbst gefunden.

Jim kam weiterhin auf das Land und lehrte dort. Die Geschichten, die er aus der Bibel lehrte, fesselten Sabine. Saulus, der viele Christen getötet hatte, wurde Paulus, der erste Missionar. Martha, eine gewöhnliche Frau, die die ganze Zeit arbeitete, vernachlässigte das Wichtigste – Jesus zuzuhören. Wie faszinierend, dass Marthas Schwester, die die Arbeit vernachlässigte, um zu Jesu Füßen zu sitzen, als Vorbild diente!

Sabine saugte Jims Lehren auf und studierte selbst das Wort Gottes. Dies führte dazu, dass sie zum ersten Mal ehrlich über ihre Ehe mit Cliff nachdachte. So lange hatte sie ihm die Schuld an ihrer Scheidung gegeben, vor allem seinem Alkoholismus. Jetzt wurde ihr klar: Sie trug auch Verantwortung für ihre Trennung. Sie hatte versucht, die perfekte Ehefrau zu sein, aber sie hatte Cliff beschämt, weil sie ihn für seine Unvollkommenheit verachtete. Immer und immer wieder sorgte sie dafür, dass er ihre Verachtung spürte. Sie hatte ihn damit weiter in den Alkoholismus getrieben.

Jim lehrte, dass mit dem Tod Jesu die Strafe für all ihre Sünden bezahlt wurde. Indem sie seine Vergebung annahm, waren diese Sünden weggewischt. Sabine glaubte das. Aber sie wusste auch, dass sie nicht ruhen konnte, bis sie Cliff um Vergebung gebeten hatte.

Wie sollte sie das tun? Ihn anrufen? Nein, das wäre zu unpersönlich. Ihm einen Brief schreiben? Das erschien ihr zu distanziert. Sie musste direkt vor Ort mit ihm sprechen.

Am nächsten Tag ging sie zur Bank. Von ihren Ersparnissen waren nur noch fünfhundert Dollar übrig. Einen Großteil davon gab sie aus, indem sie eine Reise nach Miami buchte.

Um ihren Besuch anzukündigen, rief sie an. Cliff, der längst wieder geheiratet hatte, klang völlig schockiert, als er ihre Stimme hörte. «Was willst du nach all dieser Zeit von mir? Geld? Von mir kriegst du keinen Cent mehr!»

Als Sabine ihm versicherte, dass sie kein Geld wolle, schimpfte er: «Es ist unmöglich, dass wir wieder zusammenkommen!»

Der Rest ihres Telefongesprächs verlief schlecht. Dennoch wusste Sabine, dass sie ihn persönlich treffen musste.

Und so stand Sabine an einem warmen Nachmittag in Miami vor Cliffs Haus. Ein nervöses Frösteln überkam sie. Sie hatte Zweifel. Warum hatte sie sich das zugemutet? Welchen Sinn hatte es, Cliff wiederzusehen?

Sie war jedoch zu weit gereist, um jetzt umzudrehen. Also nahm sie all ihren Mut zusammen, lief den Weg zum Haus und klingelte.

34.
Bekennt einander also eure Sünden und betet füreinander, damit ihr geheilt werdet

Ein gealterter Cliff öffnete steif die Tür. «Komm rein.»

Sabine versuchte, nicht allzu lange hinzustarren. Er sah so anders aus – in die Jahre gekommen.

Höflich geleitete er sie ins Wohnzimmer und bot ihr eine Tasse Tee an. Als sie sich gegenübersaßen, sah Cliff ihr in die Augen. «Jetzt sag schon, warum du wirklich da bist.»

«Ich musste dich einfach persönlich treffen, Cliff», fing sie an. «Ich bin jetzt Christ. Mein Leben hat sich verändert.»

Er reagierte nicht, sagte kein Wort.

«Deshalb bin ich hier, um dich um Vergebung zu bitten», fuhr sie fort. «Verstehst du, Cliff? Ich habe dir immer die Schuld für alles gegeben. Ich … ich habe dich gehasst. Aber in Wirklichkeit habe ich dir keine Chance gegeben. Ich habe es dir unmöglich gemacht, mit dem Trinken aufzuhören. Ich habe dich sogar noch mehr hineingedrängt.»

Cliff saß regungslos in seinem Sessel. Nach langem Schweigen meinte er: «Nun, Sabine, ich weiß nicht, was ich sagen soll.» Er sah sie ausdruckslos an und fragte dann: «Bist du auf Drogen?»

Sie schüttelte den Kopf.

«Ich bin mir nicht sicher, was ich von deinem religiösen Wahn halten soll.»

Sabine lächelte ihn an: «Sieh mich an, Cliff. Ich bilde mir nichts ein. Und ich bin nicht auf Drogen. Ich bin glücklicher als je zuvor. Ich habe die Wahrheit gefunden!»

Cliff kratzte sich am Kopf und nickte höflich.

«Ich habe Gott um Vergebung gebeten. Cliff, kannst du mir auch vergeben?»

«Äh …, was hast du gesagt?»

«Ob du mir auch vergeben kannst – all das, was ich dir angetan habe.»

«Aber …» Cliff sah verwirrt aus. «Also, wenn du dich dadurch besser fühlst. Ich vergebe dir. Okay?»

«Mir ist das sehr wichtig. Ich musste mit dir darüber reden.»

«Schon in Ordnung. Ich … verstehe», sagte er. Aber sie wusste, dass er es nicht tat.

Ihre Zeit mit Fred verlief deutlich besser. Es war gut zu sehen, wie sehr ihr Sohn gewachsen war und wie gut er sich in der Schule machte.

Als ihr Taxi wegfuhr, wusste Sabine, dass sie die richtige Entscheidung getroffen hatte.

Nach ihrer Rückkehr aus Miami überbrachte ein Telefonanruf aus Deutschland eine verheerende Nachricht. «Dein Vater liegt im Sterben», berichtete ihre Cousine. Die

Ärzte vermuteten, dass er bestenfalls noch ein paar Tage hatte.

Tränen liefen Sabine über das Gesicht. Sie war dabei, ihren geliebten Vater zu verlieren. Und sie hatte nicht das Geld, um jetzt zu ihm zu fliegen.

Benommen legte sie den Telefonhörer auf und lief aus der Hütte auf die Lichtung. Eine Gruppe von Hippies, die dort standen, sah, dass sie weinte. «Mein Vater liegt im Sterben», schluchzte Sabine und brach zusammen. Die Nachricht verbreitete sich in der ganzen Kommune. Bald hatten sich die meisten Jesus People bei ihr versammelt, um zu beten und auf weitere Nachrichten zu warten.

Sabine war gerührt, als sie sich weigerten, von ihr wegzugehen, und stattdessen die ganze Nacht bei ihr blieben. Es wäre viel schlimmer gewesen, allein zu warten. In den frühen Morgenstunden klingelte das Telefon erneut.

Sabines Hände zitterten, als sie ans Telefon ging. Sie legte den Hörer auf und kapitulierte vor neuen Tränen. Er war gestorben. Sie hatte denjenigen verloren, auf den sie sich immer hatte verlassen können. Er hatte ihr immer einen ehrlichen Rat gegeben.

Der Verlust bewirkte einen dumpfen Schmerz in ihrer Brust. Sie vermisste ihn so sehr, und es war erst der erste Tag. Sie würde ihn bis ans Ende ihrer Tage vermissen.

Dann verdrängte der schlimmste Gedanke alles andere. Ich war nicht in der Lage, Vater von Jesus zu erzählen. Wenn er nur nicht so früh gestorben wäre! Jetzt ist es zu spät.

Später am Morgen lief sie allein über das Land. Ihr Herz war schwer vor Trauer. Zugleich strömte Trost in ihre Seele. *Ich habe Gott, den Vater, an den ich mich wenden kann.* Es erstaunte sie, dass der Gott des Universums sich so sehr um sie sorgte. Er kannte den Schmerz, den sie fühlte.

Dann dachte sie daran, wie Jesus sein ganzes Leben damit verbracht und es dann hingegeben hatte, um andere zu retten. Sabine entschied: *So will ich von nun an auch leben.*

Schon in den wenigen Wochen seit ihrer Bekehrung hatte sich ihr Leben sehr verändert. Wie hatte sie so lange leben können, ohne Jesus zu kennen? Von nun an würde sie ihm dienen und anderen eine Freundin sein.

Die Spannungen auf dem Land nahmen zu. Die Dinge hatten sich radikal verändert, und nicht alle waren damit glücklich. Zum Beispiel wurde vor jeder Mahlzeit gebetet. Fast jeden Abend gab es Bibelstunden. Und wo immer man sich auf dem Grundstück aufhielt, konnte man jemanden hören, der laut Lobpreislieder sang. Für die Hippies, die sich nicht bekehrt hatten, war dieses ganze Jesus-Zeug einfach zu viel.

Auch bei Sabine gab es große Veränderungen. Während sie weiter die Bibel studierte, änderte sie ihre Meinung über bestimmte Themen. Themen, die sie früher für unschuldig gehalten hatte – wie zum Beispiel Nacktheit. Früher dachte sie, nackt zu sein sei befreiend. Jetzt bedauerte sie, diese allzu freizügige Einstellung übernommen zu haben.

Vielleicht ist es gut, sich der Nacktheit zu schämen, dachte sie eines Tages, als sie über die Lichtung ging. Das ist ein Weg, auf dem Gott zeigt, wie kostbar wir sind. Wir sind Menschen, keine Tiere. Wir haben eine Würde, die wir hegen und pflegen sollten.

Gerade in dem Moment traf sie auf einen der Hippies, der sich auf der Wiese ausstreckte – nackt wie am Tag seiner Geburt. Sie rief das Erste, was ihr in den Sinn kam: «Hey, Johnny! Gott gab sogar Adam und Eva Kleider. Zieh dir was an!»

Sie lachte darüber, wie überrascht er schaute. Er zog schnell eine Decke über sich.

Einige fanden das christliche Verhalten und die neuen Regeln unerträglich. Sie verließen die Kommune. Aber Sabine war standhaft. Es war an der Zeit, dass Gottes Regeln auf dem Land in Kraft gesetzt wurden. Wenn Menschen gingen, dann war das eben so. Ihr waren jetzt Grenzen für das Zusammenleben wichtig.

Sie war jedoch überrascht und traurig, als ihr Sohn Cliff sie verließ. Er war bereit gewesen, seiner Mutter in eine Hippie-Kommune zu folgen. Aber er konnte nicht akzeptieren, dass sie Christin wurde. Er war durcheinander und fühlte sich verraten. Da er alt genug war, seine eigenen Entscheidungen zu treffen, zogen er und seine Freundin in eine andere Kommune.

Viele gingen weg, aber noch mehr Hippies kamen. Sie wies niemanden ab, selbst als auf dem Land mehr als hundert Menschen lebten.

Eines Abends nach dem Abendessen im Big House kamen sie zu einem gemeinsamen Entschluss. Sie wollten das Grundstück nicht mehr «das Land» nennen. Jemand sagte: «Lasst es uns *The Lord's Land* nennen, das Land des Herrn!»

«Halleluja!», rief Gus zustimmend.

Sabine gefiel das auch. «Viele von uns haben ihr Leben Gott gewidmet. Ich finde es wunderbar, auch unser Land ihm zu widmen.»

Damit war es entschieden.

Am nächsten Morgen machten sich einige an die Arbeit und schnitzten und malten ein großes Schild. Am Ende des Tages stellten sie es in der Nähe des Eingangs auf. Jeder, der auf der Navarro Ridge Road vorbeifuhr, konnte es deutlich lesen: «The Lord's Land».

Der neue Name war buchstäblich das Zeichen, dass Sabine

sich selbst und alles, was sie besaß, Gott geschenkt hatte. Sie hatte ihr gesamtes Vermögen in diesen Besitz investiert. Nun gehörte es Gott ganz.

In Sabine begann ein neues Feuer zu brennen. Sie erzählte jedem, der ihr zuhörte: «Ich brenne für Jesus!» Sie hatte das Gefühl, die ganze Zeit zu lächeln.

Sabine machte es sich zur Gewohnheit, jeden Nachmittag über das Grundstück zu laufen und ihrem Erlöser ihr Herz auszuschütten. Zuerst fühlte es sich seltsam an, mit Gott zu sprechen – fast wie ein Selbstgespräch. Dann gewöhnte sie sich daran. Es war ein solcher Trost, Gott kleine Botschaften zu senden, selbst über die Details des Alltags.

Wenn zum Beispiel jemand sagte, es sei ein herrlicher Tag, schickte sie in Gedanken ein kleines Dankeschön nach oben. Oder vielleicht bat sie ihn um Regen für das Gemüse im Garten. Das Staunen ließ nicht nach – Gott, der die ganze Welt erschaffen hatte, interessierte sich für die kleinsten Details ihres Lebens.

Wie andere Gläubige auf dem Lord's Land fand Sabine eine gute Gemeinde, der sie sich anschließen konnte. Ihr Pastor und seine Frau waren ein Vorbild für die Liebe Jesu, besonders in der Art, wie sie sich um ihre schwerbehinderte Adoptivtochter kümmerten. Es war einfach eine komplett neue Weise, in der Gott zu Sabine sprach. Er zeigte ihr seine Liebe, wie sie es noch nie zuvor erlebt hatte.

Eines Nachmittags, als sie über die Lichtung ging, betete sie: «Jesus, ich bin so dankbar, dass du mich gerettet hast. Aber so viele kennen dich nicht. Sie haben keine Ahnung, dass es dich gibt und dass du sie liebst.»

Sie dachte an den Tag zurück, an dem sie zum ersten Mal nach Haight-Ashbury gefahren war. Sie erinnerte sich an das

Gespräch mit den Drogenabhängigen, die in einem Kreis auf dem Bürgersteig saßen. Dann gingen ihre Gedanken weiter nach Karatschi, wo der Mann in der Gosse gestorben war, direkt zu ihren Füßen.

«Vater, wer erzählt den Leuten in der Gosse von dir? Wer bückt sich, um ihnen deine Liebe zu zeigen?»

Sofort sprach eine Stimme in ihrem Herzen: «Warum nicht du, Sabine?»

Ihr Herz setzte einen Schlag aus. Dafür war sie bestimmt nicht qualifiziert. «Oh Gott, mein Vater, nein. Ich kann das nicht tun. Ich will das nicht tun.»

Und doch wusste sie an diesem ruhigen Nachmittag ganz sicher, dass es Gottes sanfter Geist war, der sie rief, das Lord's Land und ihr bequemes, vertrautes Leben zu verlassen. Er wollte, dass sie Menschen in Not half.

Irgendwie, ohne alle Einzelheiten zu kennen, wusste sie, dass er sie in das Elendsviertel einer großen Stadt bringen würde, zu den ärmsten und bedürftigsten Menschen. Sie schien zu hören, wie Gott ihr zuflüsterte: «Ich liebe diese Menschen wie verrückt. Ich möchte, dass du ihnen meine Liebe zeigst.»

35.
Wie können sie von ihm hören, wenn ihnen niemand Gottes Botschaft verkündet?

Zunächst verschloss sie die Ohren vor dieser leisen Stimme. Sie dachte an den strengen Geruch des Haight-Ashbury-Viertels und der Straßen von Karatschi. *Außerdem,* versuchte sie vor sich selbst zu rechtfertigen, *was kann ich diesen Menschen bieten?*

Am gleichen Abend verkündete Tommy, dass er mit einer Gruppe aus Eureka eine Missionsreise nach New York City machen würde. Sabine war sofort klar, dass Gott sie rief, mit auf diese Reise zu gehen.

Sie fühlte sich wohl dabei, das Lord's Land in den Händen derer zurückzulassen, die schon lange dabei waren. Der Gemeinschaft würde es auch ohne sie gut gehen.

Bei einem Rückblick auf die letzten Jahre staunte sie über das Erreichte. Das öde Land war ein Zufluchtsort geworden. Unzählige Studenten, Hippies und Aussteiger hatten sie willkommen geheißen. Sie gaben ihnen für die Dauer ihres Aufenthalts ein Dach über dem Kopf und nahrhaftes Essen. Und neuerdings erzählten sie ihnen auch von Jesus, seiner Freundschaft, seinem Tod am Kreuz, seiner Auferstehung und dem neuen Leben, das er anbot.

So viele hatten sich für den Glauben entschieden. Traurig dachte sie auch an diejenigen, die in ihr altes Leben mit Alkohol und Drogen zurückgefallen waren. Aber viele blieben unerschütterlich in ihrem neuen Glauben.

Diese neue Art Hippies arbeiteten sehr hart – an ihrem geistlichen Wachstum, aber auch auf dem Grundstück und bei der Gartenarbeit. Zu ihrer Erleichterung pflanzten sie auch kein Marihuana mehr an.

Im Oktober 1973 zog Sabine nach Eureka, Kalifornien, um sich auf ihre Reise nach New York vorzubereiten. Da sie mit Puerto-Ricanern arbeiten wollte, lernte sie etwas Spanisch. Von nun an wollte sie außerdem völlig vom Glauben abhängig leben. Sie vertraute Gott in allem, selbst im Bereich Finanzen.

Daher beschloss sie, Cliffs Unterhaltszahlungen nicht mehr anzunehmen. Ihren Anspruch auf dieses Geld aufzugeben fühlte sich wunderbar befreiend an. Sie hatte sich nie freier gefühlt. Es war ein erstaunlicher Widerspruch: Als sie die finanzielle Sicherheit aufgab, spürte sie einen tiefen Frieden.

Sie teilte Cliff ihre Entscheidung mit. «Gott wird für mich sorgen», schrieb sie ihm. Er antwortete nicht, stellte aber sofort die monatlichen Zahlungen ein.

Zwei Wochen später belohnte Gott ihren Glauben. Ein großes Holzfäller-Unternehmen machte ein einzigartiges Angebot: achtzigtausend Dollar für den Verkauf des bewaldeten Hügels neben ihrem Land. Das war mehr als die doppelte Summe, die sie für das ganze Grundstück bezahlt hatte. Außerdem war das Stück Wald für ihre Gemeinschaft nutzlos. Die Flächen waren zu steil, um darauf zu bauen. Es blieben ihr immer noch elf Hektar, darunter auch ein bisschen Wald.

Nach viel Gebet und der Beratung von Fachleuten nahm sie das Angebot an. Mit dem Geld ließ sie die Hütten auf dem Lord's Land renovieren und Elektrizität und Wasser verlegen. Außerdem konnte sie mit einem Teil des Geldes das Vorhaben in New York City unterstützen.

Im Frühjahr 1974 fuhren Sabine, Tommy und der Rest der Gruppe, insgesamt 22 Leute, nach Brooklyn. Sie bildeten eine schöne Karawane aus alten, ramponierten Autos, die fast fünftausend Kilometer quer durch die Vereinigten Staaten fuhren.

Zunächst mussten sie eine Bleibe finden. Das Ergebnis ihrer Suche freute Sabine: ein großes Haus für fünfhundert Dollar im Monat, einen halben Block entfernt von dem Ort, an dem die meisten Junkies abhingen.

Sabine teilte sich ein Zimmer mit vier anderen Frauen – drei davon waren Prostituierte gewesen, bevor sie Christus kennengelernt hatten.

Eines Nachts brachte das Team eine junge farbige Frau mit,

die am ganzen Körper zitterte. Sabine schloss Mary vom ersten Moment an ins Herz. Das Mädchen war wunderschön und zart. Bei einer Tasse heißer Schokolade erzählte Mary ihre Geschichte.

Zu Hause war es schwierig gewesen. Deshalb war sie vor ihren Eltern davongelaufen ... direkt in die Arme eines Zuhälters.

Das Team hatte sie an dem Abend allein und jämmerlich weinend auf einer Parkbank gefunden. Sie hatten sie gedrängt mitzukommen, aber Mary hatte Angst, dass ihr Zuhälter ihr folgen würde. Schließlich war sie sein Eigentum. Aber die Männer vom Team weigerten sich aufzugeben. Mary versteckte sich hinter ihnen, und sie fanden den Zuhälter.

«Ein Mistkerl von einem Mann», erzählte einer Sabine. Sie konnten ihn dazu überreden, Mary freizulassen.

Zurück im Mietshaus hatte Mary Angst zu reden. Aber die Dankbarkeit in ihren Augen sprach Bände. Und so bekam Sabine eine weitere Zimmergenossin.

Schnell fand jeder im Team einen Job, um sich selbst zu versorgen. Sabine und Mary arbeiteten als Putzfrauen. Es dauerte nicht lange, bis auch Mary zum Glauben an Jesus Christus kam. Sabine war begeistert. Mary hatte eine ähnliche Erfahrung wie Sabine. Ihre Augen waren für Jesus geöffnet worden. Mit einem Mal konnte sie glauben: «Er ist der Sohn Gottes und bietet mir seine Freundschaft an. Er starb für mich.» Sabine kniete neben ihr auf den Fußboden und dankte Gott für dieses Wunder.

Sabine war überglücklich. Es war egal, dass sie als Putzfrau arbeitete und sich ein Zimmer mit vier anderen teilte. So zu leben war ein Privileg!

Ihre neue Nachbarschaft stand im krassen Gegensatz zu

dem Leben auf dem Lord's Land. Statt der Ruhe und Stille ihrer Kommune herrschte ständig Lärm in Brooklyn. Zu jeder Stunde, egal ob am Tag oder in der Nacht, rasten Krankenwagen durch die Straßen. Ihr durchdringendes Geheul erinnerte Sabine an die Gefahren, die vor der Tür lauerten. Die Polizei war überall präsent, und dennoch war die Kriminalitätsrate in der Nachbarschaft schwindelerregend. Einmal wurde ein junger Mann direkt vor ihrem Haus ermordet.

Auch sie hatten mit Raubüberfällen zu kämpfen. Sie waren nicht davor gefeit, auch wenn sie wenig Wertvolles besaßen. Einmal wurde in ihr Haus eingebrochen, als alle bis auf ein Teammitglied namens Tomas unterwegs waren. Er überraschte die Diebe. Sie liefen alle weg, bis auf einen, den Tomas fassen konnte. Zum Erstaunen des jungen Mannes lud Tomas ihn zu Kaffee und Kuchen ein. Verwirrt nahm der Möchtegern-Dieb einen schnellen Imbiss an, bevor er so schnell wie möglich das Weite suchte.

Sie sahen ihn nie wieder. Sabine stellte die Frage, ob diese Begegnung ihn verändert haben mochte.

«Das weiß nur Gott allein», sagte Tomas mit einem Grinsen.

36.
Ihr werdet meine Zeugen sein … überall auf der Erde

Das ungleiche Missionsteam prägte die Nachbarschaft zusehends. Einmal pro Woche luden sie Junkies zum Abendessen in einen gemieteten Saal ein.

In diesen Monaten entdeckte Sabine ihr Herz für Straßenkinder. Alles begann mit einer jungen Frau namens Cookie.

Mit ihren gerade einmal vierzehn Jahren leitete sie eine Straßengang, die mit Hasch, LSD und anderen Drogen handelte.

Cookie kam aus einer portugiesischen Familie mit sieben Kindern. Sie war ohne Vater aufgewachsen. Sie war ein aufgedrehtes, aufgeschlossenes Mädchen mit großen braunen Kulleraugen. Vom ersten Moment an wollte Sabine ihr helfen.

Sie besuchte Cookie und ihre Familie regelmäßig, nahm sich Zeit für Gespräche mit ihrer Mutter und half im Haushalt. Sabine lernte, dass das Evangelium manchmal am besten mit einem Eimer Seifenwasser und einer Scheuerbürste gepredigt wurde. So entwickelte Sabine eine Beziehung zu Cookie und ihrer Familie.

Sabines Leben in Brooklyn war Welten von ihrem ehemaligen Leben als Millionärsfrau entfernt. Ende 1975 spürte Sabine den Ruf, zurück nach Kalifornien zu gehen. So wie das Lord's Land ohne sie funktioniert hatte, würde Gott auch seine Arbeit in Brooklyn weiterführen.

Bei ihrer Rückkehr nach Mendocino trug sie eine neue Last mit sich. Sie wollte Frauen in Not helfen, Frauen, die vor Missbrauch und tätlichen Angriffen zu fliehen versuchten. Nach vielen Stunden des Nachdenkens und Gebets beschloss sie, diesen Frauen einen sicheren Hafen zu bieten. Einen Ort, an den sie vor den Männern fliehen konnten, die sie verletzten. Einen Ort der Heilung. Welch besseren Ort konnte es dafür geben als das Lord's Land?

1976 wandelte Sabine das Big House in einen Zufluchtsort um. Um notwendige Renovierungen an den Gebäuden vorzunehmen, verwendete sie einen Teil des Geldes aus dem Waldverkauf. Sie gestaltete das Haus um und stattete es mit neuen Möbeln aus. Es sollte eine einladende Atmosphäre für verletzte Frauen ausstrahlen.

Sie nannte es «Sisters' Home» (Schwesternhaus). Selbst der Name würde ein Gefühl von Sicherheit und Schutz vermitteln. Bald war es fertig. Sabine betete und war gespannt, wen Gott ihr schicken würde.

Die Nachricht vom Frauenhaus verbreitete sich weit über Mendocino hinaus, und die Frauen kamen und brachten ihre kleinen Kinder mit. Sabine verlebte das nächste Jahr unter acht Frauen und vielen Kindern. Alle waren auf der Flucht, kamen aus schrecklichen Situationen.

Da war Colette, eine Belgierin, deren Mann sie jahrelang geschlagen hatte. Sie kam mit ihren drei Kindern auf das Lord's Land.

Isabelle war eine unverheiratete Mutter, deren Freund wegen Bankraubs im Gefängnis saß.

Dann war da noch Peggy. Sabine konnte es kaum fassen, wie sehr Peggy von ihrem Freund missbraucht und traumatisiert worden war, bevor sie mit ihren beiden kleinen Töchtern fliehen konnte.

Sabine betete ständig um Gottes Schutz. Ihr war klar, wie anfällig sie für Gewalt durch einen der misshandelnden Ehemänner oder Freunde waren.

Praktisch veranlagt, wie sie war, legte Sabine eine tägliche Routine fest, der alle zu folgen hatten. Die Routine bot den Frauen Struktur und Sicherheit nach den unvorhersehbaren und schrecklichen Erlebnissen der Vergangenheit. Jeden Morgen um sieben rief Sabine fröhlich: «Aufstehen, Schwestern!»

Nachdem sie sich aus ihren Schlafsäcken gerollt hatten, versammelten sie sich um den Holzofen, um die erste halbe Stunde gemeinsam zu beten. Obwohl die meisten nicht daran gewöhnt waren, begannen sie, Gott frei zu erzählen, was sie auf dem Herzen hatten. Sie lasen auch einige Verse aus der Bibel laut vor. Danach erledigten sie ihre Hausarbeit, arbeiteten im Garten oder machten Einkäufe.

Die Frauen fügten sich gut ein. Ein geordneter Zeitplan war der erste Schritt zur Wiedererlangung ihrer Unabhängigkeit und zu einem stabilen Leben.

Sabine erinnerte sie immer wieder daran: «Wir wollen nach Gottes Regeln leben.» Und gemeinsam erfuhren sie, wie Gott ihre Gemeinschaft segnete.

Nach einem Jahr fanden Colette und Isabelle Arbeit und eine gemeinsame Wohnung. Sie bedurften der Hilfe des Schwesternhauses nicht mehr. Jetzt waren sie in der Lage, anderen zu helfen.

Nach und nach konnten alle Frauen den sicheren Hafen des Schwesternhauses verlassen. Irgendwann waren alle gegangen.

Nachdem sie der letzten Frau und ihren Kindern zum Abschied gewunken hatte, fragte Sabine den Herrn: «Was hast du als Nächstes für mich?»

Sie brauchte nicht lange zu warten. Am selben Tag, an dem die letzte Frau ging, erhielt Sabine einen Anruf. Es war ein Pfarrer in Mendocino. «Gibt es bei Ihnen jemanden, der sich um einen alten Mann kümmern könnte?»

Sabine lächelte. Sie wusste, dass dies Gottes nächster Auftrag war. Sie brauchte nicht darüber nachzudenken. Etwas in ihrem Geist wusste, dass dies Gottes Wille für sie war. Wie sie den Frauen oft gesagt hatte: «Glaube bedeutet, Gottes Stimme zu hören und ihr zu folgen.»

Zu ihrer Überraschung erfuhr Sabine in dieser Zeit, dass Fred, ihr Sohn, der sie verlassen hatte, um bei seinem Vater in Miami zu leben, ebenfalls Christ geworden war. Nun besuchte er die Universität, um sich zum Pfarrer ausbilden zu lassen.

Was Sabine anging, so war die Aufnahme des kranken älteren Mannes auf dem Lord's Land erst der Anfang. Sie verbrachte die nächsten drei Jahre damit, Menschen aufzunehmen, die im Sterben lagen. Es war eine schwierige, aber lohnende Arbeit. Welch eine Freude, wie Gott ihr immer wieder neue Aufgaben gab! Seine Aufgaben spornten sie an und lehrten sie, ihre Begabungen zu nutzen.

Der Herr ließ sie auch immer wieder darüber nachdenken, was ihre nächste Herausforderung sein könnte. 1980 überraschte Gott Sabine erneut. Sie spürte, dass Gott sie zur Rückkehr nach Deutschland rief. Sie begann, sich an Dinge aus ihrer Kindheit zu erinnern – Dinge, an die sie seit Jahren nicht mehr gedacht hatte. Sie erkannte, dass es der Herr war, der ihr den Wunsch gab, in das Land ihrer Geburt zurückzukehren.

Was geschah in ihrem Heimatland? Wirkte Gott dort im Leben der Menschen? Was war mit ihren alten Freunden und Bekannten?

Nach langem Nachdenken und Beten traf Sabine wieder einmal eine Entscheidung: Sie wollte nach Deutschland zurück gehen. Zumindest für ein oder zwei Jahre. Die Arbeit auf dem Lord's Land war bei dem von ihr eingesetzten Vorstand und den Mitarbeitern in guten Händen.

Sabine würde ihren Lebensunterhalt während ihres Aufenthalts in Deutschland als Haushälterin bestreiten. Sie schämte sich nicht wegen ihrer einfachen Lebensumstände. Ihr Glaube hatte ihr nicht nur Würde für sich selbst gegeben, sondern für jede Arbeit, zu der Gott sie berief.

Ein Wort aus der Bibel kam ihr in den Sinn: «Gott gibt den Demütigen Gnade.» Sie brauchte nicht mehr danach zu streben, den Gipfel zu erreichen. Der Herr hatte es ihr gezeigt: «Wer sich selbst erniedrigt, wird erhöht werden.»

Es war Frühling, ein guter Zeitpunkt für einen Neubeginn. Ihre alte Schulfreundin Monique holte sie wieder am Frankfurter Flughafen ab. «Es ist so schön, dass du wieder da bist», sagte sie und umarmte sie herzlich.

Sabine nahm Kontakt zu einem anderen alten Freund mit Namen Arvid auf. Er war einer der jungen Leute, die an ihrem Tisch in Santa Barbara gesessen hatten. Er war nach Deutschland zurückgekehrt, wo er als Computerspezialist Anerkennung erlangt hatte. Nun half er Sabine und stellte ihr in seinem Haus eine Wohnung zur Verfügung.

Sie brauchte nur noch einen Job. Eines Tages unterhielt sie sich mit Monique in einem Café. Sabine erzählte ihr, welche Art von Arbeit sie suchte. «Ich könnte kochen, putzen, flicken – alles, was eine Familie braucht.»

Monique setzte sich auf. «Mir ist gerade etwas eingefallen. Frau von Stein sucht jemanden, der ihr mit ihrer kranken Mutter hilft.»

«Warum klingt dieser Name so vertraut?», fragte Sabine. Dann erinnerte sie sich. «Die von Steins waren unsere Gastgeber auf der Party an jenem Abend. Erinnerst du dich?»

«Natürlich!», sagte Monique. Sie versprach, anzurufen und zu fragen, ob die Stelle noch frei sei.

Später am Nachmittag saß Sabine in einem gemütlichen Sessel in Arvids Wohnung. Gemeinsam erinnerten sie sich an ihre Zeit in Santa Barbara. Das Telefon klingelte. Er antwortete: «Ah, hallo, Frau von Stein.»

Arvid sprach weiter und machte keine Anstalten, ihr den Telefonhörer zu reichen. «Ja, sie ist hier. Sicherlich kann sie später vorbeikommen», fuhr er fort. «Wie lautet Ihre Adresse?» Er schwieg einen Moment und sah dann überrascht aus.

«Das muss direkt hinter unserem Gebäude sein … über den Innenhof …»

Eine Minute später legte er wieder auf. Seine Augen waren weit aufgerissen. «Du wirst es nicht glauben, Sabine. Komm hier rüber!» Er forderte sie auf, in seine Küche zu kommen.

Sie folgte ihm zu einem Fenster. Arvid sagte: «Erinnerst du dich noch? In Santa Barbara, da hast du uns die Geschichte von Herrn von Steins Party in seinem Penthouse erzählt. Du hast eine Wäscherin neben einem Kastanienbaum in einem Innenhof gesehen …»

Sabine blickte nach unten und sah einen majestätischen Kastanienbaum in voller Blüte. Sie war sprachlos. Sie blickte auf denselben Kastanienbaum, in denselben Hof wie viele Jahre zuvor.

37.
Ich will dich nicht verlassen, bis ich alles tue, was ich dir zugesagt habe

«Der Kastanienbaum dort unten … direkt hinter meiner Wohnung … ist mir noch nicht einmal aufgefallen …», stotterte Arvid und fasste sich in den Nacken. «Das ist *dein* Kastanienbaum!»

Sabine stand wie angewurzelt da. Auf der anderen Seite des Hofes konnte sie das Fenster sehen, an dem sie an jenem Abend gestanden hatte. Sie hatte damals auf eine innere Stimme gehört, die sagte, sie könne als Wäscherin glücklich sein. Jetzt erinnerte sie sich an alles. An Herrn von Steins Geburtstagsparty. Seine Gemäldesammlung. Wie sie die einfache

Szene im Innenhof mehr beeindruckt hatte als die Kunstsammlung.

Und wenn man bedenkt, dass einer ihrer Freunde, der in Santa Barbara an ihrem Tisch mitgegessen hatte, nun denselben Innenhof hatte!

Sie erinnerte sich an die Worte aus der fernen Vergangenheit. *Was, wenn ich den Sinn meines Lebens als Waschfrau finde?* Wie klar sie sich an ihre Antwort erinnerte. *Wenn ich das Glück als Waschfrau finde, dann will ich Waschfrau werden.*

Hier stand sie nun, mehr als 25 Jahre später, mit Blick auf den Kastanienbaum und suchte eine Stelle als Haushälterin.

Als sie am Abend in ihre Wohnung zurückkam, war Sabine immer noch fassungslos. Bevor sie in dieser Nacht schlafen ging, betete sie: «Mein Gott, jetzt sehe ich deine Handschrift in meinem Leben. Ich danke dir.»

Die nächsten zehn Monate arbeitete sie als Haushälterin, allerdings nicht bei der Familie von Stein. Sie nahm eine andere Stelle an, in einer anderen Stadt, in München. Sie schloss sich einer Kirche in der Nähe an und verbrachte ihre Freizeit damit, kranke und alte Menschen zu besuchen. Ihre Tage waren lang und gefüllt mit harter Arbeit, und dennoch war sie glücklich.

Welche Ironie, dass das Leben als Bedienstete sie mit einer Zufriedenheit erfüllte, die sie als eine der wohlhabendsten Damen Miamis nicht gefunden hatte.

Im Sommer 1981 reiste Sabine mit der Bahn nach Berlin. Als ihr Zug Ostdeutschland durchquerte, um nach West-Berlin zu gelangen, sah Sabine zum ersten Mal den kommunistischen Teil ihres Heimatlandes. Sie war erstaunt über den Kontrast zu Westdeutschland.

Mehrere Male gingen strenge Beamte in Uniform durch

den Eisenbahnwagon und kontrollierten die Dokumente aller Anwesenden. Sie hatten eine kalte Effizienz inne, die Sabine an die Gestapo erinnerte.

Städte und Landschaft zogen an ihr vorbei, darunter viele heruntergekommene Häuser. Es herrschte Trostlosigkeit, obwohl es Sommer war. Die Städte erinnerten Sabine an die schrecklichen Jahre unmittelbar nach dem Krieg.

Doch sie empfand noch eine andere Art Trostlosigkeit: eine geistliche Finsternis, die über dem Land hing. Nach dem, was sie gehört hatte, unterdrückte die Sozialistische Einheitspartei Deutschlands die Religionsausübung und machte den Christen das Leben schwer.

Sie fühlte sich zu den ostdeutschen Fahrgästen im Zug hingezogen. Und wieder einmal verlangte etwas in ihrem Geist ihre Aufmerksamkeit. Sie war bereit für eine neue Herausforderung. «Herr, sende mich hierher, in die DDR!», betete sie leise, während sie die Landschaft an sich vorbeiziehen sah.

Es würde Jahre dauern, bis der Herr dieses Angebot annahm.

✦ ✦ ✦

Nach einem Jahr in Deutschland kehrte Sabine nach Kalifornien zurück. Das Jahrzehnt verging wie im Flug: Sie arbeitete im Lord's Land und nahm verschiedene Jobs als Haushälterin oder Hilfsschwester an.

1989 ging Sabine nach Kona, Hawaii, um auf dem Campus von *Jugend mit einer Mission* (JMEM) an einer Schulung teilzunehmen. Eines Morgens im November stellten die JMEM-Mitarbeiter einen Fernseher im Pavillon auf. Alle wollten sehen, was sich auf der anderen Seite der Welt, in Berlin, wo es mitten in der Nacht war, abspielte.

Sabine sah mit Erstaunen, wie die Deutschen mit Vorschlaghämmern die Berliner Mauer einrissen. Die Fernsehkameras zeigten Ost- und Westberliner, die jubelten, lachten und weinten. Bald weinte auch Sabine.

✦ ✦ ✦

Scheiß Amis! Scheiß Welt! Scheiß Leben! Jemand hatte hässliche Schimpfwörter auf Ruinen aus dem Zweiten Weltkrieg gesprüht. Die Graffiti der Jugendlichen verfluchten die Amerikaner, die Welt und das Leben im Allgemeinen und strahlten eine ungeheure Wut aus. Die Worte machten Sabine traurig, als sie an einem bedeckten Sommertag 1992 durch die Straßen Dresdens ging.

Die Stadt lag im ehemals kommunistischen Ostdeutschland. Nach dem Mauerfall 1989 hatte Sabine eifrig die Berichte über die Wiedervereinigung von Ost- und Westdeutschland verfolgt. Doch es hatte drei Jahre gedauert, bis sie sich selbst ein Bild machen konnte.

Nun konnte sie kaum glauben, dass sie hier war. In Dresden. Die Erinnerungen überfluteten sie. Wie sie und Hans an Fasching durch die Straßen rannten … wie sie während der Brandbombardierung in Schlüters Keller kauerten … wie sie den Flammenwänden und dem Geruch von brennendem Fleisch entkamen …

In 47 Jahren hatte sich sehr viel verändert. Und doch sahen einige Orte aus, als sei der Krieg gerade erst beendet worden. Als Sabine durch die Straßen ging und die schäbigen Viertel begutachtete, erkannte sie die Graffiti als das, was sie waren: der Schmerz jugendlicher Seelen, der sich auf Wände und Gebäude ergoss.

Eine Welle der Traurigkeit überkam sie. Sie kam an etwas vorbei, was der lokale Treffpunkt der jungen Leute sein musste. Mehrere Teenager lehnten sich gegen das Gebäude. Sie starrten alle ins Leere. Es wirkte auf Sabine, als würden sie nichts mehr vom Leben erwarten.

Sabine ging die Straße hinunter. An Wände und Fenster geklebte Plakate kündigten bevorstehende Veranstaltungen an – Punkkonzerte oder Filme mit Pornografie, Gewalt und Okkultismus. Wo war die Hoffnung? Tränen stiegen ihr in die Augen. «Herr», betete sie, «es muss dir so weh tun, diese jungen Leute so zu sehen.»

Während sie lief und betete, entwickelte sie eine Entschlossenheit, Hoffnung in diese Stadt zu bringen. Aber sie war 68 Jahre alt. War sie zu alt, um etwas Neues anzufangen?

Zurück in Kalifornien, wurde sie das Gefühl nicht los, dass Gott sie wieder einmal rief. Das Erste, was sie tat, als sie wieder in Mendocino ankam, war, ein Treffen mit ihrem Pastor und den Leitern ihrer Kirche zu arrangieren. Sabine fürchtete, sie sei zu alt für ein neues Vorhaben. Aber als sie ihnen von Dresden erzählte, wurde sie von ihren Freunden und Kirchenmitgliedern ermutigt. Sie konnte alles tun, weil Christus ihr Kraft gab.

Sie würde sich auf Gott verlassen müssen. Zumal sie alles, was sie besaß, in den Dienst im Lord's Land gesteckt hatte.

Als Sabine Gott sagte, dass sie ihm vertrauen würde, hatte sie ihre Entscheidung bereits getroffen. Sie wollte nach Dresden ziehen.

Zusätzlich zu ihrer regulären Arbeit im Lord's Land nahm sie verschiedene Jobs in San Francisco an. Sie wohnte bei Freunden und sparte Geld für die Rückkehr nach Deutschland.

Inzwischen war das Lord's Land zu einem beliebten christlichen Erholungszentrum geworden. Obwohl es ihr sehr schwerfallen würde, ihr Häuschen inmitten der Redwoods zu verlassen, wusste sie, dass das Grundstück in fähigen Händen war. Verantwortungsbewusste Mitarbeiter leiteten den Dienst, und Sabine vertraute dem Vorstand von ganzem Herzen.

Was ihre Söhne betraf, so lebten sie ihr eigenes Leben. Fred war nun Pfarrer, Cliff Versicherungsvertreter. Beide waren verheiratet und hatten jeweils zwei Kinder.

Es gab nichts, was Sabine zurückhielt. Auch wenn viele in ihrem Alter längst im Ruhestand waren, war sie bereit, sich auf ein neues Abenteuer einzulassen. Auf ihrer Abschiedsfeier sagte sie allen: «Die deutsche Jugend braucht dringend Hoffnung!»

Ihr ursprünglicher Plan war, ein Jahr in Deutschland zu bleiben. Sie wusste zu dem Zeitpunkt noch nicht, dass sie ein Jahrzehnt später mit der größten Herausforderung ihres Lebens zu kämpfen haben würde.

38.
Geht hinaus in die ganze Welt und verkündet allen Menschen die rettende Botschaft

Im Januar 1993 kam Sabine mit zwei kleinen Koffern und dreitausend D-Mark in Dresden an. Die gedrückte Stimmung in ihrem neuen Viertel schockierte sie. Regelmäßig ging sie die Louisenstraße, eine der Hauptstraßen des Viertels, entlang und versuchte im Geist die schwere Verzweiflung zu überkommen, die alles überlagerte. Zerrissene Vorhänge hingen in Fenstern mit zerbrochenen Scheiben. Es sah aus, als hätte eine Flutwelle lauter Müll an die Bordsteine gespült und leere Plätze gefüllt. Graffiti mit Gang-Symbolen, Obszönitäten und hasserfüllten Worten verunstalteten jedes Gebäude.

Wie sollten diese jungen Menschen noch Hoffnung haben?, fragte sie sich erneut, als sie die deprimierenden Straßen entlangging.

Sie konnte es kaum erwarten, an die Arbeit zu gehen und den Jugendlichen von der Hoffnung zu erzählen, die Jesus gibt. Sabine zog in eine Wohnung in der Frühlingstraße. Direkt gegenüber wohnte der Bandleader der Rockband *Höllenhunde*. Sie wusste, dass sie am richtigen Ort war.

Die Martin-Luther-Straße in der Dresdner Neustadt war nur eine Viertelstunde zu Fuß von ihrer Wohnung entfernt. Eines Tages, als sie diese Straße entlangging, sah sie ein altes Gebäude neben einer evangelischen Kirche.

Sie hatte vor, ein Café mit Secondhand-Laden zu eröffnen. Als sie nun vor der Martin-Luther-Straße Nr. 12 stand, war ihr klar, dass dies der perfekte Standort war. Sabine erkundigte sich nach dem Besitzer und fand heraus, dass die Räume der Stadt gehörten. Das Gebäude hatte früher ein Spirituosengeschäft beherbergt. Doch nun schien niemand mehr daran interessiert, in dieser Gegend einen Laden zu betreiben. Auch der Schnapsladen hatte sich nicht halten können.

Sabine konnte zwei Räume im Erdgeschoss mieten, mit einem Eingang an der Straßenecke. Die Miete betrug eintausend D-Mark pro Monat. Da sie nur etwa dreitausend D-Mark hatte, musste sie für die Miete auf Gott vertrauen.

Sie würde eine Menge Hilfe brauchen. Sabine besuchte viele christliche Gemeinden in Dresden und beschrieb ihr Ziel. Neben finanzieller Unterstützung bat Sabine um tatkräftige gläubige Jugendliche, die das Projekt mit ihr angehen wollten. Viele waren begierig zu helfen. Sie kamen aus verschiedenen Kirchen, darunter auch zwei junge katholische Freiwillige.

Sie begannen sofort. Fast jeden Tag sägten, hämmerten, flickten und malten fleißige junge Menschen. Schnell verwandelten sich die Räume. Jede Woche war etwas Neues dran: Ein Schreiner installierte eine abgehängte Decke. Ein Ingenieur brachte die Elektrizität auf den neuesten Stand. Mehrere Gemeinden spendeten Geld und stifteten Einrichtungsgegenstände, darunter einen Kühlschrank, Stühle und zerkratzte, aber stabile Holztische. Sie reparierten und reinigten liebevoll jedes einzelne Stück.

Sabine wollte, dass alles schön und bequem war und dass alle, die kamen, sich willkommen fühlten.

Im April 1993 öffnete das Café seine Türen. Sabine nannte es «Stoffwechsel», abgeleitet von den beiden Worten *Stoff* und *Wechsel*. Die Menschen sollten kommen, wie sie waren, Jesus begegnen und verändert wieder gehen.

«Wir wollen jeden, der durch diese Türen kommt, mit Liebe empfangen», sagte sie ihren Mitarbeitern. «Wir wollen jeden mit Liebe behandeln, so wie Jesus uns geliebt und angenommen hat.»

Bald wehte der Geruch von frischem Kuchen aus der Martin-Luther-Straße 12. Es gab gratis Kaffee und Tee sowie Kekse und Brötchen. Außerdem konnten die Besucher durch die Secondhand-Kleidung stöbern.

Es dauerte nicht lange, bis es sich herumsprach. Benachteiligte, Obdachlose, Drogenabhängige, Punks, Gruftis und Jugendliche aller Art füllten das Café. Als Sabine sah, wie schnell alles Gestalt annahm, wurde ihr klar, wie viele Jahre sie vergeudet hatte. Sie wäre womöglich schon früher Christin geworden, wenn sie gesehen hätte, wie die Gemeinden auf diese Weise zusammenarbeiteten und denen halfen, die es brauchten. Ihre Bibeln standen nicht irgendwo in einem Regal und verstaubten. Die Dresdner lebten die Botschaft der Bibel.

Sabine war begeistert: *Wenn doch nur jede Stadt einen solchen Ort hätte!* Wenn Christen aufhören würden, über die jungen Menschen ihrer Stadt zu urteilen, und anfangen würden, auf sie zuzugehen.

Für den Rest ihres Lebens wollte Sabine Christen ermutigen, ihre von Gott verliehene Stärke zu nutzen, um das zu tun, was er ihnen zeigte.

In Dresden stellten die Freiwilligen jeden Samstag ein großzügiges Buffet auf. Sie luden jeden aus der Nachbarschaft zum kostenlosen Essen ein. Ohne die Hilfe der Dresdner Tafel, einer gemeinnützigen Organisation, die in Geschäften Lebensmittel sammelt und vor dem Wegwerfen bewahrt, wäre dies zu teuer gewesen. Auch der Bäcker von der anderen Straßenseite spendete frische Brötchen.

Gott machte aus der Mutter der kalifornischen Hippies die Mutter der Dresdner Straßenkinder. Sie wusste, dass es in der Dresdner Neustadt nicht so schnell Veränderungen geben würde. Aber von nun an gab es hier jemanden für die Jugend – jemanden, der ihnen bedingungslose Liebe und Unterstützung geben würde.

Sabine wollte die jungen Menschen, denen sie zu helfen versuchte, verstehen. Wie sie es schon Jahre zuvor in Haight-Ashbury getan hatte, wollte sie Jugendliche in ihrem Umfeld kennenlernen und plante, ein paar Rock-Konzerte zu besuchen.

Sie würde dort die einzige Siebzigjährige sein, aber das hielt sie nicht davon ab. Eine Veranstaltung fand in einer ehemaligen Lederfabrik statt, die demnächst abgerissen werden sollte. Sabine ging hinein und hörte das Dröhnen und Wummern von E-Gitarren, den ohrenbetäubenden Lärm von Schlagzeugen und die Schreie der Sänger.

In Sabines Kopf produzierten die Bands einen geradezu höllischen Lärm. Trotz ihrer Ohrstöpsel befürchtete sie, das Gehör zu verlieren. Blinkende Stroboskoplichter erschwerten die Sicht, und sie wich einigen jungen Männern aus, die sich gegeneinander warfen. Zuerst dachte sie, sie würden miteinander kämpfen. Später erfuhr sie, dass man das «Slam Dancing» nannte.

Im Flackern der Stroboskope suchte Sabine bekannte Gesichter aus dem *Café Stoffwechsel.* Schließlich erkannte sie ein paar Jugendliche, die sich an ein rostiges Rohr am Rande der Menge lehnten. Die meisten waren ganz in Schwarz gekleidet. Einige hatten Tätowierungen und Piercings in Nase, Lippen und Augenbrauen.

Doch selbst hier, wo sich die Menschen angeblich amüsieren sollten, brachte der Ausdruck auf ihren Gesichtern Sabine zum Weinen. Sie war nicht sentimental. Es war Gott, der ihr die Fähigkeit gab, in ihre Seelen zu blicken, zu sehen, wie gebrochen und allein sie waren. Sie hatte das Gefühl, dass ihr Herz buchstäblich auseinanderbrach.

39.
Gott ist Liebe

Sabine wischte sich die Tränen weg, ging zu einer Gruppe Mädchen und umarmte sie, ohne etwas zu sagen.

Dann sprach sie mit einem jungen Mann, der ein umgedrehtes Kreuz um den Hals hängen hatte. «Schmeiß dein Leben nicht weg!», sagte sie. «Du bist wertvoll. Es gibt Hoffnung für dein Leben.»

Sie hatte gelernt, nicht zu fragen: «Wie geht es dir?» Denn dann wurde sie entweder ignoriert oder angeknurrt: «Kümmer dich um deine eigenen Angelegenheiten, Oma!»

Sie wollte diesen jungen Leuten Freundlichkeit entgegenbringen, ihnen die Liebe Christi zeigen. Und sie lud jeden von ihnen ins *Café Stoffwechsel* ein.

Jeden Morgen, bevor das Café öffnete, betete Sabine mit ihren Mitarbeitern. Sie beteten namentlich für jeden Einzelnen, der bisher gekommen war, und baten Gott, der Person seine Liebe zu offenbaren. Sie beteten auch für jede Begegnung, die Gott ihnen an dem Tag schenken würde.

Da war Marion. Ihr Onkel hatte sie vergewaltigt, als sie zwölf gewesen war. Jetzt lebte sie mit ihrem Freund zusammen, der doppelt so alt war wie sie. Sie kam oft ins Café und schüttete Sabine ihr Herz aus. Doch Marion kam nie von ihrem Lebensstil los.

Eine andere war Mo, eine hinreißende junge Frau mit zwei kleinen Kindern und vielen Liebhabern. Sie wusste nicht, wo die Väter ihrer Kinder waren. Eines Tages stürmte sie heftig zitternd ins Café. Einer ihrer Freunde hatte Drogen in ihrem Kühlschrank versteckt und war verschwunden.

Ein Freund hatte Mo angerufen und sie gewarnt, dass mehrere Männer in ihrer Wohnung warteten – wahrscheinlich die Mafia. Sabine versteckte die junge Frau und ihre Kinder an einem sicheren Ort außerhalb der Stadt.

Jahre später sagte Mo während eines Fernsehinterviews: «Niemand hat mir geglaubt. Niemand. Sabine war die erste Person, die mich ernst genommen hat. Sie glaubte an mich.»

Sabine half Mo auch, an Gott zu glauben. Mo fing an zu beten. Es war ein langer Weg, aber langsam lernte sie, Gott zu vertrauen. Später heiratete sie sogar. Mit der Ordnung in Mo's Leben kam auch so viel Heilung.

Frühjahr 2009: Mehr als sechzehn Jahre sind vergangen, seit Sabine nach Dresden zog und sich ihrer bisher härtesten Herausforderung stellte. Der Versuch, deutsche Jugendliche zu erreichen, ähnelt in gewisser Weise dem, was sie in den Siebzigerjahren in Kalifornien unter Hippies tat. Aber in mancher Hinsicht ist das, was Jugendliche in der Stadt heute erleben, weitaus schlimmer.

Auch die zierliche weißhaarige Dame hat sich verändert. Ihre wohlhabenden Freunde in Miami würden Sabine nicht mehr wiedererkennen. Ihr Glaube ist in Prüfungen und Schwierigkeiten geschmiedet worden. Sie war körperlichen Bedrohungen und Hass ausgesetzt. Im Café in der Martin-Luther-Straße 12 kam es zeitweise zu Gewalt. Vier große Fenster mussten ersetzt werden, nachdem Nachbarn Steine geworfen hatten.

Sabine ist oft die Einzige, die zwischen den Jugendlichen und der Zerstörung steht. Einmal wurde ein Junge im *Stoffwechsel* fast zu Tode geprügelt. Sie war allein im Café, als eine Schlägertruppe dem Jungen folgte und ihn verprügelte. Als er zu Boden fiel, stürzten sie sich auf ihn und schlugen und traten weiter auf ihn ein.

Eine alte Dame konnte da wenig tun, um sie zu aufzuhalten. Die Gangster hörten nicht auf, ihn zu schlagen, bis Krankenwagen und Sanitäter eintrafen. Sabine besuchte den Jungen während seiner gesamten, langsamen Genesung im Krankenhaus.

Wegen Vorfällen wie diesem sprechen die Nachbarn nicht immer wohlwollend vom *Stoffwechsel.* Aber Sabine ist genauso freundlich zu ihnen wie zu den Straßenkindern, die ins Café kommen. Es ist nicht immer leicht, ihre «Kinder», wie sie sie nennt, zu lieben. In der einen Minute umarmen und küssen sie sie, in der nächsten schmeißen sie Eier ins Café oder zerkratzen den *Stoffwechsel*-Bus.

Wenn einer der Stammgäste plötzlich nicht mehr kommt, findet Sabine ihn meist im Gefängnis. Entweder hat er ein Auto aufgebrochen, hat einen Laden überfallen oder wurde beim Drogenhandel erwischt. Oft ist sie die einzige Person, die ihn besucht.

Sie erzählt ihnen dann von dem Leben, das sie gelebt hat, wie sie immer versucht hat, mehr zu erreichen, und wie sie einmal das Leben einer Multimillionärin geführt hat. Sie berichtet von der Leere, die sie empfand, obwohl sie alles besaß. Und sie erzählt ihnen von ihren Schuldgefühlen. Dann erzählt sie, wie sie zu Jesus, dem Mann am Kreuz, kam. Sein Tod bezahlte die Strafe für ihre Schuld, und seine Auferstehung gab ihr neues Leben.

«Bei Gott gibt es keine hoffnungslosen Fälle», sagt sie ihnen. Was auch immer jemand getan hat, in Gottes Augen ist er unendlich wertvoll.

Die Arbeit des *Stoffwechsel Dresden* ist weiter gewachsen. Spenden der Stadt und aus ganz Deutschland haben das Wachstum des Dienstes ermöglicht. Mit der Martin-Luther-Straße 29 gelang ein nächster großer Schritt.

Nachbarn erzählten Sabine von dem verlassenen Gebäude am Ende der Straße. Es war zum Abriss vorgesehen. Die Bewohner des Viertels waren nicht begeistert von der Idee, dass an seiner Stelle ein weiterer großer, unpersönlicher Wohnblock entstehen sollte.

Obwohl das Bauwerk sehr zerfallen war, sah Sabine Möglichkeiten. Sie hatten das Café so gut in Ordnung gebracht. Ihre Mitarbeiter und freiwilligen Helfer würden auch in diese Renovierung viel Liebe stecken und das Haus zu einem Ort der Hoffnung für die Nachbarschaft machen. Der zusätzliche Platz würde es ihnen ermöglichen, noch viel mehr jungen Menschen und Kindern zu helfen.

Sie berichtete den *Stoffwechsel*-Mitarbeitern von ihrer Idee, und sie verbrachten viel Zeit im Gebet. War es das, was Gott als Nächstes von ihnen wollte?

Da die Martin-Luther-Straße 29 der Stadt gehörte, beschloss Sabine, dem Bürgermeister zu schreiben. Auf ihrem besten Briefpapier verfasste sie einen Brief an Dr. Herbert Wagner, Oberbürgermeister von Dresden.

Sie schrieb, dass sie bekennende Christin sei und wie sie jahrelang mit jungen Leuten in Kalifornien gearbeitet hatte. Sabine berichtete von der Arbeit des *Stoffwechsel*-Vereins und wie sie der Dresdner Jugend halfen und sie ermutigten, keine Drogen mehr zu nehmen.

Abschließend erzählte sie von dem leerstehenden Gebäude, wie sie es renovieren und zwei Wohnungen mieten wollten, um ihre Arbeit erweitern zu können.

Der Bürgermeister lud sie zu einem Treffen ein. Zu Sabines Freude stimmte er einer Änderung der Pläne für das alte Gebäude zu. Als sie mit dem Mietvertrag zurückkam, sprangen ihre Mitarbeiter im *Stoffwechsel* auf und riefen: «Ehre sei Gott!» und «Halleluja!»

«Außerdem», sagte Sabine, die aufgeregt umherlief, «konnte

ich ihm erzählen, was wir in der Stadt machen!» Sie setzte sich an einen Tisch, lächelte und schüttelte den Kopf. «Das war Gott», sagte sie und fasste den Sieg im Rathaus zusammen. «Es ist Gott, der sich so um uns kümmert.»

Ein großer Mitarbeiterstab sowie Praktikanten und ein Zivildienstleistender gehören nun zum *Stoffwechsel*-Team. Ralf Knauthe – liebevoll Knafffi genannt – ist der Leiter der Arbeit. Thurid, die den Spitznamen Meisterköchin trägt, und viele andere treue Mitarbeiter beschreiten neue Wege, um junge Menschen zu erreichen. Ihr Motto: «Hingehen – weil du Gott wertvoll bist.»

Auch eine Reihe von führenden Persönlichkeiten aus Politik und Gesellschaft sagten ihre Unterstützung zu, darunter die Ehefrau des ehemaligen Ministerpräsidenten, Ingrid Biedenkopf, und die Sozialministerin Christine Weber. Für ihre Arbeit wurde Sabine mehrfach ausgezeichnet. Bei jeder Gelegenheit erzählt sie von «ihren Kindern» und wie viel sie Gott bedeuten.

Einmal im Jahr versucht Sabine ihre leiblichen Söhne, Cliff und Fred, und ihre Familien zu sehen.

Die Arbeit, die begann, als Sabine mit zwei Koffern und dreitausend D-Mark ankam, hat Journalisten aus Fernsehen, Radio, Zeitungen und Zeitschriften angezogen. Sie führten Interviews und erstellten Dokumentationen über «das kleine Wunder mitten in Dresden».

Einmal schickte ihr ein Fernsehsender ein Erste-Klasse-Ticket, um sie für ein Interview einfliegen zu lassen. Sie tauschte es gegen einen Platz in der Economy Class ein. Sie meinte: «Die Mutter von Straßenkindern konnte unmöglich erster Klasse fliegen!»

Sabine besitzt nur ein paar Outfits. Gewöhnlich kombiniert

sie diese mit einer hellblauen Bluse und einer Rosenbrosche aus Seide. Ihr Leben unter den Straßenkindern weckt noch immer die Neugierde der Besucher. Sie fragen:

«Wie sind Sie dazu gekommen, hier zu leben?»

«Stimmt es, dass Sie Millionärin waren?»

«Wie haben Sie das alles gemacht?»

Die meisten runzeln die Stirn, wenn Sabine antwortet: «Es ist Gott, der das tut. Ohne ihn könnte ich gar nichts tun. Aber in einem bin ich mir sicher: Seine Arbeit hier in Dresden ist noch lange nicht zu Ende.»

40.
Nachwort von Frederick «Fred» Ball

Am Abend des 6. Juli 2009 führte ich das, wie sich später herausstellte, letzte Gespräch mit meiner Mutter. Sie erzählte mir von ihrem Vortrag in München und wie sie darüber gelehrt hatte, junge Leute aus der Punkrock-Szene zu lieben. Sie hatte die lange Reise zurück nach Dresden mit dem Zug zurückgelegt. Sie meinte, dass sie ziemlich müde sei, aber immer gerne mit mir redete. Wir waren uns im Laufe der Jahre aufgrund unserer Beziehung zu Jesus wieder viel nähergekommen.

Ich erzählte ihr von der neuen Gemeinde, in die ich berufen worden war. Sie warnte mich davor, allzu viel Euphorie an den Tag zu legen, und erinnerte mich an meine Erfahrungen in den anderen sieben Gemeinden, in denen ich Pastor gewesen war. Ich konnte dennoch heraushören, wie stolz sie war, dass meine Familie und ich den Dienst weiterführten, der durch ihr Leben begonnen hatte.

Am Ende unseres Gesprächs sprach sie eins der besten Gebete, welches ich je von einem Menschen gehört habe. Dann beendeten wir unser Telefonat, indem wir uns gegenseitig unserer Liebe versicherten. Ich hätte mir kein besseres letztes Gespräch zwischen zwei Menschen vorstellen können.

Fünf Stunden später ging meine Mutter, Sabine Ball, aus diesem irdischen Leben zu dem, den sie mehr als alles verehrte: Jesus Christus.

Soweit ich weiß, war mein Telefonanruf aus Lake Placid, Florida, das letzte Gespräch, das meine Mutter mit irgendjemandem auf dieser Erde führte. Die letzte halbe Stunde in ihrem Leben soll meine Mutter wiederholt «Jesus, Jesus, Jesus …» gesagt haben.

In der folgenden Woche wurde der Trauergottesdienst in der Kreuzkirche abgehalten. Eintausenddreihundert Dresdner, Menschen aus Deutschland und der ganzen Welt waren anwesend. Sie wurde zwar als die «Mutter Teresa von Dresden» bezeichnet, sagte mir aber in unserem letzten Gespräch: **«Ich möchte einfach nur als Sabine, eine Christin, bekannt sein.»**

Meine Familie und ich sind den Freunden von Sabine, die ihre Arbeit ermöglichten und diese jetzt fortführen, von Herzen dankbar – besonders ihren Freunden bei *Jugend mit einer Mission* sowie dem *Stoffwechsel* in Dresden. Es ist vorgesehen, dass alle Erlöse an den *Stoffwechsel e. V.* in Deutschland gehen.

Anhänge: Erinnerungen an Sabine

von

Tomás Dertner – Laienprediger und seit 1970 ein Freund von Sabine

Es war mir bestimmt, Sabine Ball zu begegnen. Dafür sprechen gleich zwei Angebote innerhalb eines Tages im Jahr 1970, mich als Tramper mitzunehmen. Ich verzichtete auf das erste Angebot, weil ich zu faul – und zu bekifft – war, um von meinem sonnigen Platz aufzustehen. Sabine fuhr verärgert davon, nur um einige Stunden später aus Versehen wieder für mich anzuhalten.

Als sie merkte, dass es der faule Penner von vorhin war, wollte sie weiterfahren, aber ich machte es mir bereits in ihrem Wagen bequem. Wir sprachen Deutsch (meine zweite Sprache), was die anfängliche Spannung löste. So begann das größte und beste Abenteuer meines Lebens.

Sabine interessierte sich für alles und jeden und war sich nie zu schade, Herumtreiber von der Straße mitzunehmen. Sie war wie eine andere Art Goldgräberin – auf der Suche nach Gleichgesinnten, die wie sie die Welt zu einem besseren Ort machen wollten.

Als wir uns kennenlernten, besaß sie ein großes Grundstück an der Mendocino Coast, auf dem fleißige, naturverbundene Menschen lebten, die ihren Künsten nachgehen und alles miteinander teilen wollten. Ich war vor und nach dem geistlichen Erwachen 1972 bei ihr, aber ihr Herz wurde erst danach größer und weiter.

1974 meldeten wir uns beide, um zusammen mit einer kleinen Gruppe von Gläubigen eine Sozialarbeit in New York City zu beginnen. Später ging sie in ihre Heimat Deutschland, um verlorene Seelen auf den Straßen von Dresden zu erreichen.

2004 reiste ich nach Dresden und erlebte sie dort in Aktion. Ich war erstaunt über das Vertrauen und die Gunst, welche die städtischen Beamten ihr und ihren Mitarbeiterinnen und Mitarbeitern für ihre gemeinnützige Arbeit entgegenbrachten. Ihr Leben hatte ein Ziel: mit Menschen in Verbindung zu treten, sie zu ermutigen, in sich zu gehen, Gott, ihren Schöpfer, zu entdecken und ihm dann mit den von ihm verliehenen Gaben zu dienen.

Sie ernährte zahllose Menschen – wortwörtlich und geistlich – und ließ bis zu ihrem Todestag keine Gelegenheit aus, Menschen auf der Straße anzusprechen, egal wie zerzaust sie aussahen oder wie spät es war. Sie hatte ein Herz von Gott für jeden einzelnen Menschen. Ich betrachte mich als überaus gesegnet, ihr begegnet zu sein, von ihr als Mentorin betreut worden zu sein und ihr Vermächtnis weiterzuführen, wertvolle und wunderschöne Seelen zu erreichen.

von

Kathleen Krohn – Mitstreiterin in der Übersiedlung nach Deutschland und Mitgründerin des Dienstes

Ich habe Sabine bei einem Lagerfeuerabend auf ihrem Grundstück in Mendocino, dem Lord's Land, kennengelernt. Ich hatte von ihr gehört, weil wir beide Deutsch sprachen und die Kultur kannten und ich über mehrere Jahre immer wieder auf dem Land war.

Wir saßen singend und Geschichten erzählend am Lagerfeuer, da reichte sie mir die Hand und fragte mich, ob ich mit ihr nach Deutschland gehen und eine Missionsarbeit beginnen wolle. Wenn ich noch einen Tag bliebe, könne ich hören, wie sie ihre Pläne bekanntgab. Natürlich musste ich bleiben und hören, worum es bei diesem Abenteuer ging!

Vier Monate später folgte ich ihr nach Dresden, um ihr zu helfen, das zu gründen, was später *Café Stoffwechsel* genannt werden würde. Als ich ankam, hatte sie bereits mit fünf Gemeinden Kontakt aufgenommen, eine Wohnung gefunden und gerade mit einer Frau gebetet, mit der sie alle wichtigen Termine und die Korrespondenz mit der Stadt bezüglich eines leerstehenden Eckladens besprach.

Sabine wusste, wie man Dinge erledigt, sie war hartnäckig, bescheiden und setzte Ziele strategisch. Sie konnte Menschen zum Helfen gewinnen, war Fremden gegenüber bescheiden, verstand es, ihr Zeugnis auf geheimnisvolle Art und Weise zu erzählen, und begegnete Noch-nicht-Christen zuvorkommend. Sie hatte ihren eigenen Stil und wurde sehr schnell bekannt.

Sie zögerte nie, egal ob es der Heilige Geist war, der sie führte, oder ihre eigene Intuition (ebenfalls Gottes Begabung). Sie vernetzte sich strategisch und fortwährend. Als ich mit ihr zusammenlebte, wusste ich meist nicht einmal die Hälfte von dem, was als Nächstes kommen würde! Oft sagte sie: «Ich weiß einfach nicht, wie man das macht.» Aber dann brachte sie schon bald alles Nötige herein, um genau diese Sache zu erledigen.

In einem Jahr hatte sie ein Team von zwölf Freiwilligen, die alle an verschiedenen Tagen mit ihr im Laden arbeiteten. Einer von ihnen, Ralf Knauthe, sollte ihre rechte Hand und bis zum heutigen Tag Vorsitzender und Nachfolger für das gesamte Projekt werden.

Sie nahm mehrmals Kontakt mit der Stadt auf, um ihr Projekt und ihre Vision vorzustellen, den Armen, den Kindern und der Stadt zu helfen. So bekam sie zwei verlassene Gebäude, die durch einen Innenhof miteinander verbunden waren, mitten in dem Stadtteil, in dem sie arbeitete.

Sie wurde für Zeitungen und Zeitschriften interviewt, zu Talkshows eingeladen und als «die Mutter Teresa von Dresden» bekannt. Ich war überwältigt von der Gunst, der Gnade und der Sache, die sie vertrat.

Der Dienst wird heute als Sozialarbeit für Kinder und Familien weitergeführt. 2018 konnte das 25-jährige Bestehen gefeiert werden.

Leider verlangte Sabine mehr von mir, als mir möglich war, nämlich so zu sein wie sie, zu dienen und die Vision zu tragen wie sie. Nach meiner einjährigen Mitarbeit trennten wir uns unter unangenehmen Bedingungen. Ich zog aufs Lord's Land, um eine vakante Stelle in der Hauswirtschaft zu besetzen, und wir sahen uns jedes Jahr, wenn sie ihr Zuhause besuchte. Diese Besuche blieben genau das: ein jährlicher Besuch – denn Sabine machte Dresden zu ihrem ständigen Wohnsitz.

Mein damaliger Ehemann, ein hervorragender Innenausstatter, baute eine von ihr ausgewählte Hütte im Lord's Land um. Nachdem wir unsere Differenzen überwunden hatten, machten wir daher weiterhin jeden Sommer ihren Besuch zur Priorität. Die Vorfreude darauf, ihre aufregenden Geschichten zu hören und all das, was der Herr durch sie tat, um seine dauerhafte Gegenwart in den sozialen Brennpunkten Dresdens aufzubauen, hörten nie auf …

Es ging immer weiter, der Dienst wuchs, neue Wege der Evangelisation wurden gefunden, und es gab nie einen Mangel an Menschen, die helfen und sich engagieren wollten.

Sabine zeigte mir so viel von Gottes Herz für mich, seine Tochter, und für jeden, der hinausgeht, um mit ihm ein großes

Abenteuer zu erleben. Bis heute bin ich durch sie ermutigt, mehr zu riskieren, um mehr zu bitten und dem Herrn zu vertrauen, dass er mich in neuen Bereichen der Verbreitung seines Königreiches trägt.

Der Ort für ihre Gedenkveranstaltung, eine der alten Kirchen Dresdens, die Kreuzkirche, war sehr passend gewählt. In die Stadt, aus der sie einst geflohen war, kehrte sie zurück und gab die Liebe, die Freiheit und den Geist zurück, die sie in ihrem großen Abenteuer namens Leben entdeckt hatte!

von
Ralf Knauthe – Mitgründer und Vorsitzender von *Stoffwechsel Dresden*

Sabine schwärmte oft von Menschen, die sie irgendwo kennenlernte. Ich erinnere mich noch gut, wie sie einmal begeistert von einem jungen Mann erzählte, den sie hier in unserem Stadtteil auf der Straße kennengelernt hatte, und von den Qualitäten, die sie in ihm sah – er sei ein Anführer, ein echter Leitertyp, jemand, der seine Stimme für die Wahrheit erhebt und Menschen prägt.

Einige Wochen später kam ich in Sabines Stube, und sie hatte Besuch. Sabine stellte uns vor und erwähnte, dass dies der Mann sei, von dem sie mir erzählt hatte.

Ich war innerlich geschockt. Bis dahin hatte ich ein völlig anderes Bild gehabt. Es passte überhaupt nicht zu der Person, die vor mir stand. Ich sah einen stark vom Alkohol und vom Gefängnis gezeichneten Menschen, dessen Lebensmittelpunkt die Straße war. Er war der Anführer einer Gruppe von Leuten, die im Stadtteil regelmäßig vor einem Jugendclub rumsaßen, zu viel Alkohol tranken und sich oft lauthals stritten. Eine Person also, der man im Alltag sonst eher aus dem Weg geht.

Sabines Blick jedoch war: Hier ist ein wertvoller, von Gott geliebter Mensch. Sie sah zuerst die Schönheit Gottes in ihm und nicht den «Schmutz» an ihm. Sie konnte dies tun, weil sie aus eigener Erfahrung wusste, was durch Gottes Liebe möglich ist.

Bis zum Alter von 46 Jahren hatte Sabine nach dem Sinn des Lebens gesucht – bis die Liebe Gottes sie fand. Diese Liebe verwandelte ihr Leben von einer Sucherin nach ihrem eigenen Glück zu einer Finderin, die jetzt selbst nach Menschen suchte, mit denen sie dieses gefundene Glück teilen durfte: «Ich bin von Gottes Liebe gefunden. Er ist mein himmlischer Vater, und ich bin seine geliebte Tochter.»

Sabine sagte oft: «Ich liebe die Menschen, aber nicht die Sünde in ihrem Leben. Ich gebe ihnen nicht in allem recht, aber ich verstehe sie. Und ich will sie nicht verurteilen, sondern sie mit Gottes Augen sehen und mit seiner Liebe annehmen.» Das war Sabines Herz. Sie war von Gottes Liebe bewegt – hin zu Menschen – und begeisterte sich für sie, liebte sie, hörte zu und sprach ermutigende Worte in ihr Leben.

Fast siebzehn Jahre lang hatte ich das Privileg, mit Sabine in meiner Heimatstadt Dresden unterwegs zu sein, um Menschen zu dienen. Sabines mutiger Glaubensschritt nach Dresden hat auch mein Leben bewegt. Mit ihrer Liebe und Hingabe zu Gott und zu Menschen hat sie mein Herz tief geprägt.

Wenn Sabine ihre Bücher signierte, schrieb sie immer die Worte darunter: *Gott ist Liebe.* Ich habe sie einmal gefragt, warum sie das tut. Sabine antwortete: «Mir ist noch nichts Besseres eingefallen. Und außerdem fasst es das wunderbar zusammen.»

So drücken für mich diese drei Worte aus, was Sabine gelebt hat und wofür sie bekannt war: Gott ist Liebe. Es ist so ermutigend, dass wir heute aus derselben Quelle schöpfen können, aus der Sabine lebte – der Liebe Gottes und der Kraft seines Geistes. Auf diese Weise lebt Sabines Vermächtnis heute weiter – Gottes Liebeswerk durch Menschen wie dich und mich hier auf Erden. *Gott ist Liebe.*

von
Erin Dertner – langjährige Freundin

Als Sabine die Erde verließ, war sie für uns seit über vierzig Jahren eine unserer liebsten Freundinnen gewesen. Ich lernte sie im Alter von achtzehn Jahren kennen, als meine Mutter und meine Geschwister eine Reise an die Küste von Mendocino unternahmen. Wir blieben immer miteinander verbunden. Sie nahm 1978 an unserer Hochzeit teil, war bei der Geburt unseres zweiten Sohnes dabei und war Teil unseres Lebens, als unsere beiden Söhne klein waren. Sie hinterließ bei jedem von uns großen Eindruck.

Sie war eine Person, die einem in die Augen sah und ein Loch in die Seele bohrte. Vor ihr gab es kein Verstecken, das war ihre größte Stärke. Sie verstand es jederzeit, jeden Augenblick mit einem Menschen zu nutzen, da sie ja nicht wusste, ob sie noch einmal die Gelegenheit haben würde, die Dringlichkeit dessen, was ihr auf dem Herzen lag, zum Ausdruck zu bringen. Sie spornte jeden an, sein Bestes zu geben, in einer dem Herrn wohlgefälligen Weise zu wandeln und eitle Ziele, die dem im Wege stehen, aufzugeben.

Sabine war einzigartig und sorgte dafür, dass jeder Mensch, dem sie begegnete, herausgefordert und gesegnet wurde.

von
Rense Miller – langjähriger Freund

1969 entfernte ich mich unerlaubt von der Luftwaffe und trampte von Biloxi, Mississippi, nach Fort Bragg, Kalifornien. Ich lief in der Stadt herum und traf meinen Freund Pete. Wir beschlossen, nach Mendocino zu trampen. Da es mein Geburtstag war, schenkte mir Pete eine illegale Substanz. Plötzlich hielt uns ein Highway-Polizist an. Wir hatten beide große Angst. In dem Moment fuhr Sabine vor, diese Dame in einem gelben Toyota-Kombi, und meinte: «Officer, diese Jungs sind meine Freunde, und ich wollte sie mit nach Hause nehmen.» Natürlich war meine erste Erfahrung mit dieser wunderbaren Frau ganz besonders und lebensverändernd.

von
Caren Linden – langjährige Freundin

Ich bin mir nicht sicher, aus welchem Jahr diese Erinnerung ist, aber es muss entweder 1982 oder 1983 gewesen sein. Es war in den frühen Morgenstunden. Sabine und ich unterhielten uns an der Wäscheleine, als Art Katz auftauchte. Damals hatte ich den Eindruck, dass er kam, um sich zu verabschieden, nachdem er sich ein oder zwei Tage auf dem Lord's Land erholt hatte. Zu dieser Zeit war es kein offizielles Freizeitzentrum, und Gäste wurden gegen eine Spende aufgenommen. Art ging sehr zielstrebig auf uns zu und sagte: *«Sabine! Wenn die Berliner Mauer fällt, wirst du nach Deutschland zurückkehren, und du wirst gebraucht werden, Regierungsbeamten von der Liebe Jesu zu erzählen, ja, den höchsten Regierungsbeamten!»*

Das war alles! Es wurde nicht mit einem «Der Herr hat mir gesagt, ich soll dir dieses Wort bringen» oder sonst irgendwelchem Tamtam gesagt. Er sagte es jedoch mit großer Gewissheit, sodass es einen unauslöschlichen Eindruck in meinem Gedächtnis hinterließ und ich mich daran erinnerte, als die Berliner Mauer am 9. November 1989 tatsächlich fiel. Und wie wir alle wissen, kehrte Sabine tatsächlich in ihr Heimatland zurück, wo Gott sie sehr gebrauchte. Sogar unter den höchsten Regierungsbeamten.

Hinweise zu den Kapitelbezeichnungen

Das Manuskript, das Sabine hinterließ, enthielt keine Kapitelüberschriften. Im Sommer 2009 wollte sie mit ihrem Sohn Fred daran und an anderen Feinheiten im Buch arbeiten. Als Fred, ein Pastor «auf dem Weg in den Ruhestand», nach ihrem Tod um Hilfe bei den Kapitelüberschriften gebeten wurde, suchte er freundlicherweise diese Verse heraus. Lesen Sie sie möglichst in ihrem Zusammenhang.

1. Du bist mein Zufluchtsort, aus **Psalm 32,7**
2. Alles ist vergänglich, aus **Prediger 1,2**
3. Wir setzen unsere Hoffnung auf den HERRN, aus **Psalm 33,20**
4. Ich habe dich zu Asche gemacht, aus **Hesekiel 28,18**
5. Denn der Herr ist gut, aus **Klagelieder 3,25**
6. Du allein bist meine Zuflucht, aus **Psalm 142,6**
7. Denn wo dein Schatz ist, da ist auch dein Herz, aus **Matthäus 6,21**
8. Ein guter Freund steht immer zu dir, aus **Sprüche 17,17**
9. Ein Mensch kann nichts Besseres tun, als die Früchte seiner Arbeit zu genießen, aus **Prediger 3,22**
10. Er stürzt Herrscher von ihrem Thron, aus **Lukas 1,51–52**
11. Anmut kann täuschen und Schönheit vergeht, aus **Sprüche 31,30**
12. Denn das Tor zum Verderben ist breit und der Weg dorthin bequem, aus **Matthäus 7,13**
13. Wenn der Herr nicht das Haus baut, dann ist alle Mühe der Bauleute umsonst, aus **Psalm 127,1**

14. Seht euch an, wie die Lilien auf den Wiesen blühen!, aus **Matthäus 6,28–29**
15. O Gott, bedenke, dass mein Leben nur ein Hauch ist!, aus **Hiob 7,7**
16. Wer sich betrinkt, wird niemals weise!, aus **Sprüche 20,1**
17. Ich stehe dir bei! Ich behüte dich, wo du auch hingehst, aus **1. Mose 28,15**
18. Jeder Mut hat sie verlassen, sie sind unruhig wie ein aufgewühltes Meer im Sturm, aus **Jeremia 49,23**
19. Sucht, und ihr werdet finden!, aus **Matthäus 7,7**
20. Nehmt euch vor falschen Propheten in Acht, aus **Matthäus 7,15**
21. Behüte dein Herz, aus **Sprüche 4,23**
22. Deine Weisheit und Kunst hat dich verleitet, aus **Jesaja 47,10**
23. Eine weise Frau sorgt für Haus und Familie, aus **Sprüche 14,1**
24. Es ist den Kindern gleich, die auf dem Markt sitzen, aus **Matthäus 11,16**
25. Aber ich habe dich am Leben gelassen, um dir meine Macht zu zeigen, aus **2. Mose 9,16**
26. Macht euch keine Sorgen um euren Lebensunterhalt, aus **Matthäus 6,25**
27. Ich bringe dich heil wieder in dieses Land zurück, aus **1. Mose 28,15**
28. Darum verspreche ich, dass ich eurem Elend ein Ende mache, aus **2. Mose 3,17**
29. Da ist wirklich keiner, der Gutes tut, kein Einziger, aus **Römer 3,12**
30. Aus tiefster Verzweiflung schreie ich zu dir, aus **Psalm 130,1**

31. Wer sich einredet: «Gott gibt es überhaupt nicht!», der ist unverständig und dumm, aus **Psalm 14,1**
32. Ich bin der Weg, die Wahrheit und das Leben, aus **Johannes 14,6**
33. Jesus ist der Herr, aus **Römer 10,9**
34. Bekennt einander also eure Sünden und betet füreinander, damit ihr geheilt werdet, aus **Jakobus 5,16**
35. Wie können sie von ihm hören, wenn ihnen niemand Gottes Botschaft verkündet?, aus **Römer 10,14**
36. Ihr werdet meine Zeugen sein … überall auf der Erde, aus **Apostelgeschichte 1,8**
37. Ich will dich nicht verlassen, bis ich alles tue, was ich dir zugesagt habe, aus **1. Mose 28,15**
38. Geht hinaus in die ganze Welt und verkündet allen Menschen die rettende Botschaft, aus **Markus 16,15**
39. Gott ist Liebe, aus **1. Johannes 4,8**

Danksagungen

Es war ein *Liebeswerk,* wie Sabine zu sagen pflegte; das heißt, das vorliegende Buch wurde vollendet, weil die Beteiligten Jesus und auch Sabine lieben. Alle Gewinne und Erlöse aus dieser Veröffentlichung fließen in die laufende Arbeit des *Stoffwechsel e. V.* (www.stoffwechsel.org), des Dienstes, den Sabine in Deutschland begonnen hat.

Abgesehen von dem Manuskript, an dem Sabine zusammen mit einer professionellen Autorin gearbeitet hatte, wurde das meiste andere Material aus dem Freundes- und Familienkreis und aus Online-Recherchen zusammengetragen. Unser Dank geht an alle Helferinnen und Helfer. Es ist nicht möglich, alle Originalquellen zu nennen, da so viel unter Sabines Freunden und Familie hin und her gereicht wurde. Letztendlich würde sich Sabine wünschen, dass Jesus Christus, dem Anfänger und Vollender unseres Glaubens, die ganze Ehre, der Ruhm und das Lob zukommt.

Sabines Herzschlag und ihre Vision leben weiter …

Mehr über Sabine Ball – ihre Stiftung und den Stoffwechsel e. V. in Dresden

Sabine-Ball-Stiftung

Sabine Ball ist ein Vorbild in ihrer Hingabe zu Gott und in ihrem Engagement für andere Menschen. Die Sabine-Ball-Stiftung fördert ihr Lebenswerk «Stoffwechsel e. V.», möchte inspirieren und schafft Rahmenbedingungen für Menschen, die sich ebenfalls für andere einsetzen wollen.

www.sabine-ball-stiftung.de
info@sabine-ball-stiftung.de

Stoffwechsel e. V.

Was Sabine 1993 in Dresden begann, geht weiter.
STOFFWECHSEL lebt Gottes Liebe in Gemeinschaft und lädt Menschen ein, diese Liebe selbst zu erfahren: mit kreativen Projekten für Kinder, Jugendliche und Familien.

www.stoffwechsel.org
info@stoffwechsel.org
Sabine-Ball-Stiftung / Stoffwechsel e. V.
Martin-Luther-Str. 29
01099 Dresden
Deutschland
0351 21527300

Mehr über «The Lord's Land» – YWAM Mendocino Coast

www.ywammendocino.org

«Herzwerk»: Es geht weiter – und nur gemeinsam.

Als Ralf Knauthe 2005 den «Staffelstab» der Leitung von Sabine Ball übernahm, begann ein weiteres Kapitel von STOFFWECHSEL. Jetzt schreibt Ralf ein Buch darüber. Es handelt von Wurzeln, Idealen, Zerbruch und der Schönheit, wenn «Stoffwechsel im Herzen» geschehen darf.

Gottes Liebe verwandelt. Doch erst im Miteinander von Gemeinschaft entstehen daraus wunderbare «Herzwerke», die die Welt bewegen. Das Buch ist Ralfs Geschichte, es ist vor allem aber *Gottes* Geschichte – und es ist zugleich eine Einladung an uns.

Ralf Knauthes Buch «Herzwerk» erscheint im Herbst 2021 im Fontis-Verlag.

«Eine Sammlung von kurzweiligen Geschichten, in denen ich Gänsehaut und Tränen abkriege, weil etwas von Gottes Liebe und Verwandlungskraft spürbar wird.»

– Gundula Barth,
«Geburtshelferin» bei Ralfs Schreibprozess

Ralf Knauthe
«Herzwerk»
(Liebe wandelt)
Hardcover, 13,5 × 21 cm
Fontis-Verlag Basel
978-3-03848-228-4
Bestellnummer 204228

Cover noch nicht definitiv